Aktuelle Probleme der Kommunalaufsicht

Schriftenreihe der Hochschule Speyer

Band 19

# Aktuelle Probleme der Kommunalaufsicht

Vorträge und Diskussionsbeiträge
des 31. Staatswissenschaftlichen Fortbildungskursus
der Hochschule für Verwaltungswissenschaften Speyer
1963

DUNCKER & HUMBLOT / BERLIN

Gedruckt 1963 bei Hans Winter Buchdruckerei, Berlin 61
Printed in Germany

# Inhalt

## Begrüßung des Rektors

Meine Damen und Herren! Zum vierten Mal hat die Hochschule für Verwaltungswissenschaften Speyer ein Thema aus dem Bereich der kommunalen Selbstverwaltung zum Gegenstand eines Fortbildungskurses gemacht. Im Herbst 1950 fand vor damals 179 Teilnehmern der 11. Staatswissenschaftliche Fortbildungskursus über „Staat und Gemeinde“ statt. Auf ihm sprach Herr Prof. Dr. Dr. Becker, unter dessen wissenschaftlicher Leitung auch der heute beginnende 31. Staatswissenschaftliche Fortbildungskursus steht, über „Die verfassungsrechtliche Ordnung der Gemeinden im Staat und die Grenzen der allgemeinen Landesverwaltung“. Unter den insgesamt 25 Vorträgen waren zwei der Staatsaufsicht gewidmet, einer dem Finanzausgleich zwischen Ländern und Gemeinden und ein weiterer Problemen der Personalauslese. Vor zehn Jahren, 1953, veranstaltete die Hochschule in Verbindung mit dem Deutschen Landkreistag und dem Deutschen Gemeindetag den 16. Staatswissenschaftlichen Fortbildungskursus über „Ländliche Selbstverwaltung“, auf dem der damalige Ministerialdirektor Dr. Krauthausen vom Ministerium des Innern in Mainz über „Staatsverwaltung und Selbstverwaltung“, der damalige Ministerialrat Dr. Görg vom Ministerium des Innern in Düsseldorf über „Kommunaler Finanzausgleich und Bundesfinanzreform“ und der damalige Landrat Dr. Ebner aus Ludwigsburg über „Alte und neue Aufgaben der Landkreise“ sprachen. 217 Gäste waren unserer Einladung gefolgt. Im April 1959 folgte der 27. Staatswissenschaftliche Fortbildungskursus mit 324 Teilnehmern über „Kommunale Finanzen“, dessen Thematik auf dem diesjährigen Fortbildungskursus mit dem Vortrage von Herrn Ministerialrat Seiler über „Kommunale Finanzen und Kommunalaufsicht“ unter einem besonderen Blickwinkel wieder aufgenommen wird. Überhaupt war es, meine Damen und Herren, der Leitgedanke für die Wahl des Rahmenthemas und für seine Durchführung im einzelnen gewesen, die in den bisherigen Fortbildungskursen behandelten Probleme der kommunalen Selbstverwaltung unter dem Gesichtspunkt der Aufsicht erneut in Frage zu stellen.

Daß ein solches Thema in den Kreisen der Besucher und Freunde unserer Staatswissenschaftlichen Fortbildungskurse auf eine große Resonanz stoßen würde, haben wir erwartet. Nicht ganz vorhergesehen haben wir, daß über 350 Teilnehmer unserer Einladung folgen würden. Daß die Unterbringung eines so großen Teilnehmerkreises nicht ganz ohne Reibungen abgegangen ist, bitten wir zu entschuldigen; die Hochschulverwaltung hat sich redliche Mühe gegeben, allen Wünschen der Teilnehmer zu entsprechen.

Ihnen allen, meine Damen und Herren, die Sie zu diesem 31. Staatswissenschaftlichen Fortbildungskursus zu uns gekommen sind — zum ersten Mal oder als alte Freunde unserer Hochschule — entbiete ich unsere herzlichen Willkommensgrüße. Erlauben Sie mir, daß ich davon absehe, die prominentesten Gäste unter Ihnen namentlich zu begrüßen. Wir freuen uns, daß Mitglieder des Verwaltungsrats unserer Hochschule, führende Vertreter von Staat und Kirche, von Verwaltung und Gerichtsbarkeit, aus Bund, Ländern, Gemeinden und Gemeindeverbänden zu uns gekommen sind, Staatssekretäre, Ministerialdirektoren, Regierungspräsidenten, Oberbürgermeister, Bürgermeister und Landräte, Gerichtspräsidenten und Richter, und daß sie durch ihre Teilnahme ihr Interesse an den Fragen bekunden, die wir in diesen drei Tagen erörtern wollen. Wir können auch einige Professoren, Privatdozenten und Assistenten benachbarter Universitäten unter unseren Gästen begrüßen und erhoffen uns von ihrer Beteiligung an den Diskussionen eine wissenschaftliche Vertiefung der aufgeworfenen Probleme. Schließlich möchte ich die Vertreter der Presse, insbesondere der Fachpresse, willkommen heißen, deren sachkundige und kritische Berichte über unsere Fortbildungskurse wir immer als eine wertvolle Ergänzung unserer eigenen Arbeit betrachtet haben.

Mein Dank in dieser Stunde und mein besonderer Gruß gilt allen Rednern unseres Fortbildungskursus, die sich in bewährter Zusammenarbeit mit der Hochschule auch diesmal bereit erklärt haben, die verantwortungsvolle, aber doch auch reizvolle Aufgabe des Referenten zu übernehmen. Er gilt nicht weniger den Herren, die sich bei den einzelnen Vorträgen für die Eröffnung der Aussprache zur Verfügung gestellt haben. Wenn ich — mit Ihrer Erlaubnis — unter den Referenten und — wenn das Wort erlaubt ist — den Korreferenten, die an erster und letzter Stelle des Programms stehenden beiden Herren hier namentlich begrüßen möchte, dann gewiß nicht aus diesem Grunde, sondern weil wir in Herrn Professor Dr. Werner Weber und in Herrn Staatssekretär a. D. Dr. Loschelder besonders gute alte Freunde unserer Hochschule unter uns haben, die ihre freundschaftliche Gesinnung bei der Lösung schwieriger Fragen oft genug bewiesen haben. Danken möchte ich auch Herrn Professor Becker und seinen Mitarbeitern und Mitarbeiterinnen aus der Hochschulverwaltung, auf deren Schultern die Hauptlast für das Zustandekommen auch dieses staatswissenschaftlichen Fortbildungskursus gelegen hat.

Es liegt im Wesen der Staatswissenschaftlichen Fortbildungskurse und es entspricht dem Auftrag, der unserer Hochschule erteilt ist, neben der verwaltungswissenschaftlichen Forschung und der Ausbildung der

Referendare auch der verwaltungswissenschaftlichen Fortbildung zu dienen, daß dieser 31. Staatswissenschaftliche Fortbildungskursus nicht nur verfassungs- und verwaltungsrechtlichen Problemen der Kommunalaufsicht gewidmet ist. Selbstverständlich ist die Kommunalaufsicht in der rechtsstaatlichen Ordnung unseres Staatswesens auch ein Verfassungsproblem und Herr Professor Weber wird uns zeigen, worin die verfassungsrechtliche Problematik der Kommunalaufsicht im einzelnen besteht. Aber der Schwerpunkt unserer Erörterungen wird, wie die Themen der übrigen Referate erkennen lassen, in der tatsächlichen Entwicklung liegen, die die Kommunalaufsicht auf der Grundlage verfassungs- und verwaltungsrechtlicher Regelung in den letzten 17 Jahren genommen hat. Dabei müssen alle Einzelthemen und auch das Gesamtthema einmünden in die große und wohl immer noch ungelöste Frage nach der Stellung der Gemeinden und Gemeindeverbände im Staat oder, anders ausgedrückt, nach dem Verhältnis von staatlicher Verwaltung und kommunaler Selbstverwaltung. Vor 40 Jahren, nach dem Zusammenbruch des monarchischen Obrigkeitstaates, hat man den kühnen Plan gehabt, den Staat ganz auf die kommunale Selbstverwaltung zu stellen, ein Plan, der wohl zu sehr seiner Zeit vorauseilte, als daß er damals hätte verwirklicht werden können. Heute ist der alte Obrigkeitstaat so gut wie tot; er ist an der Maßlosigkeit des totalen staatlichen Herrschaftanspruchs in der nationalsozialistischen Ära zusammengebrochen. Damit aber ist das Verhältnis von Staat und Gemeinden, von staatlicher Verwaltung und kommunaler Selbstverwaltung auf eine ganz andere Grundlage gestellt. Die sinnvolle Ordnung ihrer Beziehungen, die sich auch und vor allem in der Gestaltung der Kommunalaufsicht ausspricht, hat auf dieser neuen Grundlage zu erfolgen. Wir wollen wünschen, daß der 31. Staatswissenschaftliche Fortbildungskursus zur Klärung auch dieser Frage beiträgt.

Ihnen allen, meine Damen und Herren, wünsche ich aber nicht nur, daß Sie nach Abschluß dieses Fortbildungskursus Speyer mit dem Gefühl der Befriedigung über das, was Sie hier gehört haben, verlassen, sondern daß Sie auch die Gelegenheit wahrnehmen, die persönlichen Beziehungen zu pflegen, die sicherlich schon viele unter Ihnen miteinander verbinden. Wir hoffen, daß die gemütliche Beschaulichkeit der Stadt Speyer und die heitere Gelassenheit der pfälzischen Landschaft — trotz der etwas kühlen Klarheit dieses Hauses — diese persönlichen Begegnungen fördern werden.

Und nun möchte ich dem Chef der Staatskanzlei unseres Landes, Herrn Staatssekretär Duppré, das Wort geben, der sich liebenswürdigerweise bereit erklärt hat, den 31. Staatswissenschaftlichen Fortbildungskursus zu eröffnen.

Carl Hermann Ule

# Eröffnungsansprache

Von Fritz Duppré

Magnifizenz, meine Damen und Herren! Wer wie ich in die Lage versetzt ist, eine derartige Veranstaltung zu eröffnen, der läuft leicht Gefahr, daß er sich allzusehr auf dem weiten Untersuchungsfeld herumtummelt und dann versucht ist, eine jede Blume zu pflücken. Dieser Gefahr möchte ich mich nicht aussetzen. Was ich Ihnen zu bieten habe, ist ein Blick auf die Lage, weiter gar nichts. Freilich, ein Blick durch meine Brille. Als mir der Rektor der Hochschule das Thema dieser Tagung mitteilte, habe ich mich zunächst einmal orientiert über den tatsächlichen Umfang der staatlichen Aufsichtsbefugnisse. Ich muß sagen, die Zusammenstellung hat eine recht ansehnliche Liste ergeben. Konnte ich die sogenannte repressive Aufsicht, die Überwachung der Gesetzmäßigkeit des kommunalen Verwaltungshandelns, noch sehr leicht überblicken, so war das gleiche von der sogenannten präventiven Aufsicht, die insbesondere in Form von staatlichen Genehmigungen, Bestätigungen und Zustimmungen ins Auge fällt, nicht mehr zu sagen. Eine Orientierung an der Gesetzgebung der anderen Bundesländer ergab, was mich nicht überraschte, einen gleichliegenden Sachverhalt. Diese Bestandsaufnahme fordert zwangsläufig eine Gegenüberstellung mit dem Art. 28 GG und mit der darin verankerten institutionellen Garantie der kommunalen Selbstverwaltung. Es heißt: „Den Gemeinden muß das Recht gewährleistet sein, alle Angelegenheiten der örtlichen Gemeinschaft im Rahmen der Gesetze in eigener Verantwortung zu regeln". Sie fordert weiterhin eine Gegenüberstellung heraus mit den entsprechenden Vorschriften der Landesverfassungen, wo, um beispielhaft die Verfassung von Rheinland-Pfalz zu zitieren, in deren Art. 49 den Gemeinden das Recht der Selbstverwaltung ihrer Angelegenheiten gewährleistet und die Aufsicht des Staates darauf beschränkt wird, daß die Gemeinden ihre Verwaltung in Einklang mit den Gesetzen führen. Konfrontiert man also das Verfassungsrecht mit der Verfassungswirklichkeit, so stellt sich von selbst die Frage, wie weit ist die Staatsaufsicht, insbesondere die Staatsaufsicht im präventiven Sinne, die den Bereich der Rechtskontrolle verläßt und in den Bereich der Ermessenskontrolle eindringt, überhaupt noch verfassungskonform. Interessant ist in diesem Zusammenhang, um bei Beispielen aus der Staatspraxis unseres Landes zu bleiben, die mir naturgemäß am nächsten liegt, daß das Selbstverwaltungsgesetz von Rheinland-Pfalz aus dem Jahre 1948 eine ganze Anzahl solcher präventiver Aufsichtsbefugnisse des Staates vorsieht, wobei besonders darauf hinzuweisen ist, daß dieses Gesetz nur etwas mehr als ein Jahr nach der Annahme der Verfassung durch die beratende Landesversammlung vom Landtag fast einstimmig verabschiedet wurde. Um so interessanter wird dies noch, wenn man bedenkt, daß die personelle Besetzung beider Gremien fast identisch war. Hatte man schon vergessen, was man ein Jahr zuvor statuiert hatte? Diese Frage erscheint mir immerhin berechtigt, ihre bejahende Beantwortung jedoch sehr unwahrscheinlich. Der rheinland-pfälzische Verfassungsgerichtshof hatte noch kurz zuvor in einem Urteil vom 10. Dezember 1947 Ausführungen gemacht, die klar und eindeutig erkennen ließen, daß er keineswegs gesonnen war, irgendwelche Beeinträchtigungen des Rechts der kommunalen Selbstverwaltung hinzunehmen. Er führte aus: „Das Recht der Selbstverwaltung der Gemeinden ist das wesentliche Fundament und darum die wesentliche Garantie für den Aufbau unseres Landes im Sinne seiner Verfassung. Darum ist dieses Recht, das als eigenes und natürliches Recht der Gemeinden neben und gegenüber dem Staatsverwaltungsrecht besteht, als solches in Art. 49 verankert und darum muß es mit besonderer Sorgfalt gepflegt werden.“ Der Fall, daß der Verfassungsgerichtshof die Verfassungsmäßigkeit der präventiven Aufsichtsbefugnisse nachprüfte, sollte dann auch bald praktisch werden. Er kam in einer Entscheidung aus dem Jahre 1950 zu dem Ergebnis, daß die genannten Aufsichtsbefugnisse verfassungskonform seien. Zwar könne nicht geleugnet werden, daß Aufsichtsbefugnisse in Form von Genehmigungen, Bestätigungen und Zustimmungen zwangsläufig über den Bereich der Rechtskontrolle hinaus in den Bereich der Ermessenskontrolle hineinragen, trotzdem seien sie nicht zu beanstanden. Sie entsprächen einer langjährigen Praxis und gesetzlicher Festlegung in den Kommunalverfassungen der deutschen Länder. Der wirkliche Sinn des Art. 49 unserer Verfassung läge nicht in der radikalen Abwendung von der Vergangenheit, sondern in der Sicherung der Ergebnisse der bisherigen kommunalrechtlichen Entwicklung. Der Verfassungsgeber habe daher an der herkömmlichen und auch an der gegebenenfalls neu erforderlich werdenden Mitwirkung des Staates an Akten der Selbstverwaltungskörper nichts ändern wollen. Der Verfassungsgerichtshof von Nordrhein-Westfalen hat den in dem vorerwähnten Urteil zum Ausdruck kommenden Gedanken in einer Entscheidung vom 21. August 1954 vielleicht noch etwas deutlicher gemacht. Er hat ausgeführt, die Selbstverwaltung sei ihrer Natur nach der staatlichen Gesetzgebung untergeordnet, die ihrerseits wiederum durch die verfassungsmäßige Garantie der Institution beschränkt sei. Der Umfang der hierdurch garantierten Wesensbestandteile lasse sich begrifflich nicht definieren, da Selbstverwaltung kein Begriff a priori, sondern einen Inbegriff historisch entwickelter Beziehungen darstelle, die nach Ort und Zeit wechseln könnten.

Die verfassungsrechtliche Garantie schließe also keine gesetzliche Einschränkung aus, die bei Erlaß der Verfassung allgemein als verständlich und mit dem Sinne der deutschen Selbstverwaltung vereinbar angesehen würde. Die Selbstverwaltung begreife nun aber nach ihrem inneren Sinn und der historischen Entwicklung in Deutschland eine Beteiligung des Staates im Wege der Kommunalaufsicht und daneben auch durch organisatorische staatliche Mitwirkung bei gemeindlichen Akten in sich. Der Sinn dieser Maßnahmen gehe dahin, das Wohl der Gemeinden in Einklang zu halten mit dem bonum commune. Hier scheint die tiefere Schicht der Probleme zu liegen, hier müßte oder könnte also auch eine Erörterung einsetzen.

Wenn wir einen Blick auf die historische Entwicklung werfen, so scheint es mir sachgerecht zu sein, die Geschichte der mittelalterlichen Städte von der Betrachtung auszunehmen bzw. in den Hintergrund zu rücken. Auf was es uns hier ankommt, ist, zu ergründen, welche Stellung die Selbstverwaltung in einem Staatswesen hatte, das im wesentlichen unserem heutigen modernen Staat entspricht. Markstein und Ausgangspunkt der Betrachtung sollte daher die Städteordnung des Freiherrn vom Stein sein, die als Grundlage der heutigen modernen Rechtsverwaltung angesprochen werden darf. In ihrer geistigen und politischen Konzeption verfolgt die Städteordnung des Freiherrn vom Stein in erster Linie das Ziel, den Bürger mit dem Staate zu verbinden. Wahrung des Gemeinsinns, Teilnahme an den Angelegenheiten des Ganzen, Überwindung der Schranken der Selbstsucht und Arbeit für das Gemeinwohl, das waren die Wegweiser, die Freiherr vom Stein setzte. Nicht um die Schaffung eines Streitverhältnisses zwischen Gemeinde und Staat ging es, sondern im Gegenteil um die Heranführung der Bürgerschaft zum Staat und die organische Eingliederung der Gemeinde in den Staat durch das verbindende Element der Selbstverwaltung. Im Laufe der Jahrzehnte hat diese Konzeption, bedingt durch die politische Wirklichkeit, zwar eine gewisse Modifizierung erfahren. Der Akzent verlagerte sich von der Mitarbeit des Bürgers in der Selbstverwaltung mehr auf das Merkmal der eigenverantwortlichen Wahrnehmung von Aufgaben durch die Gemeinden als kleinster politischer Einheit. Niemals aber hat dies zu einer dem Selbstverwaltungsgedanken völlig fremden Herauslösung aus dem Staate geführt. Von Extremfällen abgesehen, haben sich die Gemeinden immer als Glieder eines Ganzen gefühlt. Sie hatten immer das Bewußtsein, in einer höheren Gemeinschaft eingegliedert zu sein und dieser höheren Gemeinschaft, dem Staate, gegenüber gewisse Pflichten zu haben. Umgekehrt hat auch der moderne Staat, auch hier von Extremfällen abgesehen, immer die Gemeinde als kleinste politische Gemeinschaft respektiert und ihr die Erfüllung der Aufgaben in eigener Verantwortung überlassen, die auf örtlicher Ebene ihrer Natur nach am besten zu regeln waren. Wie schon gesagt, gab es allerdings auch Extremfälle, die uns jedoch darum besonders lehrreich sein können, weil sie zeigen, wo die rechte Mitte liegt oder liegen könnte. Die nationalsozialistische Zeit, in der die kommunale Selbstverwaltung im Einklang mit den Zielen der Staatsführung sein mußte, ist den meisten von uns noch ein Begriff. Nicht so deutlich vor Augen stehen uns die zwanziger Jahre, in denen eine uferlose Übersteigerung des Selbstverwaltungsgedankens mitursächlich für den Zusammenbruch der Gemeindefinanzen in der Weltwirtschaftskrise war. Dieser Gedankengang führt uns schließlich auch zu dem vorhin angedeuteten Ziel der Selbstverwaltung mit dem bonum commune. Das Gemeinwohl in der heutigen Lebenswirklichkeit ist es doch, das die Aufsichtsbefugnisse des Staates, seien sie repressiver oder vor allem auch präventiver Art, unverzichtbar macht. Denken wir an die unterschiedlichen Leistungs- und Verwaltungskraftverhältnisse in den einzelnen Gemeinden. Denken wir daran, daß heutzutage das Bedürfnis nach der Einheitlichkeit der Lebensverhältnisse trotz dieser unterschiedlichen Leistungs- und Verwaltungskraft immer mehr wächst und immer mehr betont wird. Wie sollten all die Aufgaben des Gemeinwohls in Stadt und Land ohne die fördernde und helfende Hand des Staates, ohne die vertrauensvolle Zusammenarbeit von Staat und Gemeinde bewältigt werden? Unser Innenministerium hat aus diesen Gedankengängen heraus bereits im Jahre 1952 einen Runderlaß herausgegeben, aus dem ich Ihnen gern einige Sätze zitieren möchte, weil sie das Verhältnis von Staat und Gemeinde zum Gegenstand haben und die besonders treffend die Abhängigkeit einer fruchtbaren Selbstverwaltung von einer vertrauensvollen Zusammenarbeit mit dem Staate deutlich machen. Es heißt dort: „Zur Selbstverwaltung gehört unlösbar ihr Verhältnis zum Staat. Je lebendiger die Selbstverwaltung ist, je weiter ausgreifend und fruchtbarer ihre Leistungen, aber auch je schwieriger ihre Probleme und Sorgen sind, um so bedeutsamer wird die Frage Staat und Selbstverwaltung. Man sollte davon Abstand nehmen, das Wesen der Beziehungen von Staat und Selbstverwaltung in den wenigen rechtlichen Formulierungen der repressiven Aufsichtsbefugnis zu suchen. Die Demokratie geht nicht von der Vorstellung bevormundeter, sondern mündiger Gemeinden aus. Dementsprechend müssen auch Staat und Selbstverwaltung in ein enges aufgeschlossenes und ausgeglichenes Vertrauensverhältnis zueinander treten, das Zusammenarbeit schafft, aber auch beiderseitig Rücksicht auferlegt.“ Soweit dieser Erlaß. War bisher die Rede davon, ob und inwieweit eine Staatsaufsicht sich mit dem Gedanken einer richtig verstandenen kommunalen Selbstverwaltung vereinbaren läßt, so führt uns eben dieser zitierte Runderlaß zu der weiteren Frage, wie eine zulässige Staatsaufsicht im heutigen modernen demokratischen Staate zu handhaben ist. Die Antwort ist ebenfalls in dem Erlaß gegeben, wie mir scheint. Vertrauensvolle Zusammenarbeit ist das Motto, unter dem das Verhältnis von Staat und Gemeinde zu betrachten ist. Darum sollte auch die Staatsaufsicht in diesem Geiste der vertrauensvollen Zusammenarbeit ausgeübt werden. Zum Schluß noch ein Wunsch. Möge die Erörterung der Probleme während dieses staatswissenschaftlichen Fortbildungskursus dazu beitragen, den Gedanken der kommunalen Selbstverwaltung richtig zu begreifen, der Selbstverwaltung, die im Dienste des Gemeinwohls eine sinnvolle Ordnung im Staate gewährleisten soll. Ich bin sicher, daß die auf dieser Grundlage erarbeiteten Vorstellungen über Art und Umfang der Kommunalaufsicht geeignet sein werden, dem Gesetzgeber fruchtbare Impulse zu geben, die Staat und Gemeinden und damit auch dem Gemeinwohl zum Vorteil gereichen können. Mit dieser Überzeugung und diesem Wunsch für den Ablauf der Tagung darf ich den 31. Staatswissenschaftlichen Forbildungskursus der Hochschule für Verwaltungswissenschaften eröffnen.

# Kommunalaufsicht als Verfassungsproblem

Von Werner Weber

## I.

Wenn man sich mit der Kommunalaufsicht als Verfassungsproblem beschäftigt, denkt man zunächst an die Aussagen zu diesem Thema im positiven Verfassungsrecht. Die Länderverfassungen — außer den stadtstaatlichen Verfassungen Berlins und Hamburgs — berühren das Problem sämtlich, und zwar durchweg unter dem Gesichtspunkt der Begrenzung der Kommunalaufsicht auf Gesetzmäßigkeitskontrolle[1]. Art. 28 Abs. 2 GG erwähnt die Kommunalaufsicht selbst nicht; die in dieser Grundgesetzbestimmung ausgeformte institutionelle Garantie der kommunalen Selbstverwaltung begreift aber das Aufsichtsproblem mit ein. Indessen kommt es nicht nur auf diese ausdrücklichen Aufsichtsklauseln an; es sind vielmehr weitere verfassungsrechtliche Zusammenhänge einzubeziehen.

Das gilt zunächst für die These, daß es von Verfassungs wegen, sogar von der Bundesverfassung aus, Kommunalaufsicht geben *muß* und daß ihre Verflüchtigung nicht statthaft wäre.

Einen Beleg hierfür bietet die Entscheidung des Bundesverfassungsgerichts vom 30. Juli 1958 zu den kommunalen Abstimmungen über die Atombewaffnung in Hessen (BVerfGE 8, 122). Zwar geht diese Entscheidung mit Recht davon aus, daß es eine *Bundes*kommunalaufsicht nicht gibt (BVerfGE 8, 137); aber sie hat aus der Pflicht des Landes zu bundesfreundlichem Verhalten die konkrete Pflicht des beteiligten Landes gegenüber dem Bunde abgeleitet, aufsichtlich gegen Gemeinden einzuschreiten, wenn sie in empfindlicher Weise die Verfassungsordnung des Grundgesetzes stören. Die Tatsache, daß die Bundesgesetze nach dem Grundgesetz überwiegend in landeseigener Verwaltung oder in Bundesauftragsverwaltung auszuführen sind, wobei diese Aufgabe großenteils letztlich in der Hand der Kommunen liegt, führt zu dem gleichen Ergebnis. Die grundgesetzmäßige Abwicklung dieser Verwaltungsaufgaben setzt voraus, daß die Länder in der Lage sein müssen, kommunalaufsichtlich —

[1] Baden-Württemberg Art. 75 Abs. 1; Bayern Art. 83 Abs. 4; Bremen Art. 147; Hessen Art. 137 Abs. 3; Niedersachsen Art. 44 Abs. 5; Nordrhein-Westfalen Art. 78 Abs. 4; Rheinland-Pfalz Art. 49 Abs. 3; Saarland Art. 127; Schleswig-Holstein Art. 39 Abs. 3.

nicht bloß durch Weisungen im Rahmen der Fachaufsicht — in den Kommunen die angemessene Erfüllung der Bundesauftragsaufgaben und überhaupt die Ausführung der Bundesgesetze zu sichern. In gleicher Weise müssen sie dazu imstande sein, die nötigen kommunalaufsichtlichen Maßnahmen zu treffen, damit ihre eigenen Landesauftragsangelegenheiten und die Ausführung der Landesgesetze in der Hand der Kommunen nicht notleidend werden. Der Gedanke läßt sich weiterführen mit dem Urteil des Bundesverfassungsgerichts vom 27. April 1959 (BVerfGE 9, 268) im Streit über das Bremer Personalvertretungsgesetz. In diesem Urteil ist dargelegt, daß die verfassungsmäßige Ordnung im demokratischen Rechtsstaat im Sinne von Art. 28 Abs. 1 Satz 1 GG eine funktionsfähige und verantwortliche Regierung voraussetzt mit allen denjenigen Befugnissen, die erforderlich sind, damit sie selbständig und in eigener Verantwortung gegenüber Volk und Parlament ihre „Regierungs"-Funktion erfüllen kann. In diesem Zusammenhang weist das Bundesverfassungsgericht zwar die Annahme, daß es keinerlei „ministerialfreie Räume" geben dürfe, als zu weitgehend zurück. Es betont aber, daß jedenfalls keine wesentlichen Bereiche der öffentlichen Ordnung der Verantwortung der Regierung entzogen sein dürften. „Wesentlich" in diesem Sinne ist gewiß der kommunale Verwaltungsbereich, für dessen Integrität die Regierung, d. h. die Landesregierung, von Staats wegen eine Mitverantwortung trägt.

Nun wird mancher sagen, in diesen Beispielsfällen sei nur etwas Selbstverständliches belegt, daß nämlich Gemeinden und Gemeindeverbände Glieder des Staatsganzen und integrierende Bestandteile eines Gesamtverwaltungssystems seien, innerhalb dessen ihre Autonomie ihre Ergänzung durch gliedschaftliche Disziplin und ihr Gegenstück in Gestalt der staatlichen Kommunalaufsicht finden müsse. Diese Feststellung ist sicher zutreffend[2]; aber es regen sich ihr gegenüber auch immer wieder Zweifel, wie die in erheblicher Zahl hierüber ausgetragenen Verfassungs- und Verwaltungsprozesse belegen, und jedenfalls erhält die Frage ihr richtiges Profil, wenn man sich vergegenwärtigt, daß sich die Notwendigkeit einer Kommunalaufsicht aus den Zusammenhängen der Staatsverfassung selbst ergibt. Im Grundgesetz liegen die Ansatzpunkte dafür in der Pflicht der Länder zum bundesfreundlichen Verhalten, weiter in ihrer Pflicht, für die Ausführung der Bundesgesetze — in Bundesauftragsverwaltung und landeseigener Verwaltung gleichermaßen — einzustehen, sodann in Art. 28 Abs. 1 Satz 1 als der Nor-

---

[2] Ihr wird oft Ausdruck verliehen, so etwa von Hans *Peters*, Grenzen der kommunalen Selbstverwaltung in Preußen (1926) S. 216 f.; Erich *Becker* und Arnold *Köttgen*, in: Peters, KommHdb. I (1956) S. 165, 217 f.; Ernst *Forsthoff*, Lehrb. d. Verwaltungsrechts I (8. Aufl. 1961) S. 430; Hans J. *Wolff*, Verwaltungsrecht II (1962) S. 137, 155; Otto *Gönnenwein*, Die Kommunalaufsicht als Rechtsaufsicht, Gedächtnisschr. f. W. Jellinek (1955) S. 511.

mativbestimmung für die verfassungsmäßige Ordnung in den Ländern und nicht zuletzt in der institutionellen Garantie der kommunalen Selbstverwaltung (Art. 28 Abs. 2), die die Existenz einer staatlichen Kommunalaufsicht mit umschließt.

Die Kommunalaufsicht, die in dieser Weise von der Verfassung gefordert wird, ist nach Ziel und Maßstab Gesetzmäßigkeitskontrolle: Die Kommunalaufsicht muß die Gesetzmäßigkeit der Abläufe in den Kommunen ergreifen, und zwar ganz; sie braucht aber darüber nicht hinauszugehen. Ob sie das überhaupt dürfte, wird noch zu prüfen sein.

## II.

Soweit die Länderverfassungen die Kommunalaufsicht auf Gesetzmäßigkeitskontrolle festlegen und begrenzen, zielen sie damit unbestritten jedenfalls auf die *allgemeine oder repressive* Kommunalaufsicht ab. Mit deren Mitteln, vor allem der Beanstandung oder Aufhebung, der positiven Anordnung, der Ersatzvornahme und der Einsetzung eines Staatskommissars können nur gesetzwidrige Maßnahmen inhibiert und gesetzliche Pflichten der Kommunen zur Erfüllung gebracht werden. Der Begriff des Gesetzes ist in diesem Zusammenhang im materiellen Sinne zu verstehen; er umschließt förmliche Parlamentsgesetze, Rechtsverordnungen, kommunale Satzungen und auch ungeschriebenes Recht.

Die Gesetz- oder besser Rechtmäßigkeitskontrolle bildet aus mehreren Gründen den Angelpunkt der repressiven Kommunalaufsicht. Die Normen des geltenden Rechts stellen das Gerüst der Staats- und Sozialordnung dar. Diese in Rechtssätzen ausgeformte Ordnung des politischen Gemeinwesens haben auch die Kommunen zu respektieren; sie sind an das gesetzte Recht gebunden, auch an das von ihnen selbst geschaffene Satzungsrecht, solange sie es nicht ändern. Die Kommunalaufsicht aktualisiert legitimerweise gerade diese Bindung. Anderseits bedeutet die Rechtmäßigkeitskontrolle auch die Grenze, die die Kommunalaufsicht nicht überschreiten darf. Könnte sie nämlich ihr aufsichtliches Eingreifen auch nach anderen Maßstäben und Kriterien bestimmen, so würde sich der Status der Kommunen als Selbstverwaltungskörper auflösen; dann würde ihr Selbstverwaltungsrecht oder, wie Art. 28 Abs. 2 GG sich ausdrückt, ihr Recht, alle Angelegenheiten der örtlichen Gemeinschaft in eigener Verantwortung zu regeln, zur Disposition der Aufsichtsbehörden gestellt sein. Dann würde auch, und das ist das dritte Moment, mangels justitiabler Aufsichtstatbestände die Möglichkeit entfallen, die Betätigung der repressiven Kommunalaufsicht der Kontrolle der Verwaltungsgerichtsbarkeit anzuvertrauen. Es hängt daher unveräußerlich mit der Anerkennung der kommunalen Selbstverwaltung und ihrer verfassungsrechtlichen Garantie zusammen, daß die allgemeine Kommunalaufsicht zwar die Rechtmäßigkeit der Vorgänge im Kommunalbereich überwacht, aber auch darüber nicht hinausgeht. Deswegen können auch die Länderverfassungen, wenn sie die allgemeine Kommunalaufsicht im Grundsatz normieren, sie gar nicht anders als im Sinne der Rechtmäßigkeitskontrolle definieren. Denn das ist ihnen von Art. 28 Abs. 2 GG aus als Bestandteil der institutionellen Garantie der Selbstverwaltung vorgegeben[3]. Die These läßt sich noch schärfer formulieren: Gemeinden und Gemeindeverbände müßten mit einer Verfassungsbeschwerde nach Art. 91 GG Erfolg haben, wenn ein Gesetz — auch eine Landesverfassung — die Befugnisse der allgemeinen Kommunalaufsicht über die Rechtmäßigkeitskontrolle hinaus auszuweiten unternähme.

Die Betätigung der Rechtmäßigkeitskontrolle durch die Aufsichtsbehörden wird nun im allgemeinen als ein Können oder Dürfen und nicht als ein Müssen aufgefaßt. Man drückt das dahin aus, daß die Kommunalaufsicht unter dem Opportunitätsprinzip stehe, und findet die Bestätigung hierfür in den Aufsichtsvorschriften der Gemeinde- und Kreisordnungen, die — mit Ausnahme der Art. 112 und 113 der Bayer. Gemeindeordnung — durchweg davon reden, die Aufsichtsbehörde „könne" beanstanden, anordnen, Ersatzvornahme verfügen usf. Auch das Bundesverfassungsgericht hat sich in seiner zitierten Entscheidung über die Atombewaffnungsabstimmungen in Hessen (BVerfGE 8, 122 [137]) mit Wendungen dieser Art in der Hessischen Gemeindeordnung befaßt und sie dahin ausgelegt, die Aufsichtsinstanzen hätten einen Ermessensspielraum. Aber der Gerichtshof gelangt sogleich anschließend zu der Feststellung, daß in concreto das Land aus der Pflicht zum bundesfreundlichen Verhalten dem Bunde gegenüber gehalten sei, die Rechtmäßigkeitskontrolle gegen die abstimmungswilligen Gemeinden in Gang zu setzen. In ähnlicher Weise fließt aus der Pflicht der Länder, die Bundesgesetze in landeseigener oder Bundesauftragsverwaltung auszuführen, die Pflicht, gegen mangelhafte Ausführung durch die Kommunen, etwa auch gegen die Vernachlässigung notwendiger Geheimhaltung, aufsichtlich einzuschreiten. Ebensowenig bedeutet das Reden vom Opportunitätsprinzip das letzte Wort, wenn rechtswidriges Handeln oder Unterlassen im kommunalen Selbstverwaltungsbereich nachhaltig in die Persönlichkeitssphäre, die Freiheit und das Eigentum der Bürger eingreifen. Die Lage ist hier ähnlich wie bei dem Recht des einzelnen auf polizeiliches Einschreiten. Auch bei diesem geht die Entwicklung unter Anspannung des „pflichtmäßigen Ermessens" in der polizeilichen Generalklausel dahin, in allen ernsteren Fällen einer Störung eine notfalls durch Klage erzwingbare oder ex post im Amtshaftungsprozeß anspruchbegründende Pflicht zum Tätigwerden zu be-

[3] So auch Arnold *Köttgen*, KommHdb. I S. 219.

jahen[4]. Dahinter kann die Betätigung der Kommunalaufsicht nicht zurückbleiben, dies um so weniger, als sie sich zum Unterschied von der polizeilichen Generalklausel nirgendwo auf die ausdrückliche Einräumung von „Ermessen", sondern nur auf die in dieser Hinsicht weit indifferenteren „Kann"-Klauseln berufen kann, die wohl eine Handlungsermächtigung, aber nicht zwingend zum Gebrauch nach Opportunität enthalten. Allgemein ist die Frage zu stellen, ob die Behörden eines Staatswesens, dem rechtsstaatliche Integrität als vornehmste Aufgabe anvertraut ist, Rechtswidrigkeiten in der öffentlichen Verwaltungsordnung aus „Opportunität" passieren lassen dürfen, es sei denn, es handele sich um Bagatellen. In die Berufung darauf, es sei nicht opportun, aufsichtlich tätig zu werden, schleichen sich aller Erfahrung nach überdies allzu leicht sachwidrige Erwägungen ein, die den Unrechtstatbestand noch verschlimmern.

Das Ergebnis dieser Überlegungen ist, daß die traditionelle Vorstellung vom Opportunitätsprinzip in der Kommunalaufsicht offensichtlich unter verschiedenen verfassungsrechtlichen Gesichtspunkten — Bund-Länder-Verhältnis, Schutz der Individualsphäre, Rechtsstaatlichkeit — korrigiert werden muß[5].

## III.

Die eigentlichen Schwierigkeiten in unserer Frage beginnen aber erst, wenn man die allgemeine (repressive) Kommunalaufsicht verläßt und zu dem Fragenkomplex übergeht, der gemeinhin als *„Sonderaufsicht"* etikettiert wird. Hier handelt es sich um den weiten Bereich staatsbehördlicher Beteiligung am Kommunalwesen durch Genehmigungen, Bestätigungen, Dispense und sonstige Entscheidungen.

Als man sich nach dem Zusammenbruch wieder auf die grundsätzliche Ordnung des deutschen Kommunalwesens besann, wurden Stimmen dahin laut, daß es eine Beschränkung der kommunalen Betätigungsfreiheit durch die Bindung an staatliche Genehmigungs-, Bestätigungs- und Dispensierungsbefugnisse überhaupt nicht mehr geben dürfe. Denn dem stehe das Prinzip der kommunalen Selbstverwaltung und ferner die Tatsache entgegen, daß die Landesverfassungen eine Kommunalaufsicht nur im Rahmen der Rechtmäßigkeitskontrolle zuließen, diese Begrenzung bei den Instituten der Genehmigung, Bestätitung usw. aber weder gewollt noch praktikabel sei. Freilich konnte man

[4] Vgl. *Drews-Wacke*, Allgemeines Polizeirecht, 7. Aufl. 1962, S. 161 ff., mit weiteren Nachweisen; BVerwGE 11,95 = DVBl. 1961, 125 mit eingehender Besprechung von *Bachof;* OVG Lüneburg, DVBl. 1960, 648, besprochen von *Menger*, VerwArch. Bd. 52 (1961) S. 102 ff.; zuletzt *Pfeiffer*, Verpflichtungsklage bei Ermessensentscheidungen? DÖV 1962, 776 ff.

[5] Zur hier vertretenen Ansicht neigend auch Erich *Becker*, KommHdb. I S. 167.

so nicht vom Boden der Lehre von der institutionellen Garantie der kommunalen Selbstverwaltung aus argumentieren. Denn Gegenstand dieser Garantie ist die kommunale Selbstverwaltung in den durch ihren geschichtlichen Werdegang geprägten entscheidenden Wesenszügen. Es ist aber leicht festzustellen, daß das deutsche Kommunalrecht die erwähnten Mittel der Sonderaufsicht immer und in großer Zahl gekannt hat, weit zahlreicher, als sie heute fortbestehen, ferner daß die Kommunalaufsicht schon früher auf Gesetzmäßigkeitskontrolle beschränkt war, man damit indessen immer nur die allgemeine (repressive) Kommunalaufsicht gemeint hat, während sich in den Sonderaufsichtsmitteln eine freiere Mitbestimmung der Staatsbehörden in Kommunaldingen entfaltete. Im Hinblick hierauf hat der Verfassungsgerichtshof für Rheinland-Pfalz in seiner Entscheidung vom 5. Dezember 1950 (VwRspr. 3, 529 ff.) die verfassungsrechtlichen Bedenken gegen die Zulässigkeit von Sonderaufsichtsmitteln und gegen die freiere Stellung der Staatsbehörden bei ihrer Handhabung zurückgewiesen. Diese Auffassung hat sich inzwischen zu einer festen, wenn auch etwas summarischen Judikatur verdichtet[6]; auf ihr fußt auch die Gesetzgebungspraxis der Länder und des Bundes jedenfalls insofern, als sie die Institute der Genehmigungs-, Bestätigungs- und Dispensierungsvorbehalte weiterführt.

Damit ist aber noch nicht die Frage zur Ruhe gekommen, ob im Rahmen der Sonderaufsicht und ihrer vorbeugenden oder mitwirkenden Aufsichtsmittel wirklich das diskretionäre Ermessen der Aufsichtsbehörden (Zweckmäßigkeitskontrolle) Platz greifen dürfe oder ob nicht auch hier die Aufsichtsbehörden lediglich auf die vorbeugende Verhinderung von Rechtswidrigkeiten Bedacht nehmen dürften. Die spät, erst 1953, erlassene Verfassung von Baden-Württemberg sucht hierauf eine klärende Antwort, indem sie der Betonung des Prinzips der Gesetzmäßigkeitskontrolle bei der Kommunalaufsicht in Art. 75 Abs. 1 Satz 1 in Satz 2 die Bestimmung folgen läßt:

„Durch Gesetz kann bestimmt werden, daß die Übernahme von Schuldverpflichtungen und Gewährschaften sowie die Veräußerung von Vermögen von der Zustimmung der mit der Überwachung betrauten Behörden abhängig gemacht werden, und daß diese Zustimmung unter dem Gesichtspunkt einer geordneten Wirtschaftsführung erteilt oder versagt werden kann."

Die Schöpfer der Verfassung von Baden-Württemberg hielten es danach offenbar für notwendig, für einige Fälle aufsichtsbehördlicher Zustimmung, in denen sie die Entscheidung als nicht streng rechtsge-

[6] BVerfGE 7, 358; 8, 332; BVerwG VwRspr. 11, 605; OVG Münster VwRspr. 7, 353; 7, 717; VG Kassel, DVBl. 1954, 91; VerfGH Nordrhein-Westfalen, VwRspr. 7, 584. Zu dem Problem auch Klaus *Müller*, Zur Problematik der Genehmigungsvorbehalte im Kommunalrecht, VerwArch Bd. 54 (1963), 170 ff. (182 ff.).

bunden verstanden, von Verfassungs wegen ausdrücklich eine Bresche schlagen zu müssen. Ihr Irrtum bestand indessen darin, daß sie meinten, im Tatbestandsmerkmal einer „geordneten Wirtschaftsführung“ ein Element der Zweckmäßigkeitskontrolle eingeführt zu haben, während sie in Wirklichkeit einen unbestimmten Rechtsbegriff formulierten[7]. Immerhin ist als ihre Absicht zu erkennen, daß sie die Kommunalaufsicht dort, wo sie außerhalb der Übernahme von Schuldverpflichtungen und Gewährschaften sowie der Veräußerung von Vermögen nach den Gesetzen Zustimmungsbefugnisse hat, streng an die Maßstäbe der Rechtmäßigkeitskontrolle gebunden wissen will[8].

Doch ist hier mit abstrakten Deduktionen nicht weiterzukommen. Man muß zunächst einmal die Fälle aufsichtsbehördlicher Genehmigungen, Bestätigungen, Dispense und sonstiger Mitwirkungsentscheidungen im Kommunalbereich konkreter auf ihren Sinngehalt prüfen. Erst dann ist ein verläßliches Urteil darüber zu gewinnen, wie sie vor dem Forum einer verfassungsrechtlichen Würdigung bestehen können[9].

Auszuscheiden sind zunächst die Fälle, in denen Kommunen in gleicher Weise wie jeder Rechtsunterworfene, also in ihrer Eigenschaft als Rechtssubjekte und nicht als kommunale Selbstverwaltungskörperschaften, einer staatsbehördlichen Genehmigung, Erlaubnis oder Bewilligung bedürfen. Beispiele hierfür lassen sich insbesondere aus dem Energiewirtschaftsrecht, dem Wasserrecht, dem Bauordnungsrecht und dem Personenbeförderungsrecht beibringen. Hier wird nicht Kommunalaufsicht betätigt und sind regelmäßig auch nicht die Kommunalaufsichtsbehörden beteiligt, sondern wird einfach Staatshoheitsverwaltung ausgeübt wie gegenüber jedermann. Für unser Thema ist dieser Bereich irrelevant.

Eine zweite Gruppe staatsbehördlicher, meist kommunalaufsichtsbehördlicher Entscheidungen betrifft zwar die Kommunen als solche, aber so, daß sich der Staat für allein zuständig erachtet, weil die Verantwortung bei ihm liegt und nicht bei den Kommunen selbst. Hierhin gehören die Akte der Grenzänderung (Eingemeindung, Umgemeindung), der Verschmelzung und Neubildung von Gemeinden, der Auskreisung, der Erhebung zur „selbständigen Stadt“, der Auseinandersetzung bei Grenzänderungen, der Verleihung von Wappen, Flaggen, Siegeln, der

---

[7] So auch Werner *Seeberger*, Genehmigungsvorbehalte im Kommunalrecht, Der Städtetag 1961, 535 ff. (536 f.).

[8] Zum Teil wird die Verfassungsbestimmung sogar dahin ausgelegt, daß sie überhaupt keine Genehmigungen usw. außerhalb des bezeichneten Bereichs mehr zulasse. Diese Ansicht ist jedoch zu eng. Vgl. auch Richard *Kunze*, Probleme der Kommunalaufsicht in Baden-Württemberg, DÖV 1954, 430, 431 ff.; Otto *Gönnenwein*, Die Kommunalaufsicht als Rechtsaufsicht, in: Gedächtnisschr. f. W. Jellinek (1955) S. 511 ff., 530 f.; Wilhelm *Gfrörer*, Genehmigungsvorbehalt und Art. 75 Verfassung Baden-Württemberg, DÖV 1955, 496 ff.

[9] Insofern führe ich meine eigenen Überlegungen in „Staats- und Selbstverwaltung in der Gegenwart“ (1953) S. 44 f. teilweise berichtigend weiter.

Bestimmung über Gemeindenamen und Titulaturen, wie Bad und Stadt. Das Tätigwerden des Staates aus voller eigener Entscheidungsgewalt läßt sich in diesen Fällen aus mehreren Gründen rechtfertigen. Zum Teil handelt es sich hier um Entscheidungen über das gegenseitige Verhältnis mehrerer Kommunen, die der Staat als der übergeordnete Dritte zu treffen hat, zum anderen Teile darum, daß die Kommunen eine Statusbestimmung innerhalb des Gesamtsystems der öffentlichen Ordnung erfahren, die sie selbst über sich nicht treffen können, zu der vielmehr nur der Staat legitimiert ist. Erich *Becker* klammert alle diese Akte aus der Kommunalaufsicht aus und rechnet sie richtigerweise der staatlichen Organisationsgewalt zu[10]. In ähnlicher Weise verfährt Arnold *Köttgen*[11]. Bisweilen allerdings kommt es vor, daß der Staat auch in diesem Bereich schon auf die bloße Genehmigung kommunaler Akte zurückweicht, so etwa, indem er die Auseinandersetzung bei Grenzänderungen nicht von sich aus ordnet, sondern einem unter den Beteiligten auszuhandelnden, von ihm dann bloß zu genehmigenden Grenzänderungsvertrag den Vortritt läßt, oder indem er die Annahme von Flaggen und Wappen der eigenen Entscheidung der Kommunen unter seiner Genehmigung anheimgibt. Dann wandern diese Tatbestände in eine andere Kategorie ab, auf die gleich zurückzukommen ist. Im ganzen aber handelt es sich hier um Staatsverwaltungsdinge, die mit der Kommunalaufsicht, auch in Gestalt der Sonderaufsicht, nicht in eine rechtssystematische Verbindung gebracht werden dürfen. Deshalb stellt sich das Problem der verfassungsrechtlichen Bewertung der Kommunalaufsicht hier nicht, es sei denn, der Staat würde Sachverhalte als Gegenstand seiner ausschließlichen Verantwortung deklarieren, die ihrer Natur nach in Wahrheit Gegenstände der kommunalen Selbstverwaltung sind. Eine solche Ausuferung läßt sich aber im deutschen Kommunalrecht der Gegenwart kaum feststellen.

Man rückt dem Problem näher und gelangt zugleich zu dem eigentlichen Gebiet der „Sonderaufsicht", wenn man sich den Genehmigungs-, Bestätigungs- und Dispensierungsvorbehalten zuwendet. Freilich ist das kein einheitlicher Komplex, und darauf, hier die richtigen Unterscheidungen zu treffen, kommt es sogar maßgeblich an, sofern man nicht, wie vielfach Schrifttum und Rechtsprechung in der Vergangenheit, in unauflöslichen Widersprüchen steckenbleiben will. Schon früher hat man erkannt und gelegentlich betont, daß die Genehmigungsvorbehalte verschieden motiviert sein können. In der kommunalaufsichtlichen Genehmigung kann sich ein echtes materiales Beteiligtsein des Staates ausdrücken. Es handelt sich dann, um einen geläufigen Ter-

---

[10] Erich *Becker*, KommHdb. I S. 176.

[11] Arnold *Köttgen*, KommHdb. I S. 220: „Staatliche Entscheidungen über Grundlagen der Gemeindeverwaltung". Gleichlaufende Ausführungen bei Klaus *Müller*, a. a. O., S. 189 f.

minus des Staatskirchenrechts zu verwenden, um „res mixtae", in denen ein kommunales und ein staatliches Bestimmungsinteresse zusammentreffen, wo sie sich zu einem staatlich-kommunalen Kondominium vereinigen. Die Entscheidung selbst ruht in diesen Fällen paritätisch auf den Schultern der kommunalen und der staatlichen Verwaltungsverantwortung, worüber die technische Ausgestaltung als kommunaler Akt, zu dem die staatliche Genehmigung oder Bestätigung nur als Wirksamkeitsvoraussetzung hinzutritt, nicht täuschen darf. Jürgen *Salzwedel,* der sich mit diesen Abgrenzungsfragen jüngst beschäftigt hat[12], bezeichnet die staatsaufsichtliche Genehmigung in den hier gemeinten Fällen als „Sanktion" des kommunalen Aktes, womit zum Ausdruck gebracht werden soll, daß die staatliche Mitwirkung, obwohl sie hier möglicherweise zugleich einen Aufsichtszweck verfolgt, in der Hauptsache vom Beteiligtsein des Staates in eigener Sache her legitimiert ist.

Es bleiben als letzte Gruppe dann die reinen kommunalen Akte, bei denen der staatliche Mitwirkungsvorbehalt sich in dem Aufsichtszweck erschöpft. *Salzwedel* bezeichnet die kommunalaufsichtliche Genehmigung in diesem Bereich als bloß „kontrollierende" Genehmigung, die eigentlich nur den Charakter einer Unbedenklichkeitserklärung habe, so daß es bei ihr beispielsweise auch unverfänglich ist, nach Ablauf einer bestimmten Erklärungsfrist das Schweigen der Aufsichtsbehörde als Abgabe dieser Unbedenklichkeitserklärung zu fingieren[13].

So einfach und einleuchtend das alles im Prinzip ist, so schwierig ist es, die einzelnen Fälle aufsichtsbehördlicher Mitwirkung trennscharf auf die beiden Gruppen zu verteilen. Zu den kommunalen Akten, die der aufsichtlichen Genehmigung im Sinne einer Unbedenklichkeitserklärung unterliegen, wird man vor allem die genehmigungsbedürftigen Satzungen und die Vorgänge aus dem Bereich der Gemeindewirtschaft: Grundstücksveräußerungen, Schenkungen, Darlehnsaufnahmen, Bürgschaftsübernahmen, Sicherheitenbestellung, Aufhebung von Stiftungen, Umwandlung von Gemeindegliedervermögen, Festsetzung der Steuerhebesätze, Errichtung von wirtschaftlichen Unternehmungen und Beteiligung an ihnen, Umwandlung von Eigenbetrieben in privatrechtliche Unternehmen u. ä. rechnen dürfen. Indes sind auch hier einige Vorbehalte zu machen. In der Hauptsatzung beispielsweise können Statusfixierungen enthalten sein, zu denen eine echte „Sanktion" des Staates nötig ist (z. B. über Dekonzentration oder Dezentralisation einer Großgemeinde und über Bestimmung des Sitzes eines Landkreises). In kommunalen Steuerordnungen oder Hebesatzfestlegungen kann die

---

12 Jürgen *Salzwedel,* Staatliche Genehmigungsvorbehalte gegenüber der Selbstverwaltung, Arch. f. KommWiss. 1 (1962), 203 ff.
13 Dazu Erich *Becker,* KommHdb. I S. 173.

Verantwortung des Staates für eine *regional,* also überkommunal ausgeglichene Steuerbelastung sehr stark berührt sein. Bei der Kategorisierung ist mithin einige Behutsamkeit geboten.

Unter den aufsichtsbehördlichen Mitwirkungen aus staatlicher Mitverantwortung, im Sinne der „Sanktion" also, lassen sich nennen die Genehmigungen von Grenzänderungsverträgen, der Annahme von Wappen und Flaggen, der Zweckverbandsbildung, besonders wenn damit die Erledigung von Auftragsangelegenheiten verfolgt wird, der Samtgemeindebildung, der Errichtung, Zusammenlegung und Auflösung von Schulen, ferner die Bestätigung bestimmter Personalentscheidungen und nicht zuletzt die Genehmigung von Bauleitplänen nach dem Bundesbaugesetz.

Wie eben schon angedeutet wurde, kann diese Kategorisierung nicht starr verstanden werden. Die Genehmigung der Hauptsatzung und der Steuerhebesätze kann doppelwertig sein; die Genehmigung der Bauleitpläne ist es ebenfalls. Bestätigungen von Beamtenernennungen und Amtsübertragungen wurden früher in weitem Umfange der staatlichen Mitverantwortung zugerechnet; sie sind heute zum großen Teile überhaupt weggefallen und im wesentlichen nur noch dort aufrechterhalten, wo eine klare sachliche Teilhabe des Staates erkennbar ist, wie bei Standesbeamten, kommunalen Lehrern und Schuldirektoren (wo es sie noch gibt)[14] sowie bei den Oberkreisdirektoren und ihren allgemeinen Vertretern in Nordrhein-Westfalen und den Landräten in Schleswig-Holstein. Einige Entscheidungen hoher Gerichte bieten zu diesen Fragen gewisse Anhaltspunkte:

Das Bundesverfassungsgericht hat in einem Beschluß vom 29. April 1958 (BVerfGE 7, 358 [364 f.]) ausgeführt, es verletze nicht die Garantie der Selbstverwaltung in Art. 28 Abs. 2 GG, wenn gewisse disziplinarische Befugnisse gegenüber Kommunalbeamten von staatlichen Behörden vorgenommen würden. Der Staat könne sich gewisse Entscheidungen in beamtenrechtlichen Angelegenheiten der Kommunen vorbehalten, um eine gleichmäßige Handhabung für alle Beamten im Lande zu sichern. Das gelte jedenfalls dann, wenn es sich, wie in dem zu prüfenden Fall, um reine Rechtsentscheidungen handele. Ein Beschluß desselben Gerichtshofs vom 2. Dezember 1958 (VBerfGE 8, 332) hat den Bestätigungsvorbehalt für Oberkreisdirektoren in Nordrhein-Westfalen als verfassungsgemäß anerkannt. Wenn Bestimmungen, so heißt es in dieser Entscheidung (S. 359 f.), für die Wahl eines leitenden Kommunalbeamten, *der zugleich Träger eines Staatsamts ist,* die Bestätigung durch die Landesregierung erforderten, so gehörten sie

---

[14] Dazu etwa OVG Münster, VwRspr. 7, 353.

zu dem Normenkomplex, der den historisch gewordenen Begriff der Selbstverwaltung ausmache. Schwieriger ist die Beurteilung des Tatbestandes, daß die gemeindliche Bauleitplanung an die Einordnung in die übergeordnete Landesplanung gebunden ist und daß hierüber die aufsichtsbehördliche Genehmigung der gemeindlichen Bauleitpläne wacht. An diese Frage tastet sich eine Entscheidung des Bundesverwaltungsgerichts vom 20. Mai 1958 (VwRspr. 11, 605) — noch unter der Geltung der Aufbaugesetze der Länder — vorsichtig heran. Hier heißt es einerseits (S. 609), daß eine Einflußnahme der Genehmigungsbehörde auf Einzelheiten der gemeindlichen Planung in Angelegenheiten rein örtlicher Bedeutung mit dem Sinn der verfassungsmäßigen Garantie der gemeindlichen Selbstverwaltung nicht vereinbar sei. Anderseits wird anerkannt, daß der gemeindlichen Planungshoheit in der überörtlichen Landesplanung zulässigerweise ein Rahmen gesetzt sei (S. 607 f.); freilich müsse die überörtliche Planung, um als Rahmen für die örtliche Planung zu dienen, hinreichend bestimmbar sein, weil sonst der Aufsichtsbehörde bei der Genehmigung des gemeindlichen Aufbauplanes insoweit unbegrenzt und nicht nachprüfbare Befugnisse eingeräumt seien, was unter rechtssstaatlichen Gesichtspunkten bedenklich wäre (S. 606 f.). So weit kann man der Entscheidung folgen, weniger jedoch darin, daß sie anschließend glaubt, folgendes feststellen zu können: Aufgabe der Landesplanung sei die übergeordnete und zusammenfassende Planung für die Ordnung größerer Räume, soweit es sich dabei um Vorgänge handele, die für die Nutzung des Bodens von Bedeutung seien. In dieser Bestimmung sei der Begriff zwar nicht im einzelnen genau abgegrenzt, aber jedenfalls für die hier in Betracht kommenden Planungen so hinreichend bestimmt, daß er im Rechtsleben Verwendung finden könne (S. 606 f.). Hier scheint die Entscheidung einer Illusion zu verfallen, auf die noch zurückzukommen ist.

Gerade gegenüber der Unsicherheit, die sich in solchen paradigmatischen Entscheidungen — weniger in ihrem meist zutreffenden Ergebnis als ihrer Begründung — zeigt, ist es nötig festzuhalten, daß sich der Staat den Kommunen, prinzipiell betrachtet, in dreifacher Gestalt zuwendet: einmal im reinen Staatsverwaltungsbereich; dort übt er keine Kommunalaufsicht, auch keine Sonderaufsicht aus. Zum andern in einer Zone der „res mixtae", in der seine Mitwirkung aus eigenem beteiligten Staatsinteresse sich der Willensbildung der Kommunen paritätisch beigesellt und seine Mitwirkung, um mit *Salzwedel* zu sprechen, die Rolle einer „Sanktion" hat. Zum dritten beansprucht er gegenüber rein kommunalen Akten eine vorbeugende kommunalaufsichtliche Beteiligung im Stile einer kontrollierenden Aufsichtsbetätigung, die im Grunde nur eine Unbedenklichkeitserklärung zum Gegenstand hat. Daß die Zuordnung der konkreten Tatbestände zu diesen drei Kategorien Schwierigkeiten bereiten kann und daß es auch manche Übergänge und Doppelzugehörigkeiten gibt, liegt in der Natur der Sache und muß in Kauf genommen werden.

## IV.

Wendet man sich zurück zur Kommunalaufsicht als Verfassungsproblem, so ergibt sich das Folgende:

1. Handelt es sich um echte Vorgänge der kommunalen Selbstverwaltung, bei denen der Staatsaufsichtsbehörde die Genehmigungsbefugnis nur im Sinne eines Instituts der vorbeugenden Kontrolle, als „Unbedenklichkeitserklärung" also, anvertraut ist, dann entfalten die Klauseln der Länderverfassungen, daß die Kommunalaufsicht auf Rechtmäßigkeitskontrolle beschränkt sei, ihre volle Wirkung[15]. Das ergibt sich nicht nur aus dem Wortlaut der Verfassungsbestimmungen, sondern auch aus dem Sinnzusammenhang. Denn hier geht es ja um echte Selbstverwaltung, und es wäre widersprüchlich, wenn für die allgemeine oder repressive Staatsaufsicht der Maßstab der Rechtmäßigkeitskontrolle entschieden postuliert, in demselben Selbstverwaltungsbereich für die Mittel der vorbeugenden Aufsicht oder Sonderaufsicht aber gänzlich beiseitegeschoben würde. Wäre in den Fällen des Genehmigungsvorbehalts der Zweckmäßigkeitskontrolle das Tor geöffnet, dann erlitte die Selbstverwaltung einen so starken Einbruch, daß von ihrer wirklichen Respektierung nicht mehr die Rede sein könnte. Die Gesetzmäßigkeitsklauseln der Länderverfassungen können daher nicht anders verstanden werden als so, wie es auch ihrem Wortsinn entspricht, daß sie die der reinen und echten Kommunalaufsicht zugehörigen Sonderaufsichtsmittel mit ergreifen.

Das gilt für die im Landesrecht vorgesehenen Genehmigungsvorbehalte; es gilt aber ebenso für diejenigen des Bundesrechts. Werner *Seeberger* und Otto *Gönnenwein* meinen, der Bundesgesetzgeber sei an die Gesetzmäßigkeitsklauseln der Länderverfassungen nicht gebunden; er könne deshalb auch der Zweckmäßigkeitskontrolle Raum geben[16]. Dieser Ansicht kann nicht gefolgt werden. Dabei mag es dahingestellt bleiben, ob nicht schon Art. 28 Abs. 2 GG, recht verstanden, so auszulegen ist, daß die Beschränkung auf Rechtmäßigkeitskontrolle auch in ihm enthalten ist[17]. Entscheidend ist folgende Erwägung: Den Status

---

[15] Zu Unrecht wollen *Seeberger* (Städtetag 1961, 536 f.) und *Gfrörer* (DÖV 1955, 499) die Genehmigung von Satzungen hiervon ausnehmen, weil nur die „verwaltende" Tätigkeit der Kommunen unter dem Vorbehalt der Gesetzmäßigkeitskontrolle stehe. Diese Ansicht verkennt, daß die Satzungsautonomie in erster Linie zur geschützten Selbst*verwaltung* gehört. Wie hier Otto *Gönnenwein*, Gedächtnisschr. f. Jellinek S. 517 Anm. 33.

[16] Werner *Seeberger*, Der Städtetag 1961, 537; Otto *Gönnenwein*, Gedächtnisschr. f. Jellinek S. 525. Im Ergebnis ähnlich Klaus *Müller*, a. a. O., S. 184.

[17] Zu dieser Frage etwa Klaus *Müller*, a. a. O., S. 183 f.

der Gebietskörperschaften auszuformen, ist Sache der Länder, nicht des Bundes. Deshalb hat der Bund das System der kommunalen Ordnung, vorausgesetzt, daß es sich im Rahmen des Art. 28 Abs. 2 GG hält, so zu akzeptieren, wie Länderverfassungen und Landesgesetze es darbieten[18]. Erheben dabei die Länderverfassungen die Rechtmäßigkeit zum Maßstab der Kommunalaufsicht, so ist dieser Tatbestand für den Bundesgesetzgeber vorgegeben. Er kann sich über ihn auch nicht in einer bundesgesetzlichen Regelung der Behördeneinrichtung und des Verwaltungsverfahrens gemäß Art. 84 Abs. 1 GG hinwegsetzen. Dies gilt jedenfalls in dem hier allein in Betracht kommenden Fall, daß es sich um Angelegenheiten reiner kommunaler Selbstverwaltung handelt, die übrigens legitimerweise kaum jemals in einer bundesgesetzlichen Regelung berührt werden dürften. Bei Bundes- und Landesauftragsangelegenheiten kann es anders liegen.

Jedwede Genehmigung rein kommunalaufsichtlichen, d. h. eine eigene Sachbeteiligung des Staates nicht einschließenden Charakters kann also nur als vorbeugendes Mittel der Rechtsaufsicht gehandhabt werden[19]. Natürlich ist der Begriff der Rechtsaufsicht hier nicht zu eng zu fassen; er umschließt auch unbestimmte Rechtsbegriffe und diejenigen tadelnswerten Tatbestände kommunalen Verhaltens, die man cum grano salis als Ermessensmißbrauch bezeichnen könnte und in diesem Sinne als Rechtsverletzungen in die Rechtsaufsicht einbeziehen müßte[20]. Die früher erwähnte Sonderklausel der Verfassung von Baden-Württemberg, um es zu wiederholen, wäre unter der hier entwickelten Annahme nicht nötig gewesen, weil sie sich darin täuscht, den Rahmen der Rechtsaufsicht zu sprengen.

Die praktische Folge des bisher verfolgten Gedankenganges ist, daß die Kommunen mit der Vornahmeklage eine ihnen verweigerte Genehmigung erzwingen können, wenn ihr keine durchschlagenden rechts-

---

[18] In diesem Sinne vor allem Erich *Becker*, Die Ausführung von Bundesgesetzen durch Gemeinden und Gemeindeverbände, BayVBl. 1961, 65 ff. (68); ferner Arnold *Köttgen*, KommHdb. I S. 217: „Sind die Gemeinden Teil der mittelbaren Landesverwaltung, so kann die Kommunalaufsicht nur Sache der Länder sein. Dem Einfluß des Bundes sind diese Aufsichtsbefugnisse entzogen." An anderer Stelle (Die Gemeinde und der Bundesgesetzgeber, 1957 S. 42 f.) scheint *Köttgen* diese Feststellung allerdings einzuschränken; indessen spricht er hier nur vom „Gesetzesvollzug", und vom Vollzug von Bundesgesetzen in Dingen der kommunalen Selbstverwaltung selbst kann wohl kaum die Rede sein. Im Sinne der hier vertretenen Ansicht auch Heinrich *Junker*, in: Gemeinschaftsaufgaben zwischen Bund, Ländern und Gemeinden, Bd. 11 der Schriftenreihe der Hochschule Speyer (1961) S. 90 ff. und wiederum *Köttgen*, Die Gemeinde und der Bundesgesetzgeber S. 90.

[19] So OVG Lüneburg, Städtetag 1951, 400; *Baring*, Städtetag 1952, 106; *Schunck*, DÖV 1954, 93; Richard *Kunze*, DÖV 1954, 431 ff.; *Gönnenwein*, Gedächtnisschr. f. Jellinek S. 519 f., 532; *Seeberger*, Städtetag 1961, 537 f., *Gfrörer*, DÖV 1955, 496 ff. u. a. Siehe auch § 7 Abs. 2 NdsGO, § 20 Abs. 3 GO Rhld.-Pf.

[20] So auch Erich *Becker*, KommHdb. I S. 167; *Seeberger*, Städtetag 1961, 537 f.; Klaus *Müller*, a. a. O., S. 173 f.

aufsichtlichen Bedenken entgegenstehen. Ähnlich wie bei der polizeilichen Erlaubnis haben sie einen Anspruch auf die Genehmigung, sofern kein Rechtsverstoß gegeben ist, und nicht etwa bloß auf eine ermessensfehlerfreie Entscheidung der Aufsichtsbehörde.

2. Im Bereich der „res mixtae" liegen die Dinge anders. Hier hat der Staat eine Mitbestimmung aus eigenem Recht und zur Wahrung eigener Interessen. Wie er sich bei dem kommunal-staatlichen Doppelakt entscheidet, hat *er* zu verantworten. Systematisch gesehen, trifft die Aufsichtsbehörde in diesen Fällen nicht eine von Zweckmäßigkeitserwägungen getragene Aufsichtsentscheidung über einen kommunalen Akt; sie begegnet vielmehr dem kommunalen Partner gleichsam paritätisch in der Bewirkung eines Vorgangs, der zugleich der kommunalen und der staatlichen Verantwortungssphäre angehört. Hier müssen sich beide zum selben Gegenstand entscheiden, und zwar beide unter ihren eigenen Gesichtspunkten. Treffen sie sich in ihrer Willensrichtung, so kommt der Doppelakt zustande, sonst nicht.

Verweigert der Staat seine Mitwirkung, so ist die Kommune in einer rechtlich weniger günstigen Lage. Sie kann jedenfalls die staatliche Mitwirkung nicht ohne weiteres durch Klage erzwingen. Man wird hier näher differenzieren müssen: Versagt die Aufsichtsbehörde deshalb die Genehmigung, weil sie den Akt aus Gesichtspunkten der Kommunalaufsicht mißbilligt, so darf sie sich hierbei nur auf Rechtmäßigkeitserwägungen stützen. Insoweit wäre auch in diesem Falle eine Vornahmeklage statthaft und die Nachprüfung der Weigerungsgründe durch das Verwaltungsgericht möglich. Beruft sich die Aufsichtsbehörde dagegen auf von ihr zu wahrende staatliche Interessen, so versagt dieses Mittel. Nun ist aber die Kommune an dem Zustandekommen solcher Doppelakte oft in hohem Grade interessiert und regelmäßig mehr als der Staat. Die Versagung der staatlichen Mitwirkung kann für sie deshalb eine erhebliche Beeinträchtigung in ihrer Selbstverwaltungssphäre bedeuten, der gegenüber sie im Lichte der verfassungsrechtlichen Selbstverwaltungsgarantie nicht schutzlos bleiben kann. Die Lösung bietet sich in folgender Erwägung: Ähnlich wie Bund und Länder durch die Pflicht zu bundesfreundlichem Verhalten auf Kooperation verwiesen sind, sind es auch Kommunen und Staat in gegenseitigem Verhältnis. Die Pflicht des Staates, die Kommunen in ihren Aufgaben zu schützen und zu fördern, wird in den Länderverfassungen und in den Kommunalverfassungsgesetzen vielerorts hervorgehoben. Auf dieser Grundlage erwächst für die Aufsichtsbehörden die konkrete Verpflichtung, auch bei den Entscheidungen im Bereich der res mixtae neben den von ihnen zu wahrenden staatlichen Belangen das beteiligte kommunale Interesse voll zu würdigen und ihm im Zweifel den Vorrang einzuräumen. Die von ihnen zu treffende Sachentscheidung ist also nur dann legitim, wenn sie auf den rechten Ausgleich der staatlichen Verantwortung mit der Selbstverantwortung der Kommune Bedacht nimmt. Insoweit ist ihre Entscheidung auch in diesen Fällen nicht „frei“, sondern im Hinblick auf die Respektierung des beteiligten Kommunalinteresses „gebunden“. Dadurch wird eine Klage auf positive aufsichtsbehördliche Mitwirkung — nicht bloß auf ermessensfehlerfreie Entscheidung — getragen, wenn sie geltend machen kann, daß die Weigerung wegen mangelnder Würdigung des kommunalen Interesses sach- und rechtswidrig sei.

3. Die Lage wird dadurch etwas kompliziert, daß es Genehmigungstatbestände gibt, bei denen die aufsichtsbehördliche Genehmigung sowohl den kommunalaufsichtlichen Charakter einer Unbedenklichkeitserklärung als auch den einer Entscheidung aus staatlichem Eigeninteresse haben kann. Als Beispiele wurden die Hauptsatzung, der Beschluß über Steuerhebesätze und die Genehmigung des Bauleitplanes genannt, wo beides zusammentreffen kann. Wie in einem solchen Falle zu verfahren ist, hat das Bundesverwaltungsgericht in seiner zitierten Entscheidung vom 20. Mai 1958 (VwRspr. 11, 605) aufgezeigt. Es hat dort die Einflußnahme der Genehmigungsbehörde auf Einzelheiten der gemeindlichen Planung in Angelegenheiten rein örtlicher Bedeutung mit dem Sinn der verfassungsmäßigen Garantie der Selbstverwaltung für nicht vereinbar erklärt, sieht die Versagung der Genehmigung unter dem Gesichtspunkt, daß sich die örtliche Planung nicht in den Rahmen der überörtlichen Landesplanung einfüge, dagegen für legitim an. Damit in derartig ambivalenten Fällen sowohl die betroffenen kommunalen Körperschaften als auch die Verwaltungsgerichte wissen, woran sie sind, ist allerdings erforderlich, daß die Aufsichtsbehörde bei verweigerter Genehmigung ihre Motivationen aufdeckt. Danach läßt sich dann bestimmen, welchem Prüfungsmaßstab die Entscheidung der Aufsichtsbehörde in ihren verschiedenen Teilen und Motivationen ausgesetzt ist.

## V.

Löst sich so, wie mir scheint, das Problem der Genehmigungs- und Entscheidungsvorbehalte einigermaßen befriedigend auf, so bleiben gleichwohl manche Fragen unseres Themas offen.

1. Zunächst ist noch einmal auf die *Bauleitplanung* einzugehen, die in besonderem Maße aktuelles Interesse hat. § 6 des Bundesbaugesetzes unterwirft den Flächennutzungsplan, § 11 desselben Gesetzes den Bebauungsplan der Genehmigung der höheren Verwaltungsbehörde. Es wurde schon festgestellt, daß auch der Bundesgesetzgeber dort, wo er eine Genehmigungspflicht für rein kommunale Akte begründet, entgegen der Ansicht von *Seeberger* die Bindung der Genehmigung an Rechts-

aufsichtsmaßstäbe zu respektieren hat[21]. Dem tragen die §§ 6 und 11 BBauGes. in der Weise Rechnung, daß die Genehmigung nur versagt werden darf, wenn der Flächennutzungs- oder Bebauungsplan nicht ordnungsmäßig zustande gekommen ist oder dem Bundesbaugesetz, ferner den auf seiner Grundlage erlassenen oder sonstigen Rechtsvorschriften nicht entspricht (§ 6 Abs. 2, § 11 Satz 3 BBauGes.). Nun enthält das Bundesbaugesetz selbst in § 1 Abs. 3 den Kardinalsatz, daß die Bauleitpläne den Zielen der Raumordnung und Landesplanung anzupassen sind. Das ist einer jener Rechtssätze, die den Maßstab für die Erteilung oder Versagung der Genehmigung bilden sollen. Gegen den Grundsatz als solchen ist nichts einzuwenden, aber er ist in Wahrheit kein Rechtssatz, der einen rechtsstaatlich praktikablen Prüfungsmaßstab bildet. Er setzt voraus, daß „die Ziele der Raumordnung und Landesplanung" anderweitig in solchem Maße konkretisiert und rechtsstaatlichen Anforderungen entsprechend verbindlich gemacht sind, daß man an ihnen die Ergebnisse der örtlichen Bauleitplanung messen kann. Wer aber den Stand der Raumordnungs- und Landesplanungsgesetzgebung und der daraufhin konkretisierten „Ziele der Raumordnung und Landesplanung" einigermaßen übersieht, weiß, daß hinreichend konkrete, objektivierte und normativ substantiierte „Ziele" dieser Art bisher nur in Ansätzen vorhanden sind und sich so bald auch nicht nennenswert vermehren und verdichten werden. In diesem Punkte ist also der optimistischen Annahme der mehrfach erwähnten Entscheidung des Bundesverwaltungsgerichts vom 20. Mai 1958, es seien hinreichend greifbare Maßstäbe vorhanden, zu widersprechen. Das bedeutet praktisch, daß die höheren Verwaltungsbehörden die Genehmigung eines Bauleitplanes versagen können unter Berufung darauf, daß sie mit den Zielen der Raumordnung und Landesplanung nicht in Einklang stünden, ohne daß diese diskretionäre Entscheidung sich näher substantiieren und einer verwaltungsgerichtlichen Überprüfung aufschließen ließe. Nun ist es richtig, daß gerade die Geltendmachung der Ziele der Raumordnung und Landesplanung gegenüber der örtlichen Bauleitplanung eine Aufgabe eigener staatlicher Verantwortung darstellt und daß die Bauleitplanung insofern zu den res mixtae im oben beschriebenen Sinne gehört. Aber wenn die gemeindliche Bauleitplanung dabei nicht in unkontrollierbare Abhängigkeit vom Diktat der höheren staatlichen Verwaltungsbehörden geraten soll, müßte schon, wie auch das Bundesverwaltungsgericht deutlich betont hat, eine rechtsstaatlich greifbare Individualisierung und Objektivierung der Ziele der regionalen und überregionalen Raumordnung und Landesplanung erfolgt sein. Da diese, von wenigen Ausnah-

---

[21] Soweit er das tut, halte ich im Gegensatz zu Erich *Becker*, BayVBl. 1961, 70 sein Vorgehen, überhaupt Genehmigungsvorbehalte vorzusehen, nicht für verfassungsrechtlich bedenklich.

men abgesehen, nach dem gegenwärtigen Stande und der nur zögernden Fortentwicklung der Landesplanung noch fehlt, eröffnet sich hier eine Lage, bei der die Kongruenz von Verfassungsordnung und kommunalaufsichtlicher Praxis noch nicht hergestellt ist.

2. Problematisch unter den Gesichtspunkten unseres Themas ist weiter das *Gebiet der Subventionen* an Kommunen aus den Haushalten des Bundes und der Länder. Dabei können die „Bedarfszuweisungen" aus dem kommunalen Finanzausgleich wohl schon wegen ihres geringen Volumens außer Betracht bleiben. Auszuscheiden sind ferner die Leistungen, die den Kommunen lediglich zur Weitergabe an bundes- oder landesgesetzlich bestimmte Destinatäre, etwa aus dem Lastenausgleich, zufließen. Gemeint sind lediglich die Zuwendungen, die die Kommunen als verlorene Zuschüsse oder als Darlehen aus den Haushalten des Bundes und der Länder empfangen, um genuin kommunale Aufgaben zu erfüllen. Zuschüsse und Hilfen dieser Art gibt es in nicht geringer Zahl. Sie werden geleistet für den Wohnungsbau, den Schulbau, die Straßenherstellung, für Theater und Orchester, für Krankenhäuser, zur Förderung des Fremdenverkehrs, für Großanlagen der verschiedensten Art, für die vom Bundesjugendplan ins Auge gefaßten Zwecke, für Zonenrandförderung, im Rahmen des „Zentralen Punkte-Programms" usw. Soweit es sich hierbei nicht um gesetzlich, etwa in den Finanzausgleichsgesetzen, fixierte und tarifierte Leistungen handelt, fallen sie, haushaltsrechtlich betrachtet, unter § 64 a RHO und die darin vorgesehenen Verwendungskontrollen nach Maßgabe von Verwendungsrichtlinien.

Es liegt auf der Hand, daß die Gewährung solcher Zuschüsse den gewährenden Staatsstellen weitreichenden Einfluß auf die bezuschußten kommunalen Vorhaben einräumt, den sie zwar nicht zu aktivieren brauchen und der auch im Einzelfalle sehr unterschiedlich ist, von dem sie aber Gebrauch machen können, ohne daß die Kommunen gegen Mißbrauch durch Rechtsnormen abgeschirmt wären. Mindestens potentiell besteht hier die Gefahr, daß die kommunale Selbstverwaltung doch wieder unter staatliche Direktionsgewalt gerät und alles Reden von der Beschränkung der Staatseinwirkung auf Rechtmäßigkeitskontrolle sich im Effekt als Illusion erweist. Staatssekretär Heinrich *Junker* hat vor zwei Jahren vom selben Katheder auf diese Zusammenhänge eindrucksvoll hingewiesen[22]. Der Forderung, daß die Bewirtschaftung der Fonds des Bundes und der Länder stärker „verrechtlicht" werden müsse, so berechtigt sie an sich wäre, bieten sich demgegenüber wenige Aussichten auf nachhaltige Erfüllung.

---

[22] Heinrich *Junker*, Gemeinschaftsaufgaben zwischen Staat und Gemeinden (Gemeindeverbänden) unter der Selbstverwaltungsgarantie, in: Gemeinschaftsaufgaben zwischen Bund, Ländern und Gemeinden, Bd. 11 der Schriftenreihe der Hochschule Speyer (1961) S. 79 ff.

Im übrigen muß in diesem Bereich, ähnlich wie bei den Genehmigungs- und Bestätigungsvorbehalten, gleichfalls zwischen den Projekten, die res mixtae darstellen, und solchen unterschieden werden, die sich klar im kommunalen Selbstverwaltungsbereich halten. Freilich wird durch die finanzielle Beteiligung des Staates zugleich eine Vermutung dahin begründet, daß eine legitime staatliche Interessenahme vorliegt, also eine res mixta oder ein kommunal-staatliches Kondominium gegeben ist. Dann kann man auch dem Staate ein Mitspracherecht zur Sache nicht verwehren.

Aber es bleiben dann eben doch die Fälle, in denen der kommunale Charakter des bezuschußten Vorhabens überwiegt und der zuschußgewährende Staat nichts weiter tut, als der Kommune zur Erfüllung ihrer eigensten Selbstverwaltungsaufgaben mangels eigener Leistungskraft aufzuhelfen. In diesen Fällen heischt das Prinzip der kommunalen Selbstverwaltung gegenüber den Einwirkungsmöglichkeiten des Staates genauso Respekt wie auch sonst im Selbstverwaltungsbereich[23]. Die Beschränkung der Kommunalaufsicht auf Rechtmäßigkeitskontrolle hat ja, ins Positive gewendet, den Sinn, daß die Staatsbehörden in Selbstverwaltungsdingen ihre Entscheidung nicht an die Stelle der kommunalen Organe setzen dürfen, es sei denn, um die Wahrung der Rechtsordnung zu sichern. Übertragen auf das System der Zuschußgewährung für kommunale Aufgaben bedeutet dies, daß kraft Landesverfassungsrechts die Zuschußpraxis nicht zu bestimmender Einflußnahme in die kommunale Selbstverwaltung hinein ausgenutzt werden darf. Sie muß sich also an objektivierte Kriterien binden.

## VI.

Obwohl damit der Fragenbereich der Kommunalaufsicht als Verfassungsproblem keineswegs erschöpft ist, zeigt das Ganze schon in der hier gewählten Beschränkung ein verschwimmendes Bild. In der Zeit der konstitutionellen Monarchie und noch unter der Weimarer Verfassung hatte sich der Staat eine Fülle von Mitwirkungsrechten in der kommunalen Selbstverwaltung vorbehalten. Die „Staatskuratel“ über die Kommunen erschien dem Staat jener Zeit als legitimer Ausfluß seiner Überlegenheit. Die Gesetzmäßigkeitsklauseln der neuen Länderverfassungen sollten dieser Kuratel ein Ende setzen, und sie haben ihr Ziel mindestens insofern erreicht, als zahlreiche überkommene Genehmigungs-, Bestätigungs- und Entscheidungsvorbehalte überhaupt beseitigt, andere ihrer Funktion als Mittel der Zweckmäßigkeitsaufsicht entklei-

---

[23] In gleichem Sinne Heinrich *Junker*, a. a. O., S. 88 f. und Erich *Becker*, Der Finanzausgleich, der Verwaltungsverbund und die Selbstverwaltungsgarantie, in: Bd. 8 der Schriftenreihe der Hochschule Speyer (1959) S. 20 ff. (28).

det worden sind. Der darin liegende Erfolg für die Sicherung der kommunalen Selbständigkeit scheint aber bei einer Analyse der Gegenwartslage dadurch in Frage gestellt, daß, um mit *Hettlage* zu reden[24], eine rapide Entwicklung zum „Verwaltungsverbund" zwischen Bund, Ländern und Kommunen die Abgrenzung des kommunalen Eigenbereichs von dem der staatlichen Mitverantwortung immer mehr erschwert. Das Anwachsen der staatlichen Auftragsangelegenheiten ist die eine Seite dieses Verbundes, die aber zu den Verfassungsproblemen der Kommunalaufsicht nur mittelbar eine Beziehung hat. Einen anderen Aspekt bietet die Rationalisierung, Uniformierung und Standardisierung des Verwaltungssystems mit der Gleichschaltung des Beamtenrechts, öffentlichen Dienstrechts, Besoldungsrechts, Haushaltsrechts usf. in Bund, Ländern und Kommunen und mit der allgemeinen Nivellierung des kommunalen Leistungsstandards. Diese Egalisierung wird durch Gesetze, oft minutiösen Charakters, bewirkt. Solchen ins einzelne ausgreifenden *gesetzlichen* Regeln gegenüber, die zusammen mit den Auftragsangelegenheiten den Bewegungsspielraum der Kommunen blockieren, bedeutet auch die Beschränkung der Kommunalaufsicht auf Rechtmäßigkeitskontrolle nicht mehr eine verläßliche reale Sicherung eines freien kommunalen Handlungsbereichs. Dazu kommt vor allem, daß die Verplanung des Lebens in der industriellen Massengesellschaft mit Verkehrsplanung, Bauplanung, Versorgungsplanung, Verteidigungsplanung, landwirtschaftlicher Strukturplanung, wasserwirtschaftlicher Rahmenplanung usf., nach Möglichkeit überhöht und integriert in der allgemeinen Landes- und Ortsplanung, kommunale und staatliche Verantwortung in ein dichtes Netz von Interdependenzen hineingezogen hat. Die gemeinsame Finanzierung kommunaler Projekte aus kommunalen Mitteln und staatlichen Fondszuschüssen bildet dazu nur eine zwangsläufige Ergänzung. Das Ganze ist mit „Verwaltungsverbund" treffend gekennzeichnet. Getrieben von dieser Problematik hat die Hochschule in Speyer die „Gemeinschaftsaufgaben zwischen Bund, Ländern und Gemeinden" mit gutem Grunde 1961 zum Tagungsgegenstand eines ihrer Staatswissenschaftlichen Fortbildungskurse gemacht[25].

Für unser Thema ist daraus nicht etwa die Folgerung zu ziehen, daß man die alte Fragestellung als überholt beiseitezulegen habe, aber auch nicht die, daß wegen der verfassungsrechtlichen Regelung der Kommunalaufsicht und der kommunalen Selbstverwaltungsgarantie überhaupt der gekennzeichnete Verwaltungsverbund in den Status der Ille-

---

[24] Karl Maria *Hettlage*, Der Gestalt- und Bedeutungswandel der gemeindlichen Selbstverwaltung seit 1919, in: Ordnung als Ziel. Beiträge zur Zeitgeschichte, hrsg. von Robert Tillmanns (1954) S. 107 ff. (121).

[25] Gemeinschaftsaufgaben zwischen Bund, Ländern und Gemeinden. Vorträge und Diskussionsbeiträge des 29. Staatswiss. Fortbildungskursus der Hochschule für Verwaltungswissenchaften Speyer (1961).

galität zu verweisen und wieder aufzulösen sei. Gegen den Zwang, der hinter diesen neuen Entwicklungen steht, ist so leicht nichts auszurichten, so bereitwillig Erich *Becker* darin zuzustimmen ist, daß ihnen nicht in vermeintlichem Progressismus mehr nachgegeben werden sollte, als sie an Notwendigkeit in sich tragen[26].

Es kommt vielmehr darauf an, in der Fülle sich wandelnder Erscheinungen das Bewußtsein sachgerechter Differenzierungen wachzuhalten und sich nicht an die Faszination von Schlagworten zu verlieren. Rechtsaufsicht einerseits und Verwaltungsverbund anderseits können solche Schlagworte sein, deren Verabsolutierung gefährlich wäre und dazu führen müßte, den Status der Kommunen im Staat so oder so zu verfehlen. Wo der Verwaltungsverbund unausweichlich geworden ist, muß man ihn mit der Folge einer adäquaten Kooperation zwischen Kommunen und Staat und den daraus sich ergebenden Formen eines Kondominiums beider akzeptieren. Aber das heißt nicht, daß sich daraus die Legitimation für eine neue Kuratel über Gemeinden und Gemeindeverbände ergäbe. Der Verwaltungsverbund führt Kommunen und Staat fallweise zusammen. Gewiß schmälert er in einzelnen Punkten den Bereich bisher ausschließlich kommunaler Verantwortung, aber er löst ihn nicht auf, setzt vielmehr die gesicherte Eigenverantwortlichkeit des kommunalen Partners in gleicher Weise voraus wie die des staatlichen. Was in diesem Referat mit Hilfe einer differenzierenden Analyse als verfassungsrechtlich geforderte Respektszone der Rechtmäßigkeitskontrolle abgesteckt worden ist, berührt der Verwaltungsverbund nicht. Im Gegenteil macht die neue Lage in einem substantielleren Sinne, als man die Dinge früher sah, deutlich, daß die Rechtsaufsicht als Maxime der Kommunalaufsicht der Kern kommunaler Selbständigkeit bleibt.

---

26 Erich *Becker*, Der Finanzausgleich, der Verwaltungsverbund und die Selbstverwaltungsgarantie, passim; *Derselbe*, Die Ausführung von Bundesgesetzen durch Gemeinden und Gemeindeverbände, BayVBl. 1961, 65 ff.

# Die Beratung im Rahmen der Kommunalaufsicht

Von Alfons Galette

## I.

Das System der staatlich-kommunalen Beziehungen füllt zahlreiche Bände verwaltungswissenschaftlicher Literatur. Gesetzgebung und Rechtsprechung haben sich um seine Ordnung und Vervollkommnung bemüht, seit die kommunale gebietskörperschaftliche Selbstverwaltung in der ersten Hälfte des vorigen Jahrhunderts zu einem tragenden Bauelement der Staats- und Verwaltungsordnung ausgestaltet wurde. Das Problem der gesetzlichen Einschränkbarkeit der kommunalen Selbstverwaltung wurde in den Rang des Verfassungsrechts erhoben; Inhalt und Mittel der Staatsaufsicht über die Gemeinden und Gemeindeverbände erhielten eine scharfe Begrenzung durch die Länderverfassungen und die allgemeinen Kommunalgesetze; die formalen Mitwirkungsrechte des Staates gegenüber dem kommunalen Verwaltungshandeln, die Genehmigungen, Bestätigungen, Widersprüche, Weisungen, sind hinsichtlich der Grenzen ihrer Anwendung Gegenstand gründlicher wissenschaftlicher Untersuchung und zahlreicher höchstrichterlicher Entscheidungen.

Andere Formen der staatlich-kommunalen Beziehungen hingegen — zu ihnen gehört in erster Linie die Beratungstätigkeit — finden kaum eine Erwähnung in den diese Beziehungen regelnden Gesetzen, geschweige eine gründliche Erforschung im Schrifttum, obgleich sie einen bedeutend breiteren Raum im Verwaltungsalltag einnehmen, als jene formalen Mittel staatlichen Einflusses auf die Kommunalverwaltung. Artikel 108 der Bayrischen GO und Art. 94 der Bayrischen KrO halten die Aufsichtsbehörden in der Form einer Sollvorschrift an, die Gemeinden und Kreise bei der Erfüllung ihrer Aufgaben verständnisvoll zu beraten, zu fördern und zu schützen; § 45 der Durchführungsverordnung zur Schleswig-Holsteinischen GO bezeichnet die ständige Beobachtung und Beratung der Gemeinden als gewichtigste Aufgabe der Kommunalaufsicht; § 114 der Baden-Württembergischen GO schließlich ermahnt die Prüfungsbehörden, gleichfalls durch eine Sollvorschrift, die Gemeinden auf deren Antrag in den Fragen der Organisation und Wirtschaftlichkeit der Verwaltung zu beraten. Damit sind die Fundstellen unserer allgemeinen Normen des Kommunalrechts hinsichtlich der Beratungsfunktion im wesentlichen erschöpft.

Diese Enthaltsamkeit der geschriebenen Rechtsordnung gegenüber einer Institutionalisierung der staatlich-kommunalen Beratung ist nicht verwunderlich, wenn man sie auch aus den verschiedensten Gründen bedauern mag. Das Wesen der Raterteilung liegt in der unverbindlichen Empfehlung, Anregung, über deren Befolgung der Beratene in eigener Verantwortung frei entscheidet. Sie übt ihre Wirkung durch die ihr selbst innewohnende Überzeugungskraft aus, nicht durch eine ihr erst von der Rechtsordnung beizulegende Wirkungskraft. Die Beratungsfunktion gehört ihrer Natur nach zu den rechtssatzfreien Mitteln des Verwaltens. Was sie darüber hinaus einer institutionellen Kanalisierung durch den geschriebenen Rechtssatz entzieht, ist ihr in verschiedenster Beziehung amorphes Wesen. Sie ist durchaus vielgestaltig in ihren Motiven und Zwecken, ebenso wie in den äußeren Formen, deren sie sich bedient. Sie läßt sich ferner kaum organisatorisch durch irgendwelche konkreten Zuständigkeitsnormen erfassen, mit denen etwa bestimmte Ratgeber angeordnet werden könnten. Wird die Beratungstätigkeit im Verhältnis des Kreises zu seinen Gemeinden ausgeübt, so entzieht sie sich auch ganz und gar einer rechtlichen Kategorisierung etwa als staatliche Auftragsangelegenheit, kreiskommunale Selbstverwaltungsangelegenheit, unmittelbare Staatsaufgabe, weisungsgebundene Pflichtaufgabe oder dergleichen. Beratung tritt uns ebenso in Selbstverwaltungsfragen kommunaler Finanzwirtschaft oder in solchen des gemeindlichen Planungs- oder Wegewesens entgegen, wie in ordnungsbehördlichen Weisungsangelegenheiten oder solchen des Katastrophenschutzes. Als mögliche Ratgeber begegnen wir einer staatlichen Sonderbehörde, einer Ministerialabteilung, einer Kommunalabteilung ebenso wie dem Sozialamt, dem Bauamt oder dem Gesundheitsamt des Kreises.

Beratung ist so in einem gewissen Sinne dem Institut der Amtshilfe vergleichbar, die sich gleichfalls kaum durch kategorisierende oder organisierende Rechtssätze erfassen läßt. Sie verbindet die Vielzahl der Verwaltungsträger miteinander, indem sie deren eigenverantwortliches Handeln ergänzt und fördert und so der funktionellen Einheit der gesamten öffentlichen Verwaltung sinnfälligen Ausdruck gibt. Ja, man kann sie geradezu als einen besonderen Unterfall der Amtshilfe begreifen, zu deren gegenseitiger Leistung alle Behörden der öffentlichen Verwaltung nach Art. 35 des Grundgesetzes verpflichtet sind.

## II.

Beratung ist insbesondere kein Mittel der Staatsaufsicht in der diesem Begriff durch das geltende Kommunalrecht beigelegten Bedeutung. Dies bedarf der Begründung:

Mit unbedeutenden Abweichungen im Wortlaut ordnen alle Länderverfassungen eine Beschränkung der Aufsicht über die Gemeinden und

Gemeindeverbände auf die Sicherung des Einklangs ihrer Verwaltung mit den Gesetzen an. Die Gemeindeordnungen und Kreisordnungen aller Länder wiederholen diese Beschränkung. Sie führen sie nur ergänzend aus, wenn sie als Gegenstand der Aufsicht die Sicherung der Pflichtenerfüllung erwähnen. Sorgsam werden jedenfalls alle Formulierungen vermieden, die als Ziel und Inhalt der Aufsicht auch einen irgendwie gearteten Einfluß auf Fragen der Zweckmäßigkeit ausweisen könnten.

Nun gehört es unzweifelhaft geradezu zum Wesen einer Beratungstätigkeit, daß sie vorwiegend, zumindest aber auch auf Fragen der Zweckmäßigkeit gerichtet ist. Gewiß mag eine Raterteilung sich auch einmal auf die Auslegung einer Rechtsvorschrift erstrecken und damit dem Bereich der Gesetzmäßigkeitskontrolle angehören; ihre eigentliche Bedeutung im Sinne einer positiven Förderung der kommunalen Selbstverwaltung gewinnt sie erst durch ihre Erstreckung auf den Bereich wirksamer und wirtschaftlicher, d. h. zweckmäßiger Verwaltungsführung. Wenn sie dennoch im Schrifttum hin und wieder als „mildestes Mittel der Kommunal*aufsicht*" charakterisiert wird[1], so muß dies zu dem gleichen Mißverständnis führen, wie wenn die zahlreichen formalen Mitwirkungsrechte des Staates gegenüber dem kommunalen Verwaltungshandeln, Genehmigungen, Bestätigungen, Festsetzungen u. a. heute noch als „Aufsichtsmittel" behandelt werden[2]. Wären sie das, so hätten freilich jene recht, die auch diese Mitwirkungsrechte auf die Herstellung oder Sicherung der Übereinstimmung kommunalen Verwaltungshandelns mit den Gesetzen beschränkt und jegliche Zweckmäßigkeitserwägung bei ihrer Ausübung ausgeschlossen sehen wollen[3].

Zu einer dem Willen des Gesetzgebers ebenso wie der Verwaltungswirklichkeit entsprechenden Beurteilung des geltenden Rechts wird man wohl nur kommen können, wenn man sich von der hergebrachten Vorstellung löst, alle Mittel staatlichen Einflusses auf das kommunale Verwaltungshandeln vereinigten sich im Begriff der Aufsicht. Keine Bestimmung des geltenden Verfassungs- oder allgemeinen Kommunalrechts zwingt zu dieser Annahme. Staatsaufsicht im Sinne der Sicherung gesetzmäßiger Kommunalverwaltung stellt nur einen Teil der staatlich-

[1] u. a.: Peters, Grenzen der kommunalen Selbstverwaltung in Preußen, 1926, S. 233 f.; Becker, in Hdb. d. komm. Wissenschaft und Praxis I (1956), S. 168 f.; Gönnenwein, in Gedächtnisschrift für Jellinek 1955, S. 516.

[2] So Gönnenwein, a. a. O., S. 518, 526; für das frühere Recht: P. Schoen, Recht der Kommunalverbände in Preußen, 1897, S. 337; Stier-Somlo, Hdb. d. komm. Verf.- und Verw.rechts in Preußen Bd. 1, 1919, S. 394; Peters, a. a. O., S. 233; Surén-Loschelder, Komm. zur DGO Bd. 2, 1940, Erl. 2 a und 4 zu § 106 DGO.

[3] So Gönnenwein, a. a. O., S. 516 ff., 526 f.; u. a.: Weber, Staats- und Selbstverwaltung der Gegenwart, 1953, S. 44 f.; Köttgen, in: Hdb. d. komm. Wissenschaft und Praxis I (1956), S. 220 f., Verf.gericht Rhld.Pf. in Verw.Rspr. Bd. 3, S. 527.

kommunalen Beziehungen dar. *Sie* ist es, die mit den Mitteln der Anordnung, Beanstandung und Ersatzvornahme nur in Aktion treten darf, wenn das Recht verletzt ist, nicht dagegen, wenn Fragen der Zweckmäßigkeit in Betracht stehen. Begrifflich unabhängig von dieser Aufsichtsführung wirkt der Staat, oder genauer: wirken die Behörden der übergeordneten Verwaltungsträger, an der kommunalen Verwaltungsführung auf vielfältige andere Weise mit; sei es mit den formalen, rechtssatzgebundenen Eingriffsmitteln der Genehmigung, des Widerspruchs, der fachlichen Weisung in den sogenannten weisungsgebundenen Angelegenheiten usw.; sei es mit denjenigen unverbindlicher Beratung. Diese Betrachtung der Dinge bietet nach meiner Meinung überhaupt die einzige Möglichkeit, aus der juristischen und verwaltungspolitischen Problematik herauszufinden, die schon heute morgen die Diskussion beherrscht hat.

Die Thüringische Gemeinde- und Kreisordnung aus dem Jahre 1926 hat, soweit ich sehe, als einzige unter den früheren Kommunalverfassungsgesetzen diesem Sachverhalt durch eine entsprechende Inhaltsbestimmung des Aufsichtsbegriffs selbst Ausdruck gegeben. Es hieß dort in § 137: „Die Aufsicht über die Gemeinden, Kreise und Zweckverbände in Selbstverwaltungsangelegenheiten ............ hat sich *unbeschadet des Rechts, die Durchführung der Gemeinde- und Kreisaufgaben durch Beratung zu fördern*, darauf zu beschränken, daß das bestehende Recht nicht verletzt wird."

Nachdem das moderne Kommunalrecht der Einbeziehung der umfassenden Beratungsfunktion in den Aufsichtsbegriff keinen Raum mehr gibt, ist sie in den Bereich der Mitwirkungsfunktionen zu verweisen, was ihrem Wesen auch sicherlich besser entspricht.

Einer begrifflichen Abscheidung der verfassungsrechtlich auf die Gesetzmäßigkeitskontrolle beschränkten Aufsicht im engeren Sinne von den positiven Mitwirkungsrechten, deren rechtliche Ausgestaltung frei von jener Einengung auf Fragen der Rechtmäßigkeit ist, steht nicht etwa der Einwand entgegen, sie führe mittelbar wieder zu einer Ausweitung der Staatsingerenz gegenüber der kommunalen Selbstverwaltung, die der moderne Gesetzgeber gerade zu verhindern gesucht habe. Was der Kommunalgesetzgeber der Nachkriegsjahre verhindern wollte, war die Möglichkeit praktisch und rechtlich unbegrenzter Eingriffe der Aufsichtsbehörde in die Kommunalverwaltung mit dem Instrument eines auch auf Fragen der Zweckmäßigkeit ausgedehnten allgemeinen Aufsichtsbegriffs. Dagegen wollte er weder sich selbst die Möglichkeit beschneiden, die Eigenverantwortung der Kommunalverwaltung unter genauer Bezeichnung des Gegenstandes und in den Grenzen des Art. 28 Abs. 2 GG in der bekannten verfassungsgerichtlichen Interpretation durch formale Mitwirkungsbefugnisse anderer Stellen auch in Fragen der Zweckmäßigkeit zu beschränken, noch den über- oder nebeneinandergeordneten Verwaltungsträgern das selbstverständliche Recht nehmen, die Erfüllung ihrer öffentlichen Aufgaben durch unverbindliche Beratung ebenso wie durch materielle Hilfe der verschiedensten Art wechselseitig zu fördern und zu unterstützen. Subsumiert man die Mitwirkungsvorbehalte unter den Aufsichtsbegriff, dann entsteht etwas viel Unangenehmeres: Die Staatspraxis wird, Herr Prof. Weber hat darauf hingewiesen, die Flucht in den unbestimmten Rechtsbegriff antreten. Damit aber würde zugleich der allgemeine Aufsichtsbegriff in einer Weise ausgedehnt werden, wie es weder die kommunale Selbstverwaltung wünschen darf, noch der Kommunalgesetzgeber gewollt hat. Mag der Gesetzgeber jeweils für den einzelnen Mitwirkungsvorbehalt bestimmen, wie weit er gebunden oder frei sein soll. Das Vorbild mag er der Aufteilung zwischen gebundener und freier Erlaubnis im Verhältnis der Verwaltung und dem Bürger entnehmen.

Beratung der Gemeinden und Gemeindeverbände stellt sich uns so rechtlich nicht als Mittel staatlicher Aufsicht dar, sondern als selbständiges, potentiell die gesamte kommunale Betätigung umfassendes Mitwirkungsrecht anderer, in der Regel übergeordneter Verwaltungsstellen, das mangels einer verbindlichen Eingriffswirkung anders als die formalen Mitwirkungsrechte keiner besonderen gesetzlichen Begründung bedarf. Die Formulierung des mir gestellten Themas „Beratung im Rahmen der Kommunalaufsicht“ erweist sich so vom Wesen der Beratungsbeziehungen selbst her als zu eng, um den Gegenstand zu erfassen.

## III.

Mit der Feststellung freilich, daß das Beratungsrecht übergeordneter Verwaltungsstellen gegenüber den Gemeinden und Gemeindeverbänden mit dem geltenden Kommunalrecht vereinbar ist, ist seine tatsächliche Ausübung allein noch nicht legitimiert. Es bedarf des Nachweises ihrer verwaltungspolitischen Notwendigkeit, oder zumindest des Nutzens, den sie der Gesamtverwaltung, insbesondere der beratenen Kommunalverwaltung erbringt.

Alle Mitwirkungsfunktionen im Bereich der öffentlichen Verwaltung und damit auch die Beratungsfunktion, gehören zu jenem Tätigkeitskomplex, der sich im internen Verwaltungsraum, d. h. im Vorfeld der eigentlichen und unmittelbaren Verwaltungsleistung abspielt; zu jener vorbereitenden Selbstbetätigung, deren progressives Anwachsen nicht nur den Bewunderer von Parkinsons Gesetz beunruhigt. Während sich nun die formalen, rechtssatzgebundenen Mitwirkungsrechte durch das Gesetz noch quantitativ begrenzen lassen, ist eine solche Restriktion bei der Beratungstätigkeit eben wegen ihrer Rechtssatzfreiheit unmöglich. Sie muß infolgedessen noch stärker als jene dem Verdacht ausgesetzt sein, daß sie das Übermaß sich selbst beschäftigender Verwaltung weiterhin überfrachtet. Schon dieser Sachverhalt zwingt zur sorgfältigen Prüfung, ob und inwieweit staatliche Raterteilung gegenüber der Kommunalverwaltung nützlich oder gar unverzichtbar ist.

Das Wesen kommunaler Eigenverantwortung fordert zusätzliche Sorgfalt. Die lebendige Existenz einer selbstbewußten lokalen und regionalen Selbstverwaltung mit umfassendem Wirkungskreis ist heute weit über das noch die Nassauer Denkschrift beherrschende Anliegen staatspolitischer Erziehung der Bürger hinaus eine Lebensfrage wirksamer Verwaltungsleistung überhaupt geworden.

Jede Art der Mitwirkung übergeordneter Stellen am kommunalen Verwaltungshandeln muß in mehr oder minder starkem Maße die Eigenverantwortung der Selbstverwaltungsträger beeinträchtigen. Gewiß ist Beratung unverbindlich. Eine rechtliche Eingriffswirkung kommt ihr nicht zu. Selbstverantwortung und damit Selbstverwaltung sind aber nicht allein durch ihre rechtliche Garantierung existent; erst das selbstverständlich gewordene Bewußtsein ungelenkter und auf sich selbst gestellter Willensentscheidung macht sie wirklich lebendig. Eine unablässig sich aufdrängende oder auch nur anbietende Beratung, mehr noch die Gewöhnung an sie, kann dieses selbstverständliche Gefühl der Eigenverantwortung in einer sehr nachhaltigen Weise lähmen oder gar erstikken. Der natürliche Selbstgestaltungswille unserer, durch eine wechselvolle Kommunalgeschichte unsicher gebliebenen kommunalen Selbstverwaltung ist nicht so widerstandskräftig, daß er nicht durch eine allzu eifrige und besorgte staatliche Beratungsberieselung Schaden leiden könnte. Auch für den Freiheitswillen der Gemeinden und Gemeindeverbände gilt, was Alexis de Tocqueville über die Freiheit der Völker schlechthin gesagt hat: „Manche ... erstreben sie hartnäckig durch alle möglichen Gefahren und Entbehrungen ... andere werden im Schoß ihres Wohlstandes der Freiheit müde; sie lassen sie sich ohne Widerstand aus den Händen reißen, aus Furcht, durch eine Anstrengung dieses behagliche Leben zu gefährden, das sie ihr verdanken[4]."

## IV.

Gebieten diese grundsätzlichen Überlegungen eine behutsame Anwendung des Instruments der Beratung gegenüber den Gemeinden und Gemeindeverbänden, so ist doch auf der anderen Seite nicht zu verkennen, daß gerade im Sinne der Pflege eigenverantwortlicher kommunaler

[4] A. de Tocqueville, Der alte Staat und die Revolution, Ausgabe der Sammlung Dieterich Bd. 232, S. 210.

Selbstentscheidung jede Art beratender Lenkung den Vorzug vor den zahlreichen Mitteln formaler und zwingender Entscheidungsbeschränkung verdient. Ein von mehreren amerikanischen Gouverneuren und Verwaltungswissenschaftlern im Jahre 1946 vorgelegter Bericht über die Beziehungen zwischen den Staaten und den Lokalverwaltungen hat diesen Gedanken der Ablösung gesetzlicher Einengung der Lokalverwaltung durch die freie beratende Hilfe des Staates geradezu zu einem der Angelpunkte seiner Vorschläge zur Reform der Verwaltung gemacht. Es heißt hier unter anderem: „States now control governments largely through an amazing assortment of constitutional and statutory regulations which often minutely restrict communities when they should be free and omit regulations when administrative guidance would be helpful[5]!"

Es ist kaum anzunehmen, daß der Sachverhalt perfektionistischer Detailregelung des lokalen Verwaltungshandelns in den Vereinigten Staaten stärkeren Anlaß zu solcher Besinnung geben könnte, als dies in unseren, in der Kunst fleißiger Vorschriftenerzeugung durchaus geübten und erfahrenen europäischen Staaten der Fall ist.

Völlig zutreffend weist jener amerikanische Bericht in diesem Zusammenhang auch auf den Vorzug hin, der in der weit größeren Elastizität beratender staatlicher Mitwirkung an der Lokalverwaltung gegenüber der allemal starren Detailregelung des Gesetzes liegt. Das Planungsrecht des Bundesbaugesetzes mag als Beispiel für viele andere gelten. Indem es den Planungszwang und das System komplizierter Erschwerungen jeglichen Bodenverkehrs und Bauvorgangs außerhalb der Bauleitplanung in einer völlig generalisierenden Weise für Großstädte wie für ländliche Dörfer geregelt hat, hat es die Bauverwaltung vieler ländlich strukturierter Kreise vor nahezu unlösbare Probleme gestellt. Was hier in Gemeinden dichter Siedlungsstruktur sicherlich der starren Regel bedarf, würde in der dörflichen Landschaft wahrscheinlich elastischer und damit wirkungsvoller auf dem Wege fachkundiger und ortsnaher Beratung erreicht werden können. Ein anderes Beispiel mag die Schuldenwirtschaft der Gemeinden sein: Legt der Staat in irgendeiner Weise eine generelle Schuldengrenze etwa nach dem Muster des französischen Code comunale durch Rechtvorschrift fest — dort darf der jährliche Zinsendienst 10 % der ordentlichen Haushaltseinnahmen nicht überschreiten[6] — oder bindet er seine Genehmigung an eine solche starre Grenze, dann mag ein solcher Regelsatz in der einen, vielleicht entwicklungskräftigen Gemeinde als ungerechtfertigte Einengung wirken, in der anderen dagegen als Ansporn für eine gefährliche Blockierung

[5] Report of the Committee on State-Local Relations, 1946/48, S. 12.

[6] Code de l'administration communale, kodifiziert durch Dekret v. 22. 5. 1957, Art. 48.

dringend erforderlicher zukünftiger Investitionsmaßnahmen. Eine auf die Verhältnisse der jeweiligen Gemeinde abgestellte Beratung durch die Aufsichtsbehörde wird auch hier zu besseren Ergebnissen führen, als die unelastische Regelvorschrift.

## V.

Sind so die allgemeinen positiven, aber auch die negativen Wirkungen staatlicher Raterteilung gegenüber den Gemeinden und Gemeindeverbänden für deren eigenverantwortliches Verwaltungshandeln festgestellt, haben wir uns ihren einzelnen Erscheinungsarten zuzuwenden. Erst die Differenzierung innerhalb des außerordentlich vielgestaltigen Begriffs wird es erlauben, ein vorsichtiges Urteil über die Grenzen, die Methoden und schließlich auch die organisatorischen und personellen Voraussetzungen staatlicher Beratungstätigkeit zu suchen.

Dabei darf von vornherein jene Erscheinungsform der Beratung als unvereinbar mit dem Wesen und der staatspolitischen Bedeutung lebendiger, kommunaler Selbstverwaltung ausgeschlossen werden, die lediglich von der Vorstellung allgemeinen und grundsätzlichen Besserkönnens der jeweils übergeordneten Instanz getragen ist. Die kontinental-europäischen Staaten tragen insoweit, anders als die angelsächsischen Länder, bewußt oder unbewußt immer noch an dem Erbe einer aus dem aufgeklärten Absolutismus hergeleiteten Tradition eines patriarchalisch-eudämonistischen Verhältnisses zwischen zentraler und lokaler Verwaltung. Es ist die Tradition, die sich nur schwer von dem Gedanken lösen kann, daß die Zuordnung zu einer höheren Ebene staatlichen Wirkens ohne weiteres auch die höhere Urteils- und Einsichtsfähigkeit einschließe, und die zum anderen entsprechend alter landrechtlicher Auffassung den Gemeinden zwar die Rechtsfähigkeit, aber eben diejenige Minderjähriger zuerkennen will, die der Vormundschaft bedarf. Das französische Verwaltungsrecht hat sich bis heute noch nicht von der Vokabel der „tutelle administrative", der Verwaltungsvormundschaft, lösen können, wenn es die Beziehungen des Staates zu seinen Gemeinden und Départements meint[7].

Motiv staatlicher Beratungstätigkeit darf ausschließlich der rein objektive Sachverhalt sein, daß die Gemeinden und Gemeindeverbände auch bei noch so umfassendem Verantwortungsbereich nicht isoliert und unabhängig im Rahmen des Staatsganzen wirken, sondern in mehrfacher Hinsicht der Einordnung in ihre „Verwaltungsumgebung" bedürfen. Daß sie ferner auf Grund ihres umfassenden Wirkungskreises zwar nahezu mit allen Verwaltungsanliegen in Berührung kommen,

[7] Vgl. u. a.: Chapman, L'Administration locale en France, 1955, S. 31, 133 ff.; Waline, Droit administratif, 6. Aufl., S. 263 ff.

ihre unterschiedliche Größe und Leistungsfähigkeit ihnen aber eine gleichmäßige, umfassend qualifizierte Personalausstattung nicht erlaubt.

## VI.

Als erste bedeutsame Erscheinungsform staatlicher Beratungstätigkeit tritt uns so die *koordinierende* Beratung entgegen. Koordinierend einmal im *vertikalen* Sinne der Einordnung des kommunalen Verwaltungshandelns in den notwendigen Zusammenhang mit den gesamtstaatlichen Interessen.

Wenn die Gemeinden nach dem Wortlaut der meisten deutschen Kommunalverfassungsgesetze in ihrem Gebiet vorbehaltlich abweichenden Rechtssatzes die „ausschließlichen ... Träger der öffentlichen Verwaltung" sind, dann muß ihre öffentliche Tätigkeit sich ganz zwangsläufig mit überörtlichen Interessen kreuzen. Die nahezu unüberbrückbare Schwierigkeit, entsprechend dem Wortlaut des Art. 28 des Grundgesetzes, die sogenannten Angelegenheiten des örtlichen Wirkungskreises von den anderen, überörtlichen, gesamtstaatlichen abzuzirkeln und an einer solchen fiktiven Grenzlinie die Selbstverwaltungsgarantie anzusetzen, kennzeichnet die inneren Abhängigkeiten zwischen den lokalen und den gebietsmäßig umfassenderen Interessen. Im materiellen Sinne ist eben die öffentliche Verwaltung nicht nur über die Vielzahl ihrer unterschiedlichen Funktionen und Sachgegenstände und ihrer Tätigkeitsformen hinweg, sondern auch über die Vielzahl ihrer Träger hinaus nur als Einheit zu begreifen. Der Bürger begreift sie so; auch der in ihr Handelnde sollte sie so begreifen. Das Mittel, die horizontalen Zusammenhänge der Verwaltung im jeweiligen Gebiet zusammenzufassen, ist die möglichst umfassende organisatorische Einheit. Die Ergänzung nach der Seite vertikaler Koordinierung wird einmal durch die gesetzliche Auflage und den formellen und zwingenden Mitwirkungsvorbehalt bewirkt. Die elastischere, den Einzelverhältnissen weit besser angepaßte staatliche Beratung tritt hier hinzu.

Aus der Fülle der Beispiele mögen nur wenige ausgewählt sein:

a) Träger des Volksschulwesens sind hinsichtlich der Schulunterhaltung die Gemeinden. In der weitaus überwiegenden Zahl der dörflichen Landgemeinden hat sich das Schulwesen auf der Grundlage der ein- oder zweiklassigen Dorfschule entwickelt. Kommt nun etwa die Landesregierung zur Auffassung, daß aus Gründen qualifizierterer Erziehung in Verbindung vielleicht mit einem starken Lehrermangel das ländliche Schulsystem auf die große fünf- oder neunklassige Dörfergemeinschaftsschule nach dem Muster nordischer Länder umgestellt werden sollte, so ist das geeignete Mittel, einer solchen schulpolitischen Absicht näherzukommen, sicherlich die Beratung. Sie wird sich zunächst in der Form eines allgemeinen Beratungserlasses der Landesregierung, alsdann in der elastischen, individuellen Beratung der einzelnen in Betracht kommenden Gemeinden durch den Landrat, das Schulamt, abspielen. Die Wirkung eines solchen, auf allmähliches Überzeugen der letztlich selbst entscheidenden Gemeinden gegründeten Verfahrens wird den möglicherweise zu erwartenden Stürmen der Elternschaft weit eher standhalten, als dies von dem anderen Verfahren starrer gesetzlicher Anordnung erwartet werden könnte.

b) Das Beispiel der Bauleitplanung wurde schon erwähnt. Das Bundesbaugesetz hat sie in die Hand der Gemeinde gelegt. Das gleiche Gesetz fordert aber, daß die Bauleitpläne den Zielen der Raumordnung und Landesplanung anzupassen sind. Der enge Zusammenhang zwischen lokalem Verwaltungsanliegen und damit örtlicher Selbstentscheidung einerseits und übergeordnetem Interesse andererseits wird vielleicht auf keinem anderen Gebiet so sichtbar wie hier, zumal ja Planung selbst ihrem Wesen nach nichts anderes ist als die Koordinierung einer Vielfalt öffentlicher Aufgaben über das fachlich-spezielle und damit zugleich über das in verschiedenen Verwaltungsebenen gegliederte Sonderinteresse hinweg. Das Bundesbaugesetz selbst stellt als Integrationsmittel neben einem in der Praxis zwangsläufig recht kompliziert wirkenden Anhörungsverfahren nur das wenig schmiegsame Instrument nachträglicher Genehmigung durch die höhere Verwaltungsbehörde zur Verfügung. Der eigentliche Prozeß positiv wirksamer Zusammenführung zwischen örtlichem und überörtlichem Interesse aber bleibt der koordinierenden Beratung vorbehalten. Einige Länder haben hierfür das Instrument des landesplanerischen Gutachtens entwickelt, das aber auch nur wirksam werden kann, wenn die ortsnähere Beratung durch die Aufsichtsbehörde oder das Kreisbauamt hinzutritt.

c) Der Wegebau liegt in den Händen der Gemeinden auch dann, wenn es sich um nichtklassifizierte Gemeindeverbindungswege handelt. Vor fünfzig Jahren mochten solche Wege noch ausschließlich der Kommunikation zwischen den betreffenden Gemeinden dienen. Heute können sie zum größten Teil nur als Teile eines sich von der Bundes- und Landesstraße über die Kreisstraße erstreckenden Verkehrssystems gesehen werden. Starre gesetzliche Bindung an Genehmigungsvorbehalte oder an gesetzliche Vorschriften über den Kurvenradius, die Ausbaubreite, die Kuppenabsenkung und Entwässerung wären wiederum plumpe Mittel der Koordinierung. Eine zur Selbstverständlichkeit gewordene koordinierende *Beratung* hingegen vermag mit ihrer Elastizität, ihrer Respektierung der gemeindlichen Eigenverantwortung und ihren Möglichkeiten echten Austauschs der Ansichten und Gründe zur wirksamen, wechselseitig befriedigenden Lösung zu führen.

## VII.

Koordinierende Beratung ist aber nicht nur in diesem Sinne der Zusammenführung lokaler Verwaltungsentscheidung mit übergeordneten Staatszwecken erforderlich und damit legitimiert, sondern auch in *horizontalem* Sinne einer nachbarschaftlichen Koordinierung zwischen den kommunalen Verwaltungsträgern. Kommunale Kooperation durch Zweckverbände oder öffentlich-rechtliche Vereinbarungen mag in vielen Fällen auf Grund eigeninitiativer Willensentscheidung der betreffenden Gemeinden oder Kreise entstehen.

In einer Vielzahl von Fällen aber wird eine solche, die Selbstverwaltung kräftigende Kooperation erst durch die beratende Initiative der Aufsichtsbehörde ausgelöst. Eine solche überörtliche Beratung ist gänzlich unentbehrlich, wo es darum geht, die sich bildenden Verwaltungsgemeinschaften wiederum in einem größeren Raum gegenseitig abzugrenzen. Als Beispiel mag auch hier die Errichtung von Dörfergemeinschaftsschulen im Rahmen von Schulverbänden gelten, deren Einzugsgebiete aufeinander abgestimmt sein müssen.

Die Bildung gemeindlicher Planungsverbände nach dem Bundesbaugesetz ist ein weiteres Beispiel. Auch sie wird häufig erst auf Grund koordinierender Beratung erfolgen, vor allem, wenn noch nicht eine bereits vollzogene enge Siedlungsverflechtung der beteiligten Gemeinden Anlaß zur Verbandsbildung gibt, wohl aber ein für die umfassendere Regionalplanung erkennbarer Sachverhalt.

Auch die Bildung von Ausbildungsverbänden, Wegebauzweckverbänden, Krankenhausverbänden u. a. setzt in aller Regel den Beratungsimpuls der übergeordneten Behörde voraus.

Gewiß enthält das Kommunalrecht oder das jeweilige Sonderrecht auch Möglichkeiten einer Verbandsbildung im Wege des staatlichen Zwanges. Auf kaum einem anderen Gebiet aber zeigt sich die Problematik solcher zwingenden staatlichen Eingriffsrechte stärker, als auf dem der Übertragung gemeindlicher Selbstgestaltungsrechte auf übergemeindliche Verbände. Spezielle kommunale Verwaltungsgemeinschaften erweisen sich selten als dauerhaft, wenn sie ihren Ursprung in staatlichem Befehl haben; nur die überzeugende Beratung kann hier die vielleicht mangelnde örtliche Eigeninitiative zur Kooperation ersetzen.

## VIII.

Neben diese koordinierende Beratung, die sich um eine Zusammenführung örtlicher und überörtlicher Verwaltungsinteressen und um die

Pflege interkommunaler Zusammenarbeit bemüht, tritt die *fachliche* Beratung. Sie findet ihre Rechtfertigung einfach darin, daß die einzelnen kommunalen Verwaltungsträger außerstande sind, sich jeweils für sich allein mit allen Spezialkräften auszustatten, deren besondere Kenntnisse zur wirksamen Durchführung dieser oder jener Aufgabe erforderlich sind. Es liegt auf der Hand, daß das Bedürfnis nach solcher fachlichen Beratung und damit ihre Legitimation mit zunehmender Größe und Leistungskraft der kommunalen Körperschaft und damit des von ihr selbst unterhaltenen Verwaltungskörpers abnimmt. Daß es also bei kreisangehörigen Gemeinden, vor allem Landgemeinden weit stärker hervortritt, als bei großen Städten und größeren Landkreisen. Es trifft hier völlig zu, was der frühere Oberbürgermeister und spätere Reichskanzler Luther im Jahre 1922 über die freie Form der Raterteilung im Rahmen der Staatsaufsicht gesagt hat: „Es ist ein Unding, eine kleine Gemeinde über den gleichen Leisten schlagen zu wollen, wie eine große Stadtverwaltung. ... Hier muß die Kunst des Staatsaufsichtsbeamten unterscheiden können, oder, was dasselbe ist, hier kann es bestimmte gesetzliche Vorschriften nicht geben, sondern der Takt des Staatsbeamten muß das Richtige finden." („Die Stadt als Teil des neuen Staates" in: Zukunftsaufgaben der deutschen Städte.)

Aus den bereits vorgetragenen Überlegungen über die Grenzen staatlicher Beratungsfunktion folgt, daß es sich bei der fachlichen Beratung immer nur um die Vermittlung einer objektiv größeren Sachkunde an den Beratenen handeln kann, nicht um die einer vermuteten besseren Urteilsfähigkeit. Besonderer Aufmerksamkeit bedarf insoweit der von technischen Fachleuten beherrschte Raum des Verwaltungshandelns. Einmal sind Techniker, worauf der dänische Verwaltungswissenschaftler Poul Meyer in seinen vergleichenden Studien über die Verwaltungsorganisation[8] zutreffend hinweist, ihrer ganzen Erziehung nach darauf geschult, Probleme einseitig nur aus einer Perspektive zu sehen. Der technische Fachmann neigt dazu, wichtige rechtliche Gesichtspunkte der organisatorischen Verwaltungsgliederung, der Einordnung seines Fachgegenstandes in die Gesamtverwaltung, aber auch der Gleichheit vor dem Gesetz als überflüssige bürokratische Schwierigkeit abzutun. Kommt dann hinzu, daß Spezialisten des gleichen Fachbereichs auf den verschiedenen Verwaltungsebenen unterschiedliche Lehrmeinungen, z. B. auf dem Gebiete der Architektur oder der Ortsplanung vertreten, dann schleicht sich leicht auf dem Wege der fachlichen Beratung ein Element in die staatlich-kommunalen Beziehungen ein, das weder dem Prinzip eigenverantwortlicher Gebietsverantwortung, noch dem Vertrauen des Bürgers zur Staatsordnung zuträglich ist. Poul Meyer empfiehlt als einzige Chance des Nichtfachmannes, die Autorität eines fachmännischen Gut-

[8] Die Verwaltungsorganisation, Göttingen 1962, S. 109 f.

achtens zu untergraben, die Verbindung mit einem weiteren Fachmann, der anderer Meinung ist und eine noch größere Autorität besitzt. Es könnte einer gründlichen Überlegung wert sein, ob man nicht für bestimmte technische Verwaltungsentscheidungen, die sich ohnedies auf dem Entscheidungsbeitrag mehrerer Verwaltungsebenen aufbauen, wie z. B. die Bauleitplanung der Gemeinden, eine kollegiale Form der fachtechnischen Stellungnahme institutionell vorkehren sollte, die von vornherein solche Friktionen vermeidet.

Abseits solcher Erwägungen aber eröffnet sich auf dem Gebiet fachlicher Beratung noch ein weites Feld für ein fruchtbares und notwendiges Zusammenwirken der Verwaltungsträger. Wir haben später auf die Frage zurückzukommen, *wem* die Ausübung der Beratungsfunktionen obliegt, welcher Stelle innerhalb des Staatsaufbaues die Kompetenz des Ratgebers zukommt. Hier bereits, bei der Betrachtung über die fachliche Beratung, ist festzuhalten, daß sie der Natur der Sache nach nicht von den Kommunalaufsichtsbehörden allein ausgeübt werden kann.

Fachberatung findet in einem sehr umfassenden Sinne in den Ländern mit Amtsverwaltung zunächst durch die Ämter gegenüber den amtsangehörigen Gemeinden statt. Da den ehrenamtlich verwalteten Landgemeinden in diesen Ländern keinerlei ausgebildetes Fachpersonal zur Verfügung steht, bezieht sich hier die Fachberatung nahezu auf alle Verwaltungsgeschäfte, soweit sie Gesetzeskunde voraussetzen, von der Aufstellung des Haushalts, der Rechnungslegung, der Vorbereitung von Abgabeordnungen und Satzungen, sowie von Verwaltungsakten oder Rechtsgeschäften bis zur Geschäftsführung in den Sitzungen der Gemeindevertretung.

Fachliche Beratung gegenüber den kreisangehörigen Gemeinden ist weiter von einer Vielzahl je nach dem Organisationsrecht der Länder staatlicher oder kreiskommunaler Sonderdienststellen getragen, ohne daß sie sich unmittelbar der Kommunalaufsichtsbehörde zuordnen ließe. Innerhalb bestimmter Sachgebiete ist die fachliche Beratung der kreisangehörigen Gemeinden ausnahmsweise auch durch gesetzliche Regelung institutionell geordnet. So kann die gutachtliche Tätigkeit der Gesundheitsämter zur Frage, „wie etwaige gesundheitliche Gefahren zu beheben oder sonst Maßnahmen zur Förderung der Volksgesundheit zu treffen sind“ — so die Erste DVO zum Gesetz über die Vereinheitlichung des Gesundheitswesens (v. 6. Febr. 1935) — nicht anders als eine speziell geregelte Fachberatung angesehen werden, welche die Durchführung der angeratenen Maßnahmen der Gemeinde selbst zu pflichtmäßigem Ermessen überläßt. Das gleiche gilt für die gutachtliche Tätigkeit des Amtstierarztes gegenüber den kreisangehörigen Gemeinden und dem Kreis als Träger der Viehseuchenaufsicht. Eine solche Fachberatung besonderer Art ist es auch, wenn auf Grund der entsprechenden Vorschrift des Bundesbaugesetzes das Kreisbauamt für die Gemeinden selbst auf deren Antrag Bauleitpläne ausarbeitet, über die dann von der Gemeinde in freier Entscheidung Beschluß zu fassen ist, oder wenn das Kreisjugendamt nach den Bestimmungen des Jugendwohlfahrtsgesetzes die für die Wohlfahrt der Jugend erforderlichen Einrichtungen und Veranstaltungen bei den Gemeinden anregt.

Ein ähnliches fachliches Beratungsverhältnis, wie es die Dienststellen des Kreises auf den verschiedensten Gebieten gegenüber den kreisangehörigen Gemeinden unterhalten, besteht zwischen den zahlreichen Fachdezernaten der Bezirksregierung und der Ministerien, sowie einer Reihe staatlicher Sonderbehörden einerseits, den Kreisen und kreisfreien Städten andererseits. Man denke an die beratende Tätigkeit z. B. der staatlichen Straßenbauämter, Wasserwirtschaftsämter, Landwirtschaftsbehörden und vieler anderer. Auch hier sollte die Regel durchgreifen, daß auf der einen Seite nicht mehr an Fachberatung stattfindet, als es der objektiv geringere Bestand an sachkundigem Personal beim Beratenen erfordert, daß aber auf der anderen Seite dies danach tatsächlich erforderliche Maß an Beratungstätigkeit auch wirklich als Pflichtaufgabe des Oberverbandes ausgeübt wird.

## IX.

Eine weitere legitime Erscheinungsform der Raterteilung möchte ich die *schlichtende* Beratung nennen. Sie wirkt im Sinne einer Streitschlichtung sowohl bei Organstreitigkeiten innerhalb der einzelnen Gemeinde oder des Kreises, bei Auseinandersetzungen zwischen verschiedenen kommunalen Körperschaften, wie bei Rechtsstreitigkeiten zwischen dem Bürger und der Gemeinde- oder Kreisverwaltung.

In allen drei Fällen stehen freilich allemal die Möglichkeiten der Streitentscheidung durch die Gerichte zur Verfügung. Niemand wird aber der Meinung sein, daß die fortschreitende Häufung von Verwaltungs- und sonstigen Prozessen, wenn sie nicht gerade der Klärung wirklich wesentlicher allgemeiner Rechtsfragen dient, der öffentlichen Verwaltung, ihrem Ansehen und ihrer Wirksamkeit geradezu förderlich wäre. Wo immer dies möglich ist, wo immer vor allem sie angerufen wird, sollte die übergeordnete Behörde mit dem Mittel der streitschlichtenden Beratung um eine gütliche Beendigung solcher Rechtsstreitigkeiten bemüht sein.

## X.

Aus der allgemeinen Schutzfunktion des Staates gegenüber der kommunalen Selbstverwaltung ergibt sich ferner ohne weiteres die Berechtigung, ja häufig die Notwendigkeit auch einer *Schutzberatung* gegenüber den Gemeinden. Das kommunale Verfassungsrecht aller Länder mit Ausnahme von Baden-Württemberg und Rheinland-Pfalz erinnert an die Pflicht des Staates, die Gemeinden und Gemeindeverbände in ihren Rechten zu schützen. Diese Pflicht folgt aus der verfassungsmäßigen Gewährleistung des Selbstverwaltungsrechts durch Artikel 28 Grundgesetz und die entsprechenden Bestimmungen der Länderverfassungen. Zwar wird sich die Schutzfunktion vorwiegend im Bereich der Gesetzgebung oder durch eine Einflußnahme der Kommunalaufsicht auf andere staatliche Stellen betätigen. Nicht selten aber sind die Ursachen einer Gefährdung der gemeindlichen Selbstverantwortung anderswo zu suchen, als bei den staatlichen Organen. Im einen Fall mag die Gemeindevertretung ihre Rechte und Pflichten als oberstes willensbildendes Organ der Gemeinde allzu willig zu Gunsten der hauptamtlichen Gemeindekräfte preisgeben, im anderen ein zentralgelenkter Fraktionszwang die Eigenverantwortung einengen, im dritten eine kleine Landgemeinde ihre Eigenständigkeit ohne Not den Versprechungen des größeren Nachbarn aufzuopfern bereit sein. Auch die erwähnte Sorge um ein qualifiziertes Verwaltungspersonal der Gemeinden und Gemeindeverbände ist ein legitimer Gegenstand schützender Beratung.

## XI.

Während die koordinierende, die fachliche, die schlichtende und die schützende Beratung auf das kommunale Verwaltungshandeln in einem positiven Sinne einzuwirken suchen, beschränken sich andere Arten der Raterteilung darauf, den Gemeinden und Gemeindeverbänden lediglich erweitertes Grundlagenmaterial für ihre Tätigkeit bereitzustellen. Dies geschieht einmal im Wege der *vergleichenden* Beratung. Obgleich die Kommunikationsmittel unserer modernen Gesellschaftsordnung so viel Möglichkeiten wechselseitiger Unterrichtung bieten wie zu keiner früheren Zeit, ist immer wieder zu beobachten, daß selbst bei bedeutenden Investitionsvorhaben kommunaler Träger die Erfahrungen anderer nicht zur Verfügung stehen, oder daß in Fragen der inneren Verwaltungsorganisation, der Geschäftsordnung, der Stellenpläne, der Automatisierung einzelne Verwaltungsträger erst auf kostspieligen Umwegen zur zweckmäßigsten Lösung kommen, während anderswo die Lehren aus diesem oder jenem Irrtum bereits gezogen sind. Sowohl durch eine regelmäßige vergleichende Unterrichtung aller in Betracht kommenden Gemeinden und Gemeindeverbände über wesentliche Verwaltungshandlungen einzelner kommunaler Träger wie durch individuelle Hinweise können hier die oft recht zufälligen Ergebnisse des Erfahrungsaustausches im Rahmen persönlichen Kontakts wirksam ergänzt werden.

Gleichfalls im Sinne einer Verbreiterung der Grundlagen des Verwaltungshandelns wirkt die *rechtsauslegende* Beratung. Je komplizierter das System der Rechtsquellen im modernen Staatswesen wird, um so stärker tritt das Bedürfnis nach einer solchen Beratung auch bei großen, an sich leistungskräftigen Verwaltungskörpern hervor. Man denke an die selbst für den Stadt- oder Kreiskämmerer kaum mehr zu übersehende Fülle und Vielgestaltigkeit der Finanzierungsrichtlinien für Bundes- und Landessubventionen, an die vielfältigen Überschneidungen neuen Bundes- und Landesrechts, alten fortgeltenden Reichs- und preußischen Rechts; man denke aber auch an die große Zahl neuer bundes- oder landesrechtlicher Kodifikationen, die nicht immer die rechtkoordinierende Hand erkennen lassen.

Solche Überlagerungen sind im modernen Leistungsstaat sicherlich zum großen Teil unvermeidlich. Viele finden ihre Klärung durch die höchstrichterliche Rechtsprechung. Dennoch bleibt ein weiter Raum für eine rechtsauslegende Beratung, die der Spezialvorschrift ihren übersichtlichen Platz im Gesamtgefüge der Verwaltungsrechtsquellen zuweist und vor allem die kommunalen Verwaltungsträger auch über die wesentlichen Ergebnisse höchstrichterlicher Rechtsprechung und wissenschaftlicher Forschung in überschaubarer Form unterrichtet.

## XII.

Nachdem wir nun versucht haben, die allgemeinen Grenzen staatlicher Beratung gegenüber den Gemeinden und Gemeindeverbänden aufzusuchen, und den recht vielgestaltigen Begriff der Beratungstätigkeit durch eine Aufgliederung nach ihren legitimen Gegenständen deutlicher zu machen, haben wir uns der Frage nach den rechten Ratgebern zuzuwenden. Ich hatte bei der Erwähnung der fachlichen Beratung Beispiele herangezogen, in denen durch gesetzliche Vorschrift bestimmte Beratungsfunktionen der Kompetenz bestimmter Behörden zugewiesen sind. Die gutachtliche Tätigkeit des Gesundheitsamtes, des Amtstierarztes, des Landesplanungsamtes, die allgemeine Beratung der amtsangehörigen Landgemeinden durch die Ämter, die anregende Tätigkeit der Jugendämter gehören hierzu. Soweit eine solche gesetzliche Kompetenzzuordnung nicht vorliegt — und das ist bei weitem die Regel — ist die Entscheidung der Frage, wer als Ratgeber gegenüber den Gemeinden und Gemeindeverbänden auftritt, ebenso Angelegenheit der freien, an Zweckmäßigkeitsüberlegungen orientierten Verwaltungskunst, wie die Absteckung der materiellen Grenzen des Beratungsrechts selbst.

Die Frage erhält ihre besondere Bedeutung auch dadurch, daß ja nicht nur staatliche Stellen sich als Ratgeber anbieten, sondern neben ihnen auch eine Vielzahl halbstaatlicher oder privater Verbände, Einrichtungen und Anstalten, an ihrer Spitze die kommunalen Landes- und Bundesverbände. Bevor wir uns mit dem Verhältnis zwischen staatlicher Beratung und derjenigen durch jene freien Vereinigungen beschäftigen, bedarf es einer Prüfung der Beratungskompetenz innerhalb der Staatsorganisation selbst. Zwei wesentliche Überlegungen stehen sich hierbei gegenüber:

Auf der einen Seite legt die Einheit der Kommunalverwaltung die Zusammenfassung möglichst der gesamten Beratungstätigkeit bei jeweils einer einzigen übergeordneten Stelle nahe. Dazu bietet sich aus mehreren Gründen die Kommunalaufsichtsbehörde, nach dem Sprachgebrauch der süddeutschen Kommunalverfassungsgesetze die Rechtsaufsichtsbehörde an. Sie ist es einmal, von der am ehesten eine Beachtung der gebotenen Grenzen staatlicher Beratung erwartet werden darf; sie ist es auch, die auf Grund genauer Kenntnis der Gesamtsituation der aufsichtsunterstellten Gemeinden und Kreise die Raterteilung am besten den individuellen Verhältnissen anpassen kann. Eine solche eingleisige Beratungspartnerschaft bietet schließlich am ehesten die Gewähr einer verfahrenstechnischen Koordinierung der verschiedenen Beratungsvorgänge.

Auf der anderen Seite setzt eine wirksame Beratung die gründliche Kenntnis des jeweiligen Gegenstandes voraus, die in erster Linie bei der jeweils fachlich zuständigen Stelle des Oberverbandes angenommen werden darf, bei der betreffenden Fachabteilung der Kreisverwaltung oder der Bezirksregierung, bei dieser oder jener staatlichen Sonderbehörde oder beim ministeriellen Fachressort.

Nur allzu leicht überschneiden sich in der Praxis diese beiden Sachverhalte; sei es, daß mehrere Stellen in der gleichen Sache abweichend voneinander beraten, sei es, daß einzelne Gemeinden gar die verschiedenen Ratgeber gegeneinander ausspielen. In beiden Fällen sind zumindest unnötige Verluste an Arbeitszeit und oft auch an Vertrauen die Folge. Des Übels dadurch Herr zu werden, daß man alle Raterteilung ausschließlich auf die jeweiligen Kommunalabteilungen konzentriert und ihnen das erforderliche Fachpersonal beigibt, ist praktisch undurchführbar. Einmal würde eine solche Regelung bei vielen Fachzweigen zu einer Verdoppelung des Fachpersonals innerhalb der betreffenden Behörde führen; sodann würde sie wiederum zu einer Aufgliederung der einzelnen Fachzweige innerhalb der jeweiligen Kommunalabteilung Anlaß geben, die dort alsbald ähnliche Koordinierungsschwierigkeiten verursachen würde. Wir sehen, wie auch in England, wo ursprünglich beim früheren Ministry of Health alle Fäden der staatlich-kommunalen Beziehungen zusammenlaufen sollten, eine Auffächerung auf die Vielzahl von Ministerialressorts unvermeidlich wurde. Das jetzige Ministry of Local Government and Planning ist nur eines unter vielen, die beratend den Lokalbehörden gegenübertreten. Von einem der amerikanischen Staaten, es ist New Jersey, hören wir, daß dort innerhalb des Finanzministeriums eine geschlossene Abteilung für Local Government gebildet ist, die sämtliche Fäden der staatlich-lokalen Beziehungen bei sich vereinigt. Inwieweit ihr das tatsächlich gelingt, bedürfte erst genauer Untersuchung an Ort und Stelle.

Bei kleineren Kreisverwaltungen sind die Dinge einigermaßen unproblematisch. Hier kann bis zu einem gewissen Grade noch der Landrat, der Oberkreisdirektor persönlich die Beratungsfunktion ausüben und dabei die Auffassungen seiner Fachabteilungen koordinieren. Beurteilung der Gemeindeverhältnisse und spezielles Beratungsanliegen können so harmonisch miteinander verbunden werden. Schon in größeren Kreisverwaltungen aber, in denen der Landrat obendrein in erheblichem Maße durch die gebietskörperschaftlichen Aufgaben seines Kreises selbst in Anspruch genommen ist, muß zwangsläufig eine Differenzierung auch der Beratungstätigkeit auf mehrere Abteilungen eintreten. Bei großen Bezirksregierungen, vor allem aber in der Ministerialinstanz, muß sich dieser Effekt verstärken.

Das Eigengewicht der ministeriellen Fachressorts im Rahmen der Beratung wird nun noch dadurch erhöht, daß die Raterteilung trotz ihres grundsätzlich nicht-zwingenden Charakters keineswegs immer gänzlich unbewaffnet ist. So kann die Raterteilung der Ausübung eines bestimmten formellen Genehmigungsvorbehalts vorausgehen oder sie kann im Rahmen einer weisungsgebundenen Angelegenheit erfolgen. Versagung oder Einschränkung der Genehmigung oder aber Erteilung einer konkreten fachlichen Weisung sind hier die Waffen, mit denen der Ratgeber einer von ihm für wichtig genug gehaltenen Anregung Nachdruck verleihen kann. So hat zwar das landesplanerische Gutachten zunächst beratenden Charakter; wesentliche Hinweise des Gutachters aber werden die höhere Verwaltungsbehörde später im Zuge des Genehmigungsverfahrens für den betreffenden Bauleitplan beschäftigen. Dem einer Gemeinde erteilten Rat des Kreisgesundheitsamtes, eine unhygienische Wasserversorgungsanlage stillzulegen, kann eine Weisung der Gesundheitsaufsichtsbehörde aus ordnungsrechtlichen Gesichtspunkten folgen.

Für die kommunale Praxis wichtiger ist aber der andere Fall, bei dem die Waffe des Ratgebers nicht in einem zwingenden Verwaltungsmittel besteht, sondern in einer staatlichen Mitfinanzierung. Meist beziehen sich hier die für den Etat der betreffenden Gemeinden äußerst wichtigen Ratschläge auf das Detail der Durchführung der betreffenden Maßnahme. Beliebt ist aber auch der Rat, vor der Inanspruchnahme der Subvention bestimmte eigene Einnahmequellen stärker in Anspruch zu nehmen. Alexis de Tocqueville berichtete schon im Jahre 1856[9] über diese

[9] Der alte Staat und die Revolution, a. a. O., S. 85.

Gepflogenheit im vorrevolutionären Frankreich folgendermaßen: „Die Regierung gewährte wie heute den Gemeinden gewisse Unterstützungen unter der Bedingung, daß auch die Einwohner gewisse Beiträge leisteten. Sobald die so von ihnen gespendete Summe hinreichend ist, schreibt der Generalkontrolleur an den Rand der Liste der Beiträge „Gut, bezeigen Zufriedenheit"; ist sie aber ansehnlich, so schreibt er: „Gut, bezeigen Zufriedenheit und Rührung." Und Tocqueville fügt — wohlverstanden im Jahre 1856 — hinzu: „Man sieht, daß die Geschichte eine Gemäldegalerie ist, in der es wenig Originale und viele Kopien gibt."

Es ist verständlich, daß die Gemeinden und Gemeindeverbände in solchen Fällen die Beratung der betreffenden Fachbehörde aufsuchen, welche die Genehmigung zu erteilen oder die Subventionsmittel zu bewirtschaften hat.

Wenn so eine Mehrgleisigkeit staatlich-kommunaler Raterteilung, vor allem im Bereich der fachlichen Beratung, bis zu einem gewissen Grade nicht ausgeschlossen werden kann, sollten doch alle in Betracht kommenden Stellen um eine möglichst enge Koordinierung ihrer beratenden Tätigkeit bemüht sein. Die Mittel hierzu sind im Bereich der Organisationskunst zu suchen, die den jeweiligen Verhältnissen der betreffenden Behörde angepaßt sein muß. Einige feste Regeln sollten dabei beachtet werden:

a) So sollten einmal generelle Beratungserlasse an Gemeinden und Gemeindeverbände durchweg, ohne Rücksicht auf ihren Gegenstand vor ihrer Herausgabe durch die Hand des jeweiligen Kommunalressorts gehen, der Kommunalabteilungen der Innenministerien, der Bezirksregierungen oder der Kreise. Einzelne Länder fassen mit gutem Erfolg die generellen Anregungen der Fachministerien jährlich zu einem von der Kommunalabteilung im Innenministerium koordinierten Haushaltserlaß zusammen.

b) Eine Beratung in allgemeinen Fragen kommunaler Organisation, Finanz- und Personalwirtschaft ist allemal nur der Kommunalaufsichtsbehörde vorbehalten, einerlei, ob sie eine Vielzahl von Fällen oder nur einen Einzelfall betrifft. Ferner sollten grundsätzlich alle Vorgänge der schlichtenden und der schützenden Beratung der Kommunalaufsichtsbehörde vorbehalten bleiben, wobei diese in vielen Fällen der Streitschlichtung zwischen Bürger und Gemeinde die erforderlichen Fachbeamten beteiligen wird; das gleiche sollte zumindest als Grundsatz für alle rechtsauslegende staatlich-kommunale Beratung gelten.

c) Einzelberatungen von Gemeinden oder Kreisen durch Fachdienststellen sollten dann regelmäßig nur unter Beteiligung der Kommunalressorts stattfinden, wenn sie Fragen der kommunalen Verfassung, der inneren Organisation, des kommunalen Verwaltungsträgers, seiner Personalwirtschaft, und vor allem seiner Finanzwirtschaft berühren. Auch eine Beratung in allgemeinen Fragen der lokalen und der regionalen Planung sollte wegen ihrer grundsätzlichen Bedeutung für den Beratenen im Zusammenwirken mit dem Kommunalressort erfolgen.

d) Schließlich sollten auch individuelle Raterteilungen eines Ministeriums gegenüber einer bestimmten Gemeinde immer durch die Hand des Regierungspräsidenten und Landrats als Kommunalaufsichtsbehörde gehen, wenn sie schriftlich erfolgen. Daß die Gemeinde, die im Wege mündlicher Vorsprache bei einem Ministerium oder einer Abteilung der Bezirksregierung Rat gesucht hat, zumindest nachträglich die Kommunalaufsichtsbehörde davon unterrichtet, ist eine Frage eher des Verwaltungstaktes der betreffenden Gemeinde als des raterteilenden Ressorts. Dennoch sollte auch dieses die Gemeinde entsprechend anhalten.

## XIII.

Die Bemühungen um weitgehende Koordinierung der staatlich-kommunalen Beratungstätigkeit sollten aber nicht nur eine möglichst umfassende Beteiligung der Kommunalaufsichtsbehörden und ihrer jeweiligen Kommunalabteilungen zum Ziel haben, sondern auch eine weitgehende Konzentrierung vor allem der mündlichen Raterteilung auf wenige Persönlichkeiten. Nur in einem Teilbereich fachlicher, vielleicht auch vergleichender und rechtsauslegender Beratung, der wohl mit dem Sammelbegriff der gutachtlichen Beratung richtig bezeichnet ist, kann die Raterteilung aus der Anonymität des Büros, des wissenschaftlichen oder technischen Teams kommen. Die individuelle mündliche Raterteilung im Bereich der koordinierenden, schlichtenden und schützenden Beratung hingegen arbeitet mit dem Wirkungsmittel persönlicher Überzeugung. Diese wiederum setzt wechselseitige Personenkenntnis, volle Sachkenntnis der Angelegenheiten des Beratenen und vor allem das Vertrauen gegenüber der Persönlichkeit des Ratgebers voraus; Anforderungen, die eben nicht in der anonymen Atmosphäre der Beziehungen zu einem Amt, einer Behörde, vielleicht auch einem beratenden Kollegium zu verwirklichen sind, sondern nur im Kontakt zu wenigen Einzelpersönlichkeiten.

Auf möglichst wenige solcher beratenden Einzelpersönlichkeiten gilt es, die staatlich-kommunale Raterteilung zu konzentrieren; sie gilt es aber auch unter dem Gesichtspunkt ihrer Beratungsfunktion für ihr Amt auszuwählen. Das Referat des Herrn Oberbürgermeisters Dr. Kunze wird die hiermit zusammenhängenden Fragen vertiefen. Fragen der Amtszeit des Landrats, seines Mindestalters sowie der Qualifikationserfordernisse für seine Berufung werden hier eine Rolle spielen. Im Zusammenhang meines Vortrages sei nur auf eine Überlegung hingewiesen, die sich aus dieser Forderung ergeben kann:

Ich hatte schon angemerkt, daß es bereits in größeren Kreisverwaltungen außerordentlich schwer ist, eine Differenzierung der Beratungstätigkeit auf eine Reihe von Fachabteilungen zu vermeiden. Ein Mittel jedoch, sie wenigstens bestmöglichst mit der Person des Landrats, des Oberkreisdirektors in Verbindung zu halten, scheint mir der Ausbau der Schlußbesprechungen im Rahmen jährlicher überörtlicher Prüfungen zu sein. Es gibt nicht den geringsten Grund, diese Prüfungen, die in der Regel durch Gemeindeprüfungsämter stattfinden, in die gleiche Unabhängigkeit zum Leiter der Kommunalaufsichtsbehörde zu entrücken, wie sie selbstverständlich die örtliche Rechnungsprüfung gegenüber dem Verwaltungsleiter der geprüften Körperschaft besitzen muß. Es sei denn, die Staatsordnung unterstellt von vornherein der Aufsichtsbehörde mangelnde Objektivität, politische oder gebietskörperschaftliche Voreingenommenheit oder gar ungenügende Vertrautheit mit dem Prüfungsstoff — und gibt sich damit allerdings selbst auf. Chef der überörtlichen Prüfung und damit auch geborener Vorsitzender in deren Schlußbesprechung sollte daher der Landrat, der Oberkreisdirektor sein.

Erstreckt sich nun die überörtliche Prüfung, wie dies in Bayern, Hessen, Niedersachsen, Rheinland-Pfalz und Schleswig-Holstein der Fall ist, auch auf Fragen der Wirtschaftlichkeit und Zweckmäßigkeit der Verwaltungsführung, so ist die Schlußbesprechung im Anschluß an eine solche Prüfung der rechte Ort zur umfassenden Beratung der Gemeinde durch den Landrat. Einmal liegt einer solchen Besprechung die gründliche und aktuelle Analyse der gesamten Organisations-, Aufgaben- und Finanzverhältnisse der betreffenden Gemeinde zugrunde; zum anderen findet sie regelmäßig in Gegenwart aller maßgeblichen Repräsentanten der Gemeindevertretung und der hauptberuflichen Verwaltung der Gemeinde statt und erlaubt so ein wirksames Rundgespräch. Die meisten Kommunalverfassungsgesetze haben die nähere Regelung der überörtlichen Prüfung einem besonderen Gesetz oder einer Rechtsverordnung vorbehalten, deren Erlaß durchweg noch aussteht. Wo allerdings die Beratung der Gemeinde in Fragen der Organisation und der Wirtschaftlichkeit ihrer Verwaltung durch die Prüfungsbehörde nur auf Antrag der Gemeinde stattfinden darf, wie in Baden-Württemberg, oder wo gar solche Fragen von der überörtlichen Prüfung ausdrücklich ausgeschlossen sind, wie in Nordrhein-Westfalen, bedürfen die betreffenden Kommunalverfassungsgesetze

m. E. einer Überprüfung. Es ist schwer zu verstehen, daß der Staat von einer Beratung auch in fachlicher oder koordinierender Hinsicht schlechthin ausgeschlossen sein soll, die den nicht-staatlichen Verbänden offensteht.

## XIV.

Die Gemeinden und Gemeindeverbände sind selbstverantwortliche und damit dem Land und dem Bund rechtlich gleichgeordnete Träger öffentlicher Verwaltung. Sie sind somit auch frei in der Entscheidung, sich durch andere Stellen als denjenigen der staatlichen Oberverbände beraten zu lassen, soweit nicht eine besondere Verschwiegenheitspflicht insoweit Grenzen zieht. Die Satzungen aller kommunalen Bundes- und Landesverbände bezeichnen als eine ihrer wesentlichen Aufgaben neben der Vertretung der gemeinsamen Belange ihrer Mitgliedskörperschaften deren Beratung in allen Rechts- und Verwaltungsfragen. Neben ihnen, wenn auch meist mit ihnen verbunden, stehen zahlreiche andere außerstaatliche Ratgeber für die verschiedensten Fachbereiche kommunalen Verwaltungshandelns zur Verfügung, deren rechtliche Organisationsform von der Körperschaft des öffentlichen Rechts über die Kapitalgesellschaft, die rechtsfähige oder auch nicht rechtsfähige Anstalt bis zum eingetragenen oder nicht eingetragenen Verein reicht. Im Rahmen eines Referats, dessen Thema vorrangig auf die staatlich kommunalen Beratungsbeziehungen im engeren Sinne hinweist, ist es unmöglich, die Vielfalt dieser nichtstaatlichen Beratungsbeziehungen auch nur in Umrissen abzuhandeln. Es können nur einige wenige Aspekte des Verhältnisses zwischen beiden Bezirken kommunaler Beratung angedeutet werden.

Peters hat im Jahre 1926 in seinem Werk über die Grenzen der kommunalen Selbstverwaltung in Preußen die Existenz der kommunalen Interessenverbände in ihrer damaligen Form als eine große Gefahr für den Staat bezeichnet, für deren Entstehung er u. a. den fortschreitenden Rückzug des Staates aus seiner eigenen Beratungsfunktion verantwortlich gemacht hat. Er empfahl damals die Einbeziehung der verschiedenen Dienststellen der Verbände in die Staatsorganisation, ihre unmittelbare Beteiligung an der Kommunalaufsicht unter staatlicher Einwirkung.

Auch heute ist nicht zu verkennen, daß die Beratungstätigkeit staatlicher Oberverbände und der nichtstaatlichen Vereinigungen gegenüber den Gemeinden und Gemeindeverbänden sich in einer Weise überschneidet, die eine irgendwie geartete Ordnung kaum erkennen läßt; daß andererseits diese nichtstaatliche Raterteilung häufig Lücken ausfüllt, die durchaus auch innerhalb der staatlichen Organisation selbst geschlossen werden könnten. Dennoch zeigt schon allein die Tatsache, daß die Länder und der Bund selbst die Verbände in vielfältiger Weise geradezu institutionell in den Ablauf öffentlicher Verwaltung einbeziehen, daß auch abseits ihrer politischen Wirkungskraft ein echtes sachliches Bedürfnis für ihre Beratungstätigkeit vorliegt. Die Anerkennung der Sparkassenverbände als öffentlich-rechtliche Körperschaften und ihre Betrauung mit den Prüfungsaufgaben im Sparkassenwesen ist ebenso ein Beispiel hierfür wie die Übertragung der überörtlichen Gemeindeprüfung in Bayern an den dortigen Prüfungsverband öffentlicher Kassen, die Anerkennung der hauptberuflichen Tätigkeit bei den kommunalen Verbänden als ruhegehaltsfähige Dienstzeit durch die Beamtengesetze, die Berufung von Vertretern der Landes- und Bundesverbände in zahlreiche auf staatlicher Ebene wirkende Beiräte, Anstalten und Körperschaften aller Art.

Nicht selten auch verweisen die Aufsichtsbehörden oder die Gemeindeprüfungsämter die Gemeinden oder Kreise an die ihnen bekannten nichtstaatlichen Beratungsstellen. Ein besonders interessantes Beispiel für eine allgemeinverbindliche Einbeziehung der Verbandsberatung in die staatlich-kommunalen Beziehungen aus der Zeit der Weimarer Republik sind die zwischen der Reichsregierung und den Länderregierungen vereinbarten Richtlinien für das Schuldenwesen der Gemeinden vom 21. 10. 1927. Sie verpflichteten die Gemeinden und Gemeindeverbände, vor Einholung der aufsichtsbehördlichen Genehmigung zur Aufnahme von Anleihen ein Gutachten eines zentralen Kreditausschusses einzuholen, der bei dem jeweiligen kommunalen Spitzenverband gebildet war. Ein anderes Beispiel ist der in einigen Bundesländern noch heute z. T. als fortgeltend angesehene sogenannte Beratungserlaß des Reichs- und Preußischen Innenministers vom 15. 8. 1935 auf dem Gebiet der gemeindlichen Energiewirtschaft. Hiernach hatten die Gemeinden und Gemeindeverbände vor dem Abschluß irgendwelcher Verträge auf diesem Gebiet ein Gutachten von Sachverständigen vorzulegen, die der Deutsche Gemeindetag zu benennen hatte.

Suchen wir nun nach den Ursachen, die das unzweifelhaft vorhandene Bedürfnis nach einer neben der staatlich-kommunalen Beratung einhergehenden Verbandsberatung hervorrufen und zugleich legitimieren, so wird ganz abseits der von Peters gerügten Säumnis der staatlichen Stellen folgendes festzustellen sein:

Die öffentliche Verwaltung der modernen Staaten ist in Bewegung. Sie sucht nach neuen Formen und Verwaltungsmitteln, mit denen sie die wachsenden Leistungsforderungen der Bevölkerung erfüllen kann. Verwaltungsakt, Anstalt und Eigenbetrieb zeigen sich bei aller Bedeutung, die ihnen auch heute noch zukommt, nicht als hinreichend. Formen des Verwaltens sind hinzu getreten, die denen des privatwirtschaftlichen Handelns angenähert sind. Es ist nur natürlich, daß eine solche Entwicklung im Verhältnis der Verwaltungsträger zur Bevölkerung nicht ohne Parallele auch im Bereich der staatlich-kommunalen Beziehungen bleiben kann. Weder die Behörden der Landes- noch der Bezirks- oder Kreisebene können mit ihrem stellenplan- und besoldungsgebundenen Personalkörper und mit ihrer zwangsläufig eingeengten Haushaltswirtschaft all das an fachlicher Beratung anbieten, was die moderne Kommunalverwaltung benötigt. So bietet sich ein unmittelbarer Erfahrungsaustausch zwischen den kommunalen Verwaltungsträgern über vermittelnde Fachvereinigungen häufig als weit wirksamer an, als wenn er seinen Weg über die staatlichen Aufsichtsbehörden nehmen müßte. Die Tätigkeit des Verbands kommunaler Unternehmen, des Verbandes der deutschen Gas- und Wasserwerke, des Verbandes öffentlicher Verkehrsbetriebe, der deutschen Krankenhausgesellschaft, der abwassertechnischen Vereinigung, des Vereins für öffentliche und private Fürsorge und einiger anderer ist Beispiel hierfür.

So vermag aber auch eine Einrichtung wie die Wirtschaftsberatung AG. oder die Kommunale Gemeinschaftsstelle für Verwaltungsvereinfachung in einer weit freieren, weiträumigeren und zugleich differenzierteren Weise in die Untersuchung komplizierter Organisations- oder Rationalisierungsprobleme einzudringen, als das eine staatliche Behörde vermöchte. Das ist das eine.

Ein zweiter Sachverhalt, der eine Verbandsberatung rechtfertigt, liegt in der Teilnahme der Gemeinden und Gemeindeverbände an der Sozial- und Wirtschaftspartnerschaft unserer Gesellschaftsordnung. Hier kann aus der Natur der Sache heraus der staatliche Oberverband nicht die beratende Rolle übernehmen, die z. B. die Arbeitsrechtlichen Vereinigungen, die Krankenhausgesellschaften oder eine Reihe anderer Fachverbände versehen.

Eine weitere Chance der Verbandsberatung gegenüber der staatlich-kommunalen Raterteilung liegt in ihrer Wirkungsbreite über die Ländergrenzen hinweg. Während der föderalistische Aufbau der Staatsordnung einen ständigen Erfahrungsaustausch innerhalb des staatlichen Bereichs außerordentlich erschwert — die Bildung lockerer Arbeitsgemeinschaften zwischen den korrespondierenden Ressorts der Länderregierungen vermag nun einmal bei aller Anerkennung ihrer Arbeit nicht die kontinuierliche Tätigkeit ständiger Institutionen zu ersetzen — können die nichtstaatlichen Einrichtungen sich zwanglos auf Bundesebene organisieren. Die Tätigkeit der kommunalen Spitzenverbände selbst wie diejenige der zahlreichen bereits genannten Fachvereinigungen sind Beispiele hierfür. Auf einem anderen Gebiet macht die Tätigkeit der Leitstelle der Gemeindeverwaltungs- und Sparkassenschulen deutlich, wie hier die Verbandsberatung in der für die deutsche Verwaltungseinheit entscheidend wichtigen Frage der Personalausbildung eine Lücke zu füllen vermag, die auf dem Wege der Koordinierung zwischen den Länderregierungen schwerlich zu schließen wäre.

Die gewählten Beispiele liegen durchweg im Bereich der fachlichen und der vergleichenden Beratungstätigkeit. Sie bietet keinerlei Anlaß, in ihr einen unerwünschten Konkurrenten der staatlichen Beratungsfunktion zu sehen, zumal wenn jene Beratungsstellen, was ja durchweg der Fall ist, von den kommunalen Verbänden und damit mittelbar von den Gemeinden und Kreisen selbst getragen werden. Die Verbände erfüllen hier alles andere als die Tätigkeit von Interessentenverbänden in einem, dem öffentlichen Auftrag der Verwaltung entgegengerichteten Sinne. Sie ergänzen vielmehr die staatlich-kommunalen Beziehungen mit Beratungsformen, die wohl ihnen, nicht hingegen, oder nur sehr eingeschränkt, den staatlichen Oberverbänden zur Verfügung stehen.

Bestimmte Erscheinungsformen der Beratungstätigkeit allerdings sollten ausschließlich dem Bereich staatlich-kommunaler Beziehungen vorbehalten sein. Ich meine einmal die koordinierende Beratung im Sinne der Zusammenführung örtlicher und überörtlicher Interessen und im Sinne der Anregung zur interkommunalen Kooperation; sodann aber auch die streitschlichtende Beratung. Im einen Falle handelt es sich um die Sicherung der Einheit öffentlichen Verwaltens, als deren Hüter sich die Glieder der Staatsordnung selbst empfinden und betätigen müssen; im anderen um eine Funktion, die wegen ihres unmittelbaren Zusammenhanges mit der Rechtmäßigkeit konkreter Verwaltungsvorgänge nur der Kommunalaufsichtsbehörde zukommt.

Im übrigen mag sich im Rahmen der fachlichen Beratung die Abgrenzung zwischen staatlich-kommunaler und Verbandsberatung aus den unterschiedlichen Wirkungsmöglichkeiten ergeben. Das Wirkungsmittel der außerstaatlichen Beratungsstellen wird immer in erster Linie das „Gutachten“ sein, das nicht die ständige persönliche Begegnung des Ratgebers mit „seinen“ Gemeinden oder Gemeindeverbänden zur Voraussetzung hat, während jene individuelle Fachberatung, die in gewisser Weise mit der Funktion des Hausarztes vergleichbar sein mag, eher dem Leiter der Kommunalaufsichtsbehörde zufällt.

Wenn darüber hinaus die Geschäftsstellen der kommunalen Verbände mehr und mehr auch in den Bereich der schützenden und der rechtsauslegenden Beratung vordringen, so kann man allerdings den Appell von Peters nur erneuern, der Staat möge sich selbst seiner eigenen Beratungspflicht in einem Maße erinnern, das die Gemeinden und Gemeindeverbände in ihm nicht nur den Wächter gesetzmäßiger Pflichtenerfüllung oder gar den gebietskörperschaftlichen Konkurrenten sehen läßt, sondern den ausgleichenden und fördernden Partner in einer dem gleichen Ziel dienenden gegliederten Staatsordnung.

Gerade die Beschäftigung mit der Beratungsfunktion der nichtstaatlichen Verbände, die ja zugleich beratend und anregend für ihre Mitgliedsgemeinden und -kreise auch den Zentralverwaltungen, ja den Parlamenten gegenübertreten, erinnert daran, wie fehlerhaft es wäre, in der Beratung lediglich ein einseitiges Instrument staatlicher Aufsicht sehen zu wollen, bei dem der Ratgeber allemal, bildlich gesprochen, nur oben, der Beratene unten zu suchen ist. In der horizontal gegliederten Staatsordnung ist auch die staatlich-kommunale Beratung nur ein Teilausschnitt eines Beziehungssystems, in dem die grundsätzlich eigenverantwortlichen Verwaltungsträger sich wechselseitig beratend gegenüberstehen, als Partner einer nach ihren Zwecken einheitlichen öffentlichen Verwaltung.

# Aufsichtsprobleme beim kommunalen Personalwesen

Von Georg Berner

Wohl alle, die in den letzten zwei oder drei Jahrzehnten im öffentlichen Dienst tätig waren, haben während dieser Zeit mehr oder weniger bewußt einen bedeutenden Wandel ihrer Auffassungen erlebt. Mehr und vielleicht rascher und gründlicher als vor dem ersten Weltkrieg haben sich in den letzten fünfzig Jahren die Ziele und auch der Stil der Verwaltung gewandelt. Sucht man nach den Gründen dieser Erscheinung, so lassen sich für die Zeit nach dem zweiten Weltkrieg, die in ungebrochener Linie zur Gegenwart führt und ihr Bild bestimmt, zwei Feststellungen treffen, die freilich längst schon ausgesprochen worden sind:

Zum ersten bemühen sich die drei klassischen Gewalten und vor allen Dingen die Verwaltung selbst heute ehrlicher und nachhaltiger als etwa in der Weimarer Zeit — von der des Dritten Reiches zu schweigen — darum, das vorgegebene und deshalb notwendig in manchen Zügen idealistische und nicht allenthalben voll ausgewogene Verfassungsbild in die belebte Wirklichkeit zu übertragen.

Zum zweiten gibt es im Gesamtbereich der öffentlichen Verwaltung nahezu keinen Raum mehr, in den die Kontrolle der Verfassungs- und Verwaltungsgerichtsbarkeit nicht hineinreicht. Dieses beständig wache Gewissen hat für die Verwaltungsrechtswissenschaft wie für die Verwaltungspraxis in verhältnismäßig kurzer Zeit zu einer Verdichtung, Vertiefung und Verfeinerung geführt, die schon wegen ihrer Erstrekkung auf den Gesamtbereich der Verwaltung in Deutschland ohne Beispiel ist. Daß dabei dem Praktiker manchmal der Atem stockt, der zwischen der Scylla subtiler Gesetzgebung und der Charybdis gestrenger und — wie alles Menschenwerk — auch von gelegentlichen Fehlleistungen nicht freier Rechtsprechung mühsam sein Schifflein auf der oft wildbewegten See des Ausgleichs von Gemeinschaftsansprüchen und Einzelinteressen steuern muß, ist bei aller Wahrheit ebenfalls keine neue Erkenntnis.

Ist das auch eine Wiederholung bekannter Gedanken, so sollte doch an die Dynamik dieser Entwicklung erinnert werden, weil das Neu-Überdenken herkömmlicher Sachverhalte und Regelungen das Grundanliegen dieser Ausführungen ist.

Die erste Nutzanwendung ergibt sich bei der Ausdeutung des Themas.

Zu den verfassungsrechtlichen Grundideen, die heute sehr ernst genommen werden, gehört das Recht der Kommunen, insbesondere der Gemeinden, auf Selbstverwaltung. Wenn beispielsweise erst vor wenigen Wochen der Bayerische Städteverband Anspruch darauf erhoben hat[1], daß die Gemeinden begrifflich klar von den Staatsbehörden unterschieden und damit als Verwaltungsträger selbständigen Rechtes und nicht mehr als Glieder mittelbarer Staatsverwaltung betrachtet werden, so ergibt sich das für den landesrechtlichen Bereich des Freistaates Bayern in der Tat zwingend aus Art. 11 Abs. 2 der Landesverfassung, wonach die Gemeinden ursprüngliche Gebietskörperschaften des öffentlichen Rechts sind. Auf diese verfassungsrechtliche Tatsache wurde bereits 1951 in der Literatur hingewiesen[2]. Sie kann selbstverständlich nicht bedeuten, daß die Gemeinden vom Staat gelöst zu betrachten und aus der Verantwortung diesem gegenüber entlassen seien. Sie nötigt aber dazu, die Eigengesetzlichkeit der Gemeinden zu beachten, ihre Bedürfnisse nicht schlechthin an staatlichen Maßstäben zu messen und staatliche Modellvorstellungen so lange nicht als der Weisheit letzten Schluß zu betrachten, als kommunalen Bedürfnissen ohne Schaden für das gesamtstaatliche Gefüge Rechnung getragen werden kann. Die Feststellung Jellineks, der Gedanke sei verfehlt, daß der Gemeinde gewisse Verwaltungsbefugnisse kraft angeborenen, ursprünglichen Rechtes zustehen würden, weil er den Unterschied zwischen dem Staat als dem Träger ursprünglicher Gewalt und der Gemeinde als der Trägerin abgeleiteter Gewalt verwischen würde[3], verführt dazu, über gemeindliche Anliegen auch dann hinwegzugehen, wenn ihre Erfüllung den Belangen des Staates durchaus nicht schaden würde. Auch ist es ein längst selbstverständlicher und unser Verfassungsrecht tragender Gedanke, daß es Rechte gibt, die nicht nur den Verfassungen, sondern auch dem Staate vorausliegen und deshalb von ihm zu achten und zu schützen sind. Es könnte sich folgerichtig erweisen, daß den bayerischen Verfassungsgeber ein gutes und klares Gefühl geleitet hat, wenn er die Gemeinden in ihrem Verhältnis zum Staat als „ursprüngliche" Körperschaften bezeichnete.

Diese Überlegungen sind für die Rechtspraxis nicht bequem; man muß aber an sie denken, wenn auf dem Gebiet, das hier zu betrachten ist, das Bekenntnis zur kommunalen Selbstverwaltung kein Lippenbekenntnis bleiben soll.

---

[1] Resolution Nr. A 4 der 12. Vollversammlung des Bayer. Städteverbandes vom 17. 1. 1963 in Augsburg (s. den vom Bayer. Städteverband herausgegebenen Bericht über diese Vollversammlung „Bayerns Städte und der neue Bayerische Landtag", S. 74).

[2] Preisenhammer in Mang, Verwaltungsrecht in Bayern, Bd. 1, S. 68; Berner, a. a. O., S. 89 ff.

[3] Walter Jellinek, Verwaltungsrecht, Neudruck 1948 der 3. Aufl. von 1931, S. 530.

Auf das Thema dieser Ausführungen bezogen, bedeutet das, daß keine möglichen Zwangslösungen für rechtsaufsichtliche Probleme erörtert werden sollen — und das Personalwesen gehört ja zum eigenen Wirkungskreis der Kommunen und damit in den Bereich der Rechtsaufsicht.

Die Rechtsaufsicht über die Kommunen — nun unter Einschluß der Gemeinde- und Zweckverbände verstanden — ist freilich nicht überflüssig geworden. Seit jeher aber war die Staatsaufsicht im kommunalen Bereich nicht nur ein Zucht- und Korrektionsmittel, mag sie auch vom vormundschaftsrechtlichen Begriff der „Kuratel" ihren Ausgang nehmen. Beratung, Förderung, Hilfe und Schutz sind aus dem Begriff der Staatsaufsicht zu keiner Zeit wegzudenken, auch nicht zu Beginn des 19. Jahrhunderts, dem Ausgangspunkt der Entwicklung unserer heutigen Verwaltungssysteme. Bejaht man zudem die Staatsform der Demokratie, so wird man folgerichtig diesen Aufgaben der Staatsaufsicht das Hauptgewicht beilegen, während die korrigierende Aufsicht und mit ihr das Obrigkeitsdenken sich mit dem Rang und auch mit dem Umfang des „notwendigen Übels" werden begnügen müssen. Man kann im Anschluß an die Ausführungen Galettes die beratenden und schützenden Einwirkungen des Staates entfernter vom Begriff der Aufsicht und näher zugeordnet dem Begriff der Amtshilfe sehen. Diese Betrachtungsweise mag dem neuzeitlichen Gedanken der Partnerschaft zwischen Staat und Kommunen besser entsprechen, als der mit recht komplexen Inhalten angefüllte ältere Aufsichtsbegriff. Aber weder die Wertfolge noch das verfeinerte Begriffsbild vermögen zu hindern, daß die Meinungen darüber sehr auseinandergehen können, was im Einzelfall für das Gemeinwohl, dem Staat und Kommunen in gleicher Weise zu dienen haben, das beste ist.

Auf diesem Hintergrund sollen nun einige Zeichnungen entworfen werden.

Es gibt kaum ein Gesetz, das man nicht umgehen könnte. Je formenstrenger und je bestimmter in seinen Tatbeständen es ist, um so mehr enthält es Konfliktsmöglichkeiten mit Situationen des täglichen Lebens, die es nach Meinung der Beteiligten zu Unrecht nicht oder nicht befriedigend erfaßt. So setzt der im Sinne der Gesamtrechtsordnung „richtige" Vollzug eines Gesetzes in jedem Fall nicht nur die Kenntnis der Regelung selbst und ihrer Ziele und Motive voraus, sondern auch die Vertrautheit mit den Grundvorstellungen, von denen es ausgeht, und das Einverständnis mit ihnen.

Ein gutes Beispiel dafür ist das Beamtenrecht. Seine sinnvolle und richtige Anwendung setzt voraus, daß der Beamte wie sein Dienstherr sich dem unterwerfen, was etwa das Grundgesetz die „hergebrachten Grundsätze des Berufsbeamtentums" nennt (Art. 33 Abs. 5 GG). Die gesamte Anlage aller deutschen Beamtengesetze ist — vielleicht ganz unbewußt — dadurch bestimmt, daß sie von Beamten gemacht sind — was bemerkt werden darf, ohne damit die Achtung vor dem Gesetzgeber zu verletzen — und daß ihr Vollzug wiederum weitestgehend Beamten anvertraut ist. Die Beamtenschaft, die ihrerseits in den lange entwickelten Traditionen dieses Rechtsgebietes erzogen und mit seinen Denkgrundlagen vertraut ist, hat bisher vieles darin für selbstverständlich gehalten, hat manche Bindung und Beschränkung aus einem an die Gemeinwesen jeder Stufe gebundenen Pflichtenethos heraus bejaht, was dem Außenstehenden durchaus nicht immer selbstverständlich erscheinen will. Außerdem bieten sich dem Außenstehenden zahlreiche Fragen an, die von innen her nicht so gesehen werden, weil gewohnte Denkbahnen naturgemäß die Fragestellung beeinflussen.

Nun sind auch im Beamtenrecht die Dinge sehr in Bewegung geraten. Dafür gibt es zahlreiche Ursachen, von denen einige im Rahmen dieser Ausführungen Bedeutung haben.

Die beamtenrechtliche Ordnung ist seit jeher in weiten Teilen durch Verwaltungsvorschriften und sonstige ministerielle Anordnungen und Rechtsauslegungen gesteuert worden. Für den staatlichen Bereich ist das wirksam. Die nichtstaatlichen Dienstherren sind jedoch als solche dem Staat nicht nach- sondern gleichgeordnet. Soll ihr Verhalten vom Staat her gebunden werden, muß es durch Gesetz oder durch eine auf eine ausreichende Ermächtigung gestützte Rechtsverordnung geschehen. Geschieht das nicht, so kann der Gleichtakt in der Behandlung beamtenrechtlicher Dinge empfindlich gestört werden, ohne daß gegen geltendes Recht verstoßen wird. Das erste der folgenden Beispiele bezieht sich auf einen Fall dieser Art. Damit aber nicht genug.

Soweit in den Kommunen die Befugnisse des Dienstherren von Organen wahrgenommen werden, die aus gewählten Bürgern bestehen, sind die beamtenrechtlichen Entscheidungen Nichtbeamten anvertraut, die von den Grundlagen und Voraussetzungen dieses Rechts in der Regel nur eine unvollkommene und lückenhafte Vorstellung haben. Daher werden häufig vor allem bei kleineren Dienstherren im kommunalen Bereich an das Dienstverhältnis der Beamten die Maßstäbe angelegt, die den Mitgliedern der kommunalen Organe aus ihrem eigenen Lebenskreis, also aus der Wirtschaft, dem freien Beruf, aus dem Recht der Angestellten und Arbeiter vertraut sind. Nimmt man hinzu, daß auf Grund des auch den Beamten eingeräumten Koalitionsrechts die Beamtenverbände und -gewerkschaften zunehmend an Einfluß gewonnen haben und nachdrücklich den Anspruch der Beamten vertreten, nicht nur am wirtschaftlichen und sozialen Fortschritt angemessen teilzuhaben, sondern auch im Genuß der bürgerlichen Freiheiten möglichst nicht stärker beschränkt zu werden als alle Staatsbürger, so ist eine Reihe gewichtiger Gründe für die wachsende Bedeutung genannt, die arbeitsrechtliche Gedanken und Errungenschaften für das Beamtenrecht haben.

In den Kommunen begegnet das Fortschrittsstreben der Beamtenschaft aus den genannten Gründen größerer Aufgeschlossenheit auf seiten des Dienstherrn als etwa beim Staat. Dazu kommt, daß insbesondere in den Gemeinden Beamte, Angestellte und Arbeiter viel enger zusammenarbeiten, daß die Zahl der Angestellten häufig die der Beamten überwiegt, wobei die Angestellten nicht selten auf den gleichen — auch hoheitlichen — Gebieten tätig sind wie die Beamtenschaft. Unter diesen Umständen kann es nicht überraschen, daß soziale Errungenschaften der Angestellten und Arbeiter — ich nenne aus jüngster Zeit nur die Weihnachts- und Jubiläumszuwendungen — zuerst und notfalls auch gegen das Gesetz den kommunalen Beamten zuteil wurden, bis sie schließlich der Gesamtbeamtenschaft nicht mehr vorzuenthalten waren. Es kann auch nicht überraschen, daß gelegentlich in den Tarifverhandlungen die kommunalen Arbeitgeber sich zuerst und in größerem Umfang als die staatlichen Arbeitgeber bereit zeigen, den Wünschen der Gegenseite entgegenzukommen. Diese Entwicklung, die hier ohne jeden kritischen Akzent gekennzeichnet werden soll, ist und bleibt im Fluß; als weiter herandrängende Probleme seien nur bestimmte Entwicklungen auf dem Gebiet des Beihilfenrechts und die Frage der Abgeltung der über die Regel-Arbeitszeit hinaus geleisteten Arbeit durch Geld genannt.

In dieser besonderen Struktur des kommunalen Bereichs liegt aber auch die vielleicht überzeugendste Erklärung für zahlreiche Maßnahmen kommunaler Dienstherren, die demjenigen, der an die herkömmlichen strengen Maßstäbe des Beamtenrechts gewöhnt ist, Kummer machen, und denen gleichwohl durchaus nicht immer mit rechtsaufsichtlichen Mitteln begegnet werden kann. Dafür mag zu Beginn ein einfaches Beispiel dienen, das mit der „Abwerbung“ von Beamten zusammenhängt.

Nr. 2 der DVO zu § 60 des Deutschen Beamtengesetzes vom 29. 6. 1937 (RGBl. I S. 669) bestimmt, daß ein auf seinen Antrag aus dem Dienst des Reichs oder eines Landes entlassener Beamter bei einem anderen Dienstherrn oder einer anderen Verwaltung nur nach Einvernehmen beider Verwaltungen beschäftigt oder erneut zum Beamten ernannt werden darf. Eine etwa inhaltsgleiche Fassung (vom 28. 10. 1950, BGBl. S. 733) gilt für den Bereich der Bundesverwaltung fort. Aber beispielsweise auch für Bayern ist es außer Streit, daß die DVO zum Deutschen Beamtengesetz als Ganzes zu den beiden Landesbeamtengesetzen von 1946 und 1960 weiter galt und gilt, soweit sie nicht dem neuen Gesetzesrecht widerspricht. Die Frage ist, ob das auch für die genannte

Einzelvorschrift zutrifft. Das dürfte zumindest für die Länder zu verneinen sein, die keine inhaltlich entsprechende Vorschrift unmittelbar in ihre Landesbeamtengesetze aufgenommen haben, wie es z. B. Niedersachsen getan hat.

Die fragliche Bestimmung der DVO zum Deutschen Beamtengesetz war schon gegenüber diesem gesetzesergänzendes Recht. Die bayerischen Beamtengesetze der Nachkriegszeit wie wohl auch die der meisten anderen Länder enthalten keine Ermächtigung, die den Neuerlaß einer solchen Vorschrift im Verordnungswege decken würde. Nachdem gesetzesergänzendes Verordnungsrecht heute verfassungsrechtlich unzulässig ist, ergeben sich bereits beträchtliche Zweifel, ob früheres Recht dieser Art fortbestehen kann, wenn die ganze Materie inzwischen durch förmliches Gesetz neu geregelt wurde. Selbst wenn der Gesetzgeber dabei die Fortgeltung des alten Verordnungsrechts ausdrücklich zugelassen hat, erhält es dadurch keinen gesetzesgleichen Rang, so daß die angedeutete Problematik bestehen bleibt.

Für den Bereich der Länder kommt hinzu, daß es der zum kommunalen Selbstverwaltungsrecht gehörenden Personalhoheit widersprechen würde, wollte man den Kommunen die Beschäftigung von Beamten, die von ihrem bisherigen Dienstherrn auf Antrag entlassen wurden, nur unter der Voraussetzung von dessen Einverständnis gestatten. Schon aus diesem Grunde würde eine solche Regelung der Gesetzesform bedürfen. Dabei können die verfassungsrechtlichen Bedenken gegen eine Beschränkung der Freizügigkeit der Beamten wie gegen eine Bindung des Einstellungsermessens des Dienstherrn aus anderen Gründen als wegen mangelnder Eignung, Befähigung oder fachlicher Leistung des Bewerbers völlig dahinstehen.

Nicht zu billigen ist es freilich, wenn ein Beamter sich entlassen läßt, um einem sonst unvermeidlichen Dienststrafverfahren zu entgehen, und ein anderer Dienstherr ihn in Kenntnis dieses Umstandes wiederum als Beamten einstellt — womöglich noch in einer höheren Besoldungsgruppe als bisher — und zugleich auf die Einleitung des Dienststrafverfahrens verzichtet. Dagegen kann aber wohl überall mit dienst- und rechtsaufsichtlichen Mitteln eingeschritten werden und das sollte im Interesse der Sauberkeit des öffentlichen Dienstes auch unnachsichtlich geschehen.

Ein weiteres Beispiel beleuchtet die andere Seite des Zwiespalts: Ein Beamter des mittleren Dienstes hat vielleicht ein Vierteljahrhundert lang gut und redlich in einer kleineren Gemeinde Dienst getan. Nun wird er in Anerkennung seiner Verdienste und aus dem äußeren Anlaß seines 50. Geburtstages zum Inspektor befördert — natürlich ohne die erforderliche Prüfung. Das freut den Beamten und ehrt die menschliche Einstellung des Dienstherrn, aber es rührt an eine der Wurzeln der beamtenrechtlichen Ordnung.

So einfach der erwähnte Fall ist, er ließ sich bisher mit den Mitteln der Rechtsaufsicht schon nicht mehr befriedigend lösen, weil in der Regel die ausgesprochene Beförderung Bestand hatte, mochte sie auch zu Unrecht vorgenommen worden sein. Freilich konnte und kann der Dienstherr gerügt werden, es kann gegen den Bürgermeister, der den rechtswidrigen Beschluß vollzogen hat, ein Dienststrafverfahren eingeleitet werden, möglicherweise auch gegen den begünstigten Beamten selbst. Das alles sind aber nur Nachverfahren, die nicht befriedigen, weil sie den eigentlichen Rechtsverstoß nicht beseitigen können.

Um gehäuft aufgetretenen Fällen dieser Art wirksam begegnen zu können, hat der Freistaat Bayern von der Möglichkeit Gebrauch gemacht, die § 10 des Beamtenrechtsrahmengesetzes den Landesgesetzgebern einräumt. Er hat den herkömmlichen Katalog der Voraussetzungen, unter denen eine Beamtenernennung nichtig ist, durch eine Bestimmung des Landesbeamtengesetzes erweitert (Art. 14 Abs. 3 — BayBG), wonach eine Ernennung auch dann nichtig ist, wenn sie der Mitwirkung einer Aufsichtsbehörde oder des Landespersonalausschusses bedurfte, aber ohne diese Mitwirkung ausgesprochen wurde; der Mangel der Ernennung gilt — entsprechend der rahmengesetzlichen Vorschrift — als geheilt, wenn die Aufsichtsbehörde oder der Landespersonalausschuß nachträglich schriftlich zustimmt.

Diese Vorschrift verhütet oder beseitigt manche beamtenrechtliche Unstimmigkeit. Das Problem als solches löst sie nur zum Teil. Nach ihrem Wortlaut ist sie schon nicht mehr anwendbar, wenn es sich um eine Beförderung handelt, die nicht zugleich eine Ernennung ist. Sie versagt aber vollends dann — und das erscheint auf den ersten Blick fast grotesk —, wenn dem Beamten ein Vorzug zuteil wird, den der Gesetzgeber völlig ausschließen wollte, so daß er eine Ausnahmegenehmigung überhaupt nicht vorgesehen hat.

Es läge zwar nahe, hier eine Gesetzeslücke festzustellen und sie dann mit einem der üblichen methodischen Mittel zu schließen. Gerade das aber dürfte sich verbieten, weil es zu den Grundlagen des Beamtenrechts gehört, daß für die Fälle der Nichtigkeit des Beamtenverhältnisses wie für die der Zurücknahme von Ernennungen das strenge Enumerationsprinzip gilt, das seinerseits wieder auf den Schutzgedanken des Beamtenrechts zurückgeht. Dieser Grundsatz ist für das Beamtenrecht so elementar, daß er auch dann noch zu beachten ist, wenn man — wie vorhin erwähnt — bedenkt, daß der Gesetzgeber unterstellt, das Beamtenrecht werde stets seinem Sinn entsprechend angewendet werden und Fälle dieser Art würden vielleicht einmal aus menschlichem Versagen, nicht aber mit Absicht und zur bewußten Verbesserung einer als unzulänglich empfundenen gesetzlichen Regelung entstehen. Eben darum aber handelt es sich hier, und eine Lösung wird nicht zu finden sein, wenn nicht alle Dienstherren davon zu überzeugen sind, daß die Grundvorstellungen, von denen das Beamtenrecht ausgeht, auch heute noch stimmen und manchmal Entscheidungen gebieten, die im Einzelfall als menschliche Härte oder dem Außenstehenden sogar unverständlich erscheinen mögen.

Bewegen sich diese Dinge noch leidlich im gewohnten Rahmen, so kann man das von den nun folgenden Beispielen vielleicht nicht mehr sagen.

In den letzten beiden Jahren sind einige Fälle bekannt geworden, in denen kommunale Dienstherren Beamte, die sie befördern wollten, aber wegen fehlender laufbahnrechtlicher Voraussetzungen nicht befördern durften, auf Antrag entlassen und unmittelbar anschließend als Angestellte mit höherer Vergütung und vertraglicher Zusicherung entsprechender beamtenähnlicher Versorgung wieder eingestellt haben; an der Tätigkeit der ehemaligen Beamten änderte sich dabei nichts. So wie diese Fälle gelagert sind, sind sie klare Umgehungen des Beamtenrechts, allerdings mit legalen Mitteln. Rechtsaufsichtlich kann dagegen nicht eingeschritten werden. Die §§ 16 und 42 der Gemeindehaushaltsverordnung bieten keine Handhabe. Die Vorschrift des Satzes 2 der Allgemeinen Dienstordnung Nr. 2 zu § 16 ATO, die ministerielle Genehmigungen für die Zubilligung zusätzlicher Altersversorgung für Angestellte vorsah, ist durch das Urteil des Bundesarbeitsgerichts vom 15. 12. 1960[4] als gegen das Günstigkeitsprinzip des § 4 des Tarifvertragsgesetzes verstoßend und daher nicht mehr anwendbar erklärt worden. Das gleiche Urteil hat übrigens auch die Besoldungsangleichungsverordnung vom 9. 9. 1931 für nicht mehr anwendbar erklärt, die bis dahin überwiegend als fortgeltendes Recht angesehen wurde[5].

Es muß wohl nicht im einzelnen ausgeführt werden, welche Folgen es für das Gefüge des gesamten öffentlichen Dienstrechts haben müßte, wenn Beispiele dieser Art Schule machten. Das erwähnte Urteil des Bundesarbeitsgerichts hat — nebenbei bemerkt — die letzte Möglichkeit beseitigt, mit bindenden staatsaufsichtlichen Mitteln auf ein einheitliches Tarifverhalten der nichtstaatlichen öffentlichen Arbeitgeber hinzuwirken. Die immer wieder zu hörende Behauptung, im öffentlichen Dienst würden im Gegensatz zur freien Wirtschaft keine übertariflichen Leistungen gewährt, trifft im großen und ganzen für die staatlichen Arbeitgeber noch zu, für einen beträchtlichen Teil der kommunalen aber nicht mehr. Wenn diese Entwicklung im nichtstaatlichen

[4] Arbeitsrechtliche Praxis (= AP) Nr. 2 zu § 4 TVG.
[5] Vgl. das Urteil des Bayer. VGH vom 25. 3. 1960, BayVBl. 1960 S. 194.

öffentlichen Dienst auch an Umfang noch geringer ist als in der freien Wirtschaft, so ist sie doch im Kern eindeutig vorhanden, mag es sich nun um die Übernahme von Arbeitnehmeranteilen bei der Sozialversicherung oder der Zusatzversorgung, um die Gewährung tariflich nicht festgelegter Zulagen oder um die Einstufung in höhere als nach den Tätigkeitsmerkmalen gerechtfertigte Vergütungsgruppen und anderes mehr handeln.

Ein anderes Beispiel mag noch einen Schritt weiterführen. Einer Stadt steht eine Aktiengesellschaft nahe, vielleicht ist die Stadt sogar im Besitz der Aktienmehrheit oder des gesamten Aktienkapitals. Es entsteht nun aus zunächst durchaus sachlichen Gründen der Wunsch, städtische Beamte bei der Aktiengesellschaft zu beschäftigen. Das ist dienstrechtlich allerdings nicht ganz einfach. Die AG als solche ist nicht dienstherrnfähig. Sie kann keine Beamten anstellen; auch im Wege der Versetzung oder Abordnung ist eine Beschäftigung bei einem Unternehmen privater Rechtsform nicht möglich. Man wird deshalb zunächst daran denken, die Beamten zu entlassen und unter vertraglicher Wahrung ihrer Rechte einschließlich der Versorgungsrechte bei der AG weiterzubeschäftigen. Das bringt allerdings gewisse fiskalische Probleme wegen der Verteilung der Versorgungslast mit sich. Vor allem aber muß der Beamte bereit sein, den Entlassungsantrag zu stellen. Will er das nicht, so bleibt noch die Möglichkeit, den Beamten ohne Dienstbezüge zu beurlauben und ihn damit für die Beschäftigung bei dem privaten Arbeitgeber gewissermaßen freizugeben. Eine solche Beurlaubung ist nach dem Buchstaben des Gesetzes ohne Befristung möglich.

So geschah es in der Tat in zahlreichen Fällen.

Wie ist es nun, wenn diese beurlaubten Beamten von der AG, die auch nicht tarifgebunden zu sein braucht, Dienstverträge erhalten, die ihnen nicht nur ein höheres Gehalt als bisher, sondern auch noch als freiwillige Leistung eine Zulage zu ihren späteren beamtenrechtlichen Versorgungsbezügen zusichern, auf die sie nach wie vor Anspruch haben — ganz abgesehen von der ebenfalls nicht verbotenen Möglichkeit, diese Beamten trotz ihrer Beurlaubung zu befördern? Wie ist es, wenn dieser Weg nicht nur in sachlich zu rechtfertigenden Fällen oder für eine Übergangszeit, sondern zugunsten einzelner Beamter immer wieder beschritten wird? Stellt man sich noch eine Kombination dieser Möglichkeiten vor, so kann man Beamte, denen das widerfährt, nur als Glückskinder bezeichnen. Ihnen ist gelungen, was viele erstreben, nämlich die Vorteile des Beamten- und des Angestelltenstatus miteinander zu verbinden. Es mag aber verzeihlich sein, wenn dem entfernten Beobachter dabei die Namen von Eschenburg und Zorn ins Gedächtnis kommen.

Rechtlich kann gegen das hier unterstellte Vorgehen eines Dienstherrn kaum etwas eingewendet werden, weil es „nur" dem Geist des Rechts, nicht aber den vorhandenen Vorschriften widerspricht. Es kann und darf auch grundsätzlich niemandem verwehrt werden, bestehende legale Möglichkeiten auszunützen, zumal das Verhalten aller Beteiligten sicherlich nicht so verwerflich ist, um an den dem § 138 BGB zugrunde liegenden allgemeinen Rechtsgedanken zu denken.

Man kann bei dem gewählten Beispiel auch nicht mit dem Nebentätigkeitsrecht weiterkommen, was an sich durchaus naheläge, weil die Tätigkeit der Beamten bei der AG begrifflich eine Nebentätigkeit und zwar gegebenenfalls sogar eine solche im öffentlichen Dienst ist, deren Erlös den Beamten nur in beschränkter Höhe zu belassen ist. Dieser Erlös ist als Einkommen neben dem Gehalt gedacht; für sich allein kann er in der im zuletzt genannten Fall zu belassenden Höhe von jährlich 2400 DM niemals die Lebensbedürfnisse des Beamten und seiner Familie befriedigen. Auch begrifflich ist es schwierig, von einer „Nebentätigkeit" zu sprechen, wenn der Dienstherr ausdrücklich zugunsten dieser Tätigkeit überhaupt auf die Dienstleistung des Beamten verzichtet.

Dieses Beispiel beweist ebenfalls, daß die Verfasser unserer Beamtengesetze wohl niemals daran gedacht haben, die Bestimmungen über Urlaub und Nebentätigkeit könnten in dieser Weise angewendet werden, während man andererseits durchaus bewußt die Beurlaubungsmöglichkeiten so gestaltet hat, daß sie auch vom Gesetzgeber nicht vorbedachte Sonderfälle zu ordnen gestatten.

Weil eben vom Nebentätigkeitsrecht die Rede war, sei noch die Anmerkung gestattet, daß die Diskussion um die von Görg[6] gestellte Frage nach der Verfassungsmäßigkeit der Abführungspflicht für Teile bestimmter Nebentätigkeitserlöse jedenfalls im kommunalen Bereich nicht mit der in diesem Punkt leider etwas flüchtigen Entgegnung O. Meyers[7] zu Ende sein dürfte. Hält man sich die immer stärker werdende Erkenntnis vor Augen, daß Einschränkungen der staatsfreien Sphäre des Beamten gegenüber anderen Staatsbürgern nur zulässig sind, wenn sie durch Sinn und Zweck des Beamtenverhältnisses gefordert werden[8], kann man die Fragwürdigkeit der Abführungspflicht nicht von vornherein verneinen. So klar es einerseits ist, daß der Dienstherr grundsätzlich Anspruch auf die volle Arbeitskraft des Beamten hat und haben muß, so wenig überzeugt es aus sich selbst, daß etwa

[6] Görg, Zum Nebentätigkeitsrecht der Beamten und Angestellten des öffentlichen Dienstes, ZBR 1961 S. 161.

[7] O. Meyer, ZBR 1961 S. 305.

[8] Vgl. zuletzt Ule, Beamtenrecht im Wandel deutscher Staatlichkeit, DVBl. 1963 S. 1 ff.

auf Grund eines Schlusses a maiore ad minus dann, wenn der Dienstherr eine Nebentätigkeit überhaupt gestattet, auch ein manchmal sogar recht erheblicher Teil des Erlöses an ihn abgeführt werden soll. Die in der Literatur zugunsten dieser Regelung angeführten Gründe scheinen mir doch mehr von Gefühl und Herkommen bestimmt zu sein als von wirklicher Sachnotwendigkeit. Man wird in diesem Verdacht durch die Tatsache bestärkt, daß bereits seit dem Erlaß der Nebentätigkeitsverordnung für beamtete Ärzte, Zahnärzte und Tierärzte vom 3. 5. 1938 (RGBl. I S. 501) für diese Beamten die Abführungspflicht für Einkünfte aus Nebentätigkeit im öffentlichen Dienst aufgehoben ist, so daß hier Einkommen möglich wurden, die die Bezüge aus dem Beamtenverhältnis weit in den Schatten stellen können. Diese Verordnung beruht gewiß auf Zweckmäßigkeitserwägungen. Aber gerade deshalb läßt sie die inneren Gründe für die strengere Behandlung der übrigen Beamtenschaft fragwürdig erscheinen. Es wäre sehr zu wünschen, daß die zuständigen Ministerien, die gegenwärtig eine Neufassung der Nebentätigkeitsverordnungen vorbereiten, sich nicht mit einer technischen Fortbildung des bisherigen Rechts begnügen, wie es leider oft geschehen ist, sondern die verfassungsrechtlichen wie vor allem auch die soziologischen Bezüge dieses Rechts zur Gegenwart von Grund auf neu durchdenken.

Hier sind wir bei einer Forderung angelangt, die der Staat als Gesetzgeber wie als Träger der Aufsicht an sich selbst zu stellen hat. An einigen Beispielen wurden rechtliche Konfliktsituationen aus dem Bereich des kommunalen Personalwesens dargestellt. Es ist kein Zufall, daß größere Konflikte sich vor allem bei Beamtengruppen ergeben, deren Aufgaben mit solchen von Unternehmen der Privatwirtschaft oder der freien Berufe vergleichbar sind, vielleicht sogar mit ihnen konkurrieren. Wenn noch ein tatsächlicher oder auch nur ein behaupteter Mangel an Fachkräften hinzukommt, sehen sich Staat wie Kommunen gleichermaßen zu Zugeständnissen genötigt, mag es sich um Bautechniker oder um kommunales Werkpersonal, um Beamte öffentlicher Bankanstalten und Sparkassen oder um Heilpersonen handeln. Zwar könnten solche Sonderentwicklungen in einem für das Gesamtgefüge des öffentlichen Dienstes unschädlichen Rahmen gehalten werden, wenn von vornherein der Grundsatz des Beamtenrechtsrahmengesetzes beachtet würde, daß die Berufung in das Beamtenverhältnis nur zulässig ist zur Wahrnehmung hoheitsrechtlicher oder solcher Aufgaben, die aus Gründen der Sicherung des Staates oder des öffentlichen Lebens nicht ausschließlich Personen übertragen werden dürfen, die in einem privatrechtlichen Arbeitsverhältnis stehen. Doch lassen sich Grundsätze dieser Art niemals rein in die Wirklichkeit übertragen, zumindest nicht in einem demokratisch dezentralisierten Staat.

Mögen nun die von mir angeführten Beispiele zu Kritik Anlaß geben, so weisen sie doch auf einen Umstand hin, für den die Kommunen sicher nicht verantwortlich sind, nämlich auf die kaum bestreitbare Tatsache, daß das Beamtenrecht in erster Linie ein Recht für Staatsbeamte ist und daß selbst im Arbeitsrecht, das durch wesentlich inhaltsgleiche Tarifverträge und enge Zusammenarbeit der staatlichen und kommunalen Tarifverbände gekennzeichnet ist, teilweise unterschiedliche, ja gegensätzliche Auffassungen bestehen, wie beispielsweise in der Frage der Prüfungspflicht der Angestellten. Die Aufgaben und Bedürfnisse der Kommunen sind aber nicht einfach identisch mit denen des Staates, selbst dort nicht völlig, wo die Kommunen für den Staat und in seinem Auftrag tätig werden. Anknüpfend an die Feststellungen zu Beginn dieser Ausführungen haben sie dann aber einen Anspruch darauf, daß der Staat entweder für die kommunalen Belange ebenso maßgerechte Regelungen schafft wie für seine eigenen Zwecke, oder daß den Kommunen ausreichender Spielraum für eigene Gestaltungen bleibt. Dieser Anspruch der Kommunen läßt sich zahlenmäßig recht eindrucksvoll belegen: Nach den jüngsten bisher vorliegenden Zahlen haben am 2. 10. 1961 die Länder (einschl. West-Berlin, ohne Bund) in ihren Verwaltungen und Wirtschaftsunternehmungen ohne eigene Rechtspersönlichkeit 528 656 Beamte, 282 779 Angestellte und 155 906 Arbeiter beschäftigt. Demgegenüber beschäftigten die Gemeinden und Gemeindeverbände einschließlich des Sparkassenpersonals zum gleichen Zeitpunkt immerhin 118 874 Beamte, 279 816 Angestellte und 261 684 Arbeiter.

Es kann nun freilich weder möglich noch sinnvoll erscheinen, jedem einzelnen der mehreren tausend kommunaler und sonstiger nichtstaatlicher Dienstherren in Deutschland zu überlassen, das öffentliche Dienstrecht nach eigenem Gutdünken abzuwandeln. Dafür besteht auch kein echtes Bedürfnis. Wohl aber ist es unerläßlich, noch mehr und aufgeschlossener als bisher die Besonderheiten des kommunalen Dienstes bei den staatlichen Regelungen zu berücksichtigen. Man darf sich fragen, worin eigentlich die Personalhoheit der Kommunen besteht, wenn nicht nur das Dienstrecht durch staatliches Recht und Tarifrecht im weitesten Umfang gleichförmig geregelt ist, sondern auch für die Bewertung der einzelnen Stellen Richtlinien oder sogar unmittelbar verbindliche Vorschriften erlassen sind, wie es in einigen deutschen Ländern der Fall ist[9]. Praktisch bleibt dann dem kommunalen Dienstherrn nur das Recht, unter den Stellenbewerbern, die die vorgeschriebenen Voraussetzungen erfüllen, die Auswahl zu treffen — ein Recht,

[9] Hessische Stellenplanverordnung vom 1. 11. 1958, HessGVBl. S. 161; Stellenplanrichtlinien des Ministeriums des Innern von Rheinland-Pfalz vom 10. 3. 1959, MinBl. Sp. 573.

das in der Zeit allgemeiner Personalknappheit schmal genug ist und kaum noch die stolze Bezeichnung „Personalhoheit“ verdient.

Gilt diese Bemerkung uneingeschränkt auch nur für das Beamtenrecht, weil im Tarifrecht genügend und im tariffreien Bereich des Angestelltenrechts sogar volle Vertragsfreiheit besteht, so hat sie doch ihren Sinn. Die kommunalen Spitzenverbände Bayerns haben sich stets dagegen gewehrt, daß die Kommunen bei der Bewertung ihrer Beamtenstellen an ein staatliches Gängelband genommen werden und sei es selbst ein so loses wie eine bloße Empfehlung durch Ministerialentschließung. Darin liegt eine nicht nur von der Theorie her vernünftige Forderung. Es sind zwar nicht seltene Fälle bekannt, in denen einzelne Beamte aus persönlichen Gründen über ihre Laufbahn hinaus befördert werden sollen — zu Beginn dieser Ausführungen wurde ein Beispiel erwähnt. Dem Verfasser ist jedoch kein Fall gegenwärtig, in dem von vornherein Stellen in einer überhöhten Laufbahngruppe ausgebracht wurden, also etwa eine Stelle des gehobenen Dienstes für eine Tätigkeit vorgesehen wurde, die ein Beamter des mittleren Dienstes ausfüllen könnte, oder gar eine solche des höheren Dienstes, wo eine des gehobenen voll ausreichend wäre. Diese Einsicht der kommunalen Dienstherren vorausgesetzt, muß es aber als eine unbillige Härte erscheinen, einem Beamten nur deshalb das Aufsteigen bis in die Spitzenstelle seiner Laufbahn zu versagen, weil er seine Dienste etwa einer Gemeinde widmet, die nach ihrer Struktur einen Geschäftsanfall hat, der bei Anwendung rein sachlicher Maßstäbe die Bewertung des Amtes als Spitzenstelle nicht rechtfertigen würde. Hier handelt es sich um einen Widerstreit zwischen objektiver Stellenbewertung und Fürsorgepflicht. Würde der Grundsatz objektiver Stellenbewertung rein durchgeführt, so wäre die Folge, daß etwa eine kleine Gemeinde immer nur mäßige Beamte bekäme oder daß ein tüchtiger Beamter dafür bestraft würde, daß er — aus welchen Gründen immer — in den Dienst einer kleinen Gemeinde getreten ist und ihr treu bleibt. Je größer die Kommune, desto leichter kann sie selbstverständlich den Grundsatz objektiver Stellenbewertung verwirklichen, desto weniger können aber auch ihre innerdienstlichen Verhältnisse von der Aufsichtsbehörde wirklich durchleuchtet werden. So bietet diese Frage ein Beispiel dafür, wie unter jedem Gesichtspunkt ein genügender Spielraum für die Stellenbewertung nicht nur eine programmatische Forderung, sondern recht eigentlich ein Gebot der praktischen Vernunft ist. Eine Bindung der Kommunen an irgendwelche Stellenschlüssel erscheint deshalb nicht glücklich. Abgesehen davon, daß statistische Regelungen — und um eine solche handelt es sich hier — immer vom Gesetz der großen Zahl abhängen, ist auch die Tatsache, daß die großen staatlichen Verwaltungen diesem System weithin den Vorzug vor der individuellen

Stellenbewertung geben, noch kein Beweis dafür, daß es das mögliche Höchstmaß an Sachgerechtigkeit darstellt[10].

Ist der eben erwähnte Fall durch Enthaltsamkeit des staatlichen Normgebers am besten zu lösen, so fordert ein weiterer, auf den abschließend eingegangen werden soll, staatliches Handeln zugunsten echter kommunaler Bedürfnisse bei der Personalverwaltung. Der bestimmende staatliche Einfluß hat sich bisher mit am deutlichsten im beamtenrechtlichen Laufbahnwesen gezeigt. Hier hat der Staat manchmal ein wenig unbefangen den Anspruch erhoben, seine Maßstäbe auf den kommunalen Bereich zu übertragen. Es muß ihm dabei nicht nur angelastet werden, daß gelegentlich über kommunale Bedürfnisse zu rasch hinweggegangen wurde, sondern auch, daß er sich durch ein nicht folgerichtig durchgeführtes System in Gefahr bringt, ungerecht zu sein.

Es ist allgemeiner Grundsatz, daß vergleichbare Beamte aller Dienstherren in die gleichen Laufbahnen und Besoldungsgruppen einzureihen sind. Soweit die Vergleichbarkeit reicht, ist das auch in der Ordnung. Die Unsicherheit beginnt, wenn diese Vergleichbarkeit nicht mehr besteht. Geht es nur um Bewertungsunterschiede, so ist bei dem nötigen Spielraum für die Selbstverwaltung leicht abzuhelfen. Ist aber die Tätigkeit als solche nicht mehr vergleichbar, dann kann manchmal nur das Einrichten besonderer Laufbahnen helfen. Und hier ist das vorhandene Recht dürftig und systematisch wenig befriedigend.

Es ist ein geringer Trost, daß der Staat auch im eigenen Bereich nur Grobregelungen von Laufbahnen kennt. Der allgemeine nichttechnische Verwaltungsdienst ist zwar durchaus gründlich und brauchbar erfaßt. Für den technischen Dienst trifft das in den meisten Ländern schon nicht mehr zu, und das Gebiet der Sonderlaufbahnen ist weithin ungepflegt und der Spruchpraxis der Personalausschüsse überlassen. Der Staat selbst hat sich zwar damit geholfen, daß er ganze Reihen von Sonderlaufbahnen einfach dadurch „geregelt" hat, daß er in seinen Besoldungsordnungen die in Betracht kommenden Ämter mit entsprechenden Bezeichnungen in bestimmten Besoldungsgruppen aufführt, womit die Besoldungsordnung neben ihrer rechtmäßigen Wertungsfunktion auch eine laufbahnrechtliche Funktion erhält — ein systemwidriges Abkürzungsverfahren, das für den Träger der Kommunalaufsicht manche Schwierigkeit mit sich bringt. Zugleich verwehrt es der Staat den Kommunen, den gleichen Weg zu beschreiten, indem er ihnen heute allgemein das Recht versagt, eigene Besoldungsordnungen zu erlassen. Daß es dafür gute Gründe gibt, ist nicht zu bestreiten. Will aber der Staat bei diesem Verfahren nicht unglaubwürdig werden, muß

[10] Vgl. dazu das Gutachten der Kommunalen Gemeinschaftsstelle für Verwaltungsvereinfachung „Stellenplan-Stellenbewertung" (3. Aufl. 1960).

er entweder den besonderen kommunalen Bedürfnissen durch Aufnahme entsprechender Ämter in seine eigenen Besoldungsordnungen Rechnung tragen, wie es in weitem Umfang Hessen getan hat, oder er muß besonderes Laufbahnrecht für die Kommunen schaffen, wie es gegenwärtig der Freistaat Bayern in ersten größeren Versuchen unternimmt. Eines dieser beiden Verfahren ist überall dort geboten, wo bestimmte in der staatlichen Verwaltung nicht oder nur gelegentlich vorkommende Tätigkeiten bei kommunalen Dienstherren ständig wiederkehren, so daß sie in deren Bereich laufbahnmäßig Regelfälle sind. Ein gutes Beispiel dafür bieten etwa die Beamten der Berufsfeuerwehren oder die Sparkassenbeamten, soweit es sie in den Ländern noch gibt. Es ist auf die Dauer nicht damit gedient, fehlende Laufbahnvorschriften im kommunalen Bereich durch Ausnahmegenehmigungen der Personalausschüsse zu ersetzen und sich damit zufrieden zu geben, nur weil das auf staatliche Bedürfnisse zugeschnittene Laufbahnrecht nicht die nötigen Vergleichsfälle bietet. Der laufbahnrechtliche Ausweg über den „anderen Bewerber" führt im Grunde nicht weiter, weil der „andere als Laufbahnbewerber" eben voraussetzt, daß es auch Laufbahnbewerber gibt und also auch eine Laufbahn eingerichtet ist. Eine Laufbahn kann aber nicht schon dann als eingerichtet gelten, wenn ein Dienstherr bestimmt geschultes Personal benötigt oder beschäftigt. Vielmehr kann eine Laufbahn erst dann als eingerichtet gelten, wenn sie rechtlich geordnet und festgelegt ist und zwar mit Rechtsverbindlichkeit auch gegenüber den Bewerbern. Regelabläufe bedürfen deshalb der normativen Erfassung und zwar auch dann, wenn sie nur bei einem Teil der Dienstherren vorhanden sind. Dieser Satz gilt auch für den kleinen Kreis von „Beamten besonderer Fachrichtungen", bei dem es genügt, von den Vorschriften über den Vorbereitungsdienst und die Prüfungen abzuweichen.

Die in Bayern gegenwärtig mit sehr dankenswerter Unterstützung der kommunalen Spitzenverbände, insbesondere des Bayerischen Städteverbandes, unternommenen Versuche, für die mit Staatsbeamten nicht vergleichbaren Beamten der Kommunen zu einem eigenen kommunalen Laufbahnrecht zu kommen, scheinen insofern ermutigend zu sein, als bei näherer Prüfung des Materials die Befürchtungen, schon dem Umfang nach vor einer sehr großen Aufgabe zu stehen, sich nicht bewahrheiten dürften. Es will vielmehr scheinen, als könne man mit wenigen gezielten Vorschriften schon viel erreichen. Gelingt es, die Flut von Ausnahmegenehmigungen, die gegenwärtig für die Bedürfnisse der kommunalen Dienstherren notwendig sind, normativ aufzufangen, wird nicht nur die Verwaltungsarbeit der Kommunen in diesem Bereich und die Tätigkeit der Landespersonalausschüsse entlastet; auch die betroffenen Beamten werden von der jedem Ausnahmeverfahren anhängenden Unsicherheit befreit. Schließlich werden auch für die Kommunalaufsicht die Dinge leichter überschaubar.

Es wurde schon zu Anfang dieser Ausführungen gesagt, daß sie sich damit begnügen wollen, bestimmte Zustände und Entwicklungen anzudeuten, und daß es nicht ihr Anliegen ist, rechtsaufsichtliche Eingriffsmöglichkeiten zu erörtern. Mit meinen Beispielen wollte ich insbesondere darauf hinweisen, daß das einst so autonom entstandene Beamtenrecht in zunehmende Wechselbeziehungen zu dem aus ganz anderen geschichtlichen, gesellschaftlichen und rechtlichen Wurzeln stammenden Angestelltenrecht und damit in einen Einflußbereich gekommen ist, in dem es in eben dem Maße um seinen Bestand zu ringen hat, wie seine sozialen Sicherungen als Vorbild für das Tarifrecht verbindlich und dort sogar teilweise übertroffen werden. Die aufsichtlichen Probleme, die sich daraus im kommunalen Bereich ergaben, sind Randerscheinungen. Sie zeigen, wie notwendig es ist, eine sinnvolle Ordnung der einzelnen Zweige des öffentlichen Dienstrechts zu erhalten, wiederherzustellen oder auch durch echte Reformen neu zu gewinnen. Wie das geschehen könnte, kann im Rahmen des gestellten Themas nicht erörtert werden.

Man kann und darf nicht erwarten, daß von der Aufsicht her Probleme gelöst werden, die allein der Gesetzgeber steuern oder gar bewältigen könnte — gegenwärtig wohl nicht einmal er. Es erscheint aber auch nicht angezeigt, in Dingen der Aufsicht nach dem Gesetzgeber zu rufen.

Dort, wo man bei Tagesfragen noch am ehesten an seine Hilfe denken möchte, bei der Abstimmung arbeitsrechtlicher Grundsätze mit den besonderen Gegebenheiten des öffentlichen Dienstrechts nämlich, würde man ihn mit einem solchen Ruf vermutlich in erhebliche Verlegenheit setzen. Niemand glaubt doch beispielsweise im Ernst, daß sich der Gesetzgeber heute bereitfinden würde, den Günstigkeitsgrundsatz des § 4 des Tarifvertragsgesetzes für den Bereich des öffentlichen Dienstes zu beschränken.

Es hat auch wenig Sinn, darüber zu klagen, daß die Staatsaufsicht zu schwach sei oder nicht über ausreichende Mittel verfüge, obwohl das eine oder andere der Beispiele dazu Anlaß geben könnte. Wichtiger als die Zwangs- und Gestaltungsmittel der Aufsicht ist für ein gesundes Verwaltungsergebnis die Stärkung der Einsicht, des gegenseitigen Vertrauens und des Wissens um die Gemeinsamkeit der Aufgabe.

Am ehesten darf noch die Bitte an die Rechtsprechung wiederholt werden, sie möge bei ihren die Verwaltung betreffenden Entscheidungen immer daran denken, daß sie bestehende Verwirrung klären und nicht mehren sollte. Mit juristischer Esoterik ist der Verwaltungspraxis, die sich an simplen und meist recht menschlichen Tagesfällen bewähren muß, nicht gedient. Die beratende Aufsicht muß versagen, wenn sie sich etwa der Kette widersprüchlicher oberstgerichtlicher Entscheidungen zur Frage der Rechtsnatur des Dienstverhältnisses der nichttierärztlichen Fleisch- und Trichinenbeschauer gegenübersieht[11].

Was aber wirklich hervorgehoben werden wollte, ist einfach und wenig neu. Gleichwohl ist und bleibt es das Mittel, alle Fragen zu lösen, die in den angeführten Beispielen problematisch erscheinen.

Die Kommunen sollten nicht nur nach außen, sondern ohne jedes Zugeständnis auch in ihrer Verwaltungspraxis sich dazu bekennen, daß sie ebenso wie der Staat und jede andere öffentliche Körperschaft nicht um ihrer selbst willen da sind, sondern daß sie wie der Staat und alle anderen öffentlichen Körperschaften Teile eines großen Dienstes am Volk sind. Als solche sind sie unverzichtbar und unvertauschbar. Dieser beständige Dienst allein aber sichert das Lebensrecht jeder öffentlichen Korporation und ist der letzte Bezugspunkt ihrer Verantwortung. Die Bewegungsfreiheit innerhalb der Rechtsordnung, die für die Kommunen nicht nur nicht beschränkt, sondern ausgebaut werden sollte, wo immer es geht, hat zur Voraussetzung, daß nicht der Vorteil einzelner oder bestimmter Gruppen den Ausschlag gibt, so sehr sich das manchmal aus den verschiedensten Gründen empfehlen mag, sondern der größtmögliche Vorteil für die Gesamtheit der Bürger. Ganz ohne jede Härte läßt sich nicht verwalten.

Der Staat dagegen möge bedenken, daß er auch als Normgeber und als Träger hoheitlicher Aufsichtsgewalt nicht ohne weiteres seine eigenen Bedürfnisse und Maßstäbe auf kommunale Verhältnisse übertragen kann. Selbst wenn staatliche Modelle Gesetz geworden sind, bleibt der Staat zur Prüfung ihrer Angemessenheit gegenüber den Verhältnissen im nichtstaatlichen Bereich verpflichtet. Der föderative Gedanke unserer Verfassungen macht an dem Verhältnis zwischen Bund und Ländern nicht halt. Das wird im einzelnen immer wieder ausgefochten werden müssen. Aber es sind Siege ohne Niederlagen, wenn am Ende das für den Bürger beste Ergebnis erreicht wird.

---

[11] Ein öffentlich-rechtliches Dienstverhältnis haben angenommen:
1. Hess VGH, Urteil vom 10. 10. 1952, DVBl. 1953 S. 337
2. BayerVGH, Urteil vom 28. 5. 1954, VGH n. F. 7, 74
3. BGH, Urteil vom 29. 11. 1956, BGHZ 22, 247
4. BSG, Urteil vom 21. 1. 1958, Nr. 10 RV 695/55 (soweit ersichtlich, nicht veröffentlicht)

Anderer Ansicht:
1. Reichsarbeitsgericht in RAG 25, 188; 26, 275
2. BAG, Urteil vom 16. 8. 1962, AP Nr. 3 zu § 611 BGB.

# Genehmigungsvorbehalt und Kommunalaufsicht

Von Walter Hofmann

Als ich daran ging, meine Gedanken zu dem Thema „Genehmigungsvorbehalt und Kommunalaufsicht“ zu ordnen und mir überlegte, wie ich hier noch einen Akzent auf aktuelle Probleme legen könnte, da war ich zuerst etwas in Verlegenheit. Ich mußte nach dem vorausgehenden Grundsatzreferat über Kommunalaufsicht als Verfassungsproblem, das wir gestern hörten, damit rechnen, daß die auch bei meinem Thema zu erörternden verfassungsrechtlichen Fragen in Referat und Aussprache bereits eingehend behandelt wurden; dies ist in so erheblichem Umfang geschehen, daß ich es für angezeigt halte, meine Ausführungen dazu umzustellen und sie als eine Art Korreferat zu dem Vortrag von Herrn Professor Dr. Werner Weber zu bringen. Ich versuchte sodann, bei meiner Materialbeschaffung meinen Stoff dadurch zu gewinnen und seine Aktualität zu erreichen, daß ich nach besonderen Streitfällen fahndete, die unsere Gemeinden und ihre Aufsichtsbehörden im Rahmen meines Themas in der letzten Zeit bewegten. Doch siehe da, die Ausbeute war gering! Es wird zwischen unseren Gemeinden und ihren Aufsichtsbehörden im Bereich unseres Themas offenbar nur wenig gestritten und die Streitfälle, die ich sammelte, waren entweder nicht von grundsätzlicher Bedeutung oder noch nicht rechtskräftig entschieden. So entschloß ich mich denn, die Dinge von meinem beruflichen Standort zu betrachten, nämlich von dem des Kommunal-Abteilungsleiters eines deutschen Landesinnenministeriums. Ich will Ihnen die Probleme so darstellen, wie sie sich bei einer obersten Kommunalaufsichtsbehörde abzeichnen. Die Aktualität erhoffe ich mir davon, daß unser Ministerium eine Novelle zu unserem Selbstverwaltungsgesetz erarbeitet hat, die den neuen Landtag beschäftigen wird. Bei einem Ministerium schlagen sich bei der Vorbereitung einer solchen Novelle und im jahrelangen Vollzug eines Gesetzes die Vorstellungen aller Beteiligten, zu denen ich besonders auch die Vertreter der kommunalen Spitzenverbände, der Wissenschaft, der Rechtsprechung sowie des Rechnungshofes und sonstiger Prüfungseinrichtungen zähle, in ständiger Fühlungnahme, in Berichten und Denkschriften nieder. Unsere Materie soll aus dieser Sicht betrachtet werden.

# I.

Zunächst halte ich es für notwendig, die *Begriffe* zu umgrenzen und das *Wesen des Genehmigungsvorbehalts* zu betrachten. Im deutschen Verwaltungsrecht wird ja leider unter manchen Begriffen, die früher eindeutig waren, nicht mehr überall das gleiche verstanden. Sodann darf ich Ihnen in einem freilich skizzenhaften Querschnitt durch das Recht unserer Bundesländer die Fälle der Genehmigungsvorbehalte darstellen und dabei die Frage behandeln, wie weit diese Bestimmungen heute noch vom Blickpunkt einer obersten Aufsichtsbehörde als notwendig zu betrachten sind.

Wir verstehen unter *Genehmigungsvorbehalt im Bereich der Kommunalaufsicht* ein Mitwirkungsrecht des Staates gegenüber bestimmten Verwaltungsakten oder privatrechtlichen Rechtsgeschäften der Gemeinden und Gemeindeverbände. Ohne Erteilung dieser Genehmigung sind diese Verwaltungsakte und diese Rechtsgeschäfte nicht rechtswirksam, wenn sie privatrechtlich bis zur Entscheidung der Genehmigungsbehörde auch den Vertragsgegner binden (vgl. hierzu RGZ 128 S. 371). Erst die Erteilung oder Versagung der Genehmigung entscheidet über die endgültige Wirksamkeit. Genehmigungsvorbehalt im Rahmen der Kommunalaufsicht beschränkt sich auf diejenigen Genehmigungen, für die die Kommunalaufsichtsbehörden oder Staatsaufsichtsbehörden der verschiedenen Stufen zuständig sind. Fundstelle für diese Genehmigungsvorbehalte sind im wesentlichen die Gemeindeordnungen der deutschen Länder, die Kommunalabgabengesetze und die Landesbeamtengesetze.

Man kann aus diesem Bereich noch eine besondere Gruppe herausschälen, die weniger aus dem Mitwirkungsinteresse des Staates geschaffen wurde als vielmehr ein *technisches Hilfsmittel darstellt, um Ausnahmen von grundsätzlichen Verboten* zu ermöglichen. Dazu gehören Bestimmungen wie etwa § 89 der rheinland-pfälzischen Gemeindeordnung, die ähnlich in den Gemeindeordnungen anderer Länder enthalten sind, wonach die Gemeinde zur Sicherung der Darlehensgeber keine besonderen Sicherheiten bestellen darf, die Aufsichtsbehörde aber berechtigt ist, von diesem Verbot Ausnahmen zu bewilligen. Ähnlich liegen die Bestimmungen auf dem Gebiete des kommunalen Personalrechts, die z. B. sagen, daß Gemeinden unter 10 000 Einwohnern ihre Bürgermeister höchstens nach A 13 einstufen können, daß aber das Ministerium aus besonderen Gründen hiervon Ausnahmen bewilligen darf[1]. Ich möchte diese Gruppe als Ausnahmegenehmigungen besonders zusammenfassen. Man kann auch von Verboten mit Erlaubnisvor-

---

[1] §§ 2, 20 Gemeinde-Beamten-VO NW v. 17. März 1959 (GV NW S. 74).

behalt sprechen. Diese Gruppe wird uns bei der weiteren Betrachtung noch wegen einiger Besonderheiten auffallen.

Neben diesem Genehmigungsvorbehalt im Rahmen der Kommunalaufsicht steht der *Genehmigungsvorbehalt im Bereich der Sonderaufsicht*; d. h. ebenfalls in Selbstverwaltungsangelegenheiten, für die durch besondere Gesetze eine Genehmigung der Sonderaufsichtsbehörden vorbehalten ist. Als Sonderaufsichtsbehörden betrachte ich alle Staatsbehörden insbesondere der inneren Verwaltung, die aus sonderrechtlichen Gesichtspunkten für Genehmigungen zuständig sind; dabei sollte freilich die Kommunalaufsicht immer beteiligt werden. Diese Sonderaufsicht ist nach dem Sprachgebrauch der meisten deutschen Länder scharf zu trennen von der Fachaufsicht, die nur bei den Aufgaben des übertragenen Wirkungskreises tätig wird. Ich meine mit der Sonderaufsicht die wichtige Gruppe etwa der Sparkassenaufsicht, die im allgemeinen nicht Sache der unteren Verwaltungsbehörden, sondern der Bezirksregierungen ist, die Schulaufsicht für die Bauvorhaben der Volksschulen, der Berufsschulen, der Realschulen und der höheren Schulen, die Jagdaufsicht, die Energieaufsicht, die Preisaufsicht, die Forstaufsicht für die Bewirtschaftung der Gemeindewaldungen oder die Planungsaufsicht nach dem Bundesbaugesetz. Ich glaube an diesem Begriff, den auch Salzmann-Schunck in ihrem Kommentar zu unserem Selbstverwaltungsgesetz vertreten[2], auch gegenüber der Auffassung von Herrn Professor Werner Weber, schon aus organisatorischen Gründen festhalten zu sollen. Wenn z. B. die Schulaufsicht der Bezirksregierung eine Genehmigung zu einem Volksschulbau versagt, dann ist für die hiergegen mögliche Aufsichtsbeschwerde nicht das Kommunalministerium, sondern das Unterrichtsministerium zuständig. Außerdem wäre das Kommunalreferat einer Bezirksregierung überfordert, wenn es etwa federführend die Genehmigung eines Flächennutzungsplans bearbeiten sollte. Ich habe verständlicherweise eine hohe Meinung von der Interessenbreite der Kommunalaufsicht, glaube aber doch, daß die Fachkunde der Bezirksplaner bzw. der Baureferenten und bei Aufsichtsbeschwerden des Ministeriums für Finanzen und Wiederaufbau hier nicht zu entbehren sind.

Dem Genehmigungsvorbehalt steht eine kleine Gruppe von Erscheinungsformen nahe, die etwas anders konstruiert ist, nämlich die staatlichen *Hoheitsentscheidungen* gegenüber den Gemeinden und Gemeindeverbänden. Hier handelt es sich nicht um eine Mitwirkung gegenüber einem Willensakt der Gemeinden, sondern um eine originäre Entscheidung des Staates, die vielfach freilich nur durch einen Antrag der Gemeinden ausgelöst wird. Als Beispiel führe ich die Erklärung einer Gemeinde zur Stadt an. Diese Stadterklärung setzt zwar einen

---

[2] Anm. 4 zu § 117 GO.

Antrag der Gemeinde voraus. Wenn die Landesregierung oder die sonst zuständige Stelle aber diesem Antrag entspricht, dann erteilt sie keine Genehmigung, sondern sie spricht eine allein in ihrer Zuständigkeit liegende Verleihung aus. Das Schwergewicht liegt hier beim Staat und nicht bei der Gemeinde.

## II.

Über die Frage, ob die Genehmigungsvorbehalte im Bereich der Kommunalaufsicht auf *reine Rechtsaufsicht beschränkt* sind oder *ob sie Zweckmäßigkeitserwägungen* erlauben, sind gestern, obwohl diese Frage schon vor mehr als 10 Jahren durch die obersten Gerichte im Sinne der Ausdehnung auf Zweckmäßigkeitsfragen entschieden wurde, wieder verschiedene Meinungen geäußert worden. Auch Seeberger möchte in einem Aufsatz in der Zeitschrift „Deutscher Städtetag" 1961[3] diese Frage wieder im Sinne einer Einschränkung auf Rechtskontrolle beantwortet wissen; neue Argumente wurden dafür nicht vorgetragen. Herr Professor Dr. Werner Weber hat gestern die erwähnten Entscheidungen der Verfassungsgerichtshöfe verschiedener Länder oder ihrer Oberverwaltungsgerichte, die die Beschränkung auf reine Rechtsaufsicht aus der historischen Betrachtung der deutschen Selbstverwaltung heraus ablehnen, als „etwas summarische Judikatur" bezeichnet. Ich bitte gleichwohl um Ihr Verständnis, daß die Aufsichtsbehörden und die Gemeinden diese Rechtsprechung de lege lata als maßgeblich betrachten müssen. Das gestern von Herrn Staatssekretär Duppré zitierte Urteil des rheinland-pfälzischen Verfassungsgerichtshofes vom Jahre 1950 (AS. Bd. 2 S. 349 — Verwaltungsrechtsprechung Bd. 3 S. 529 —) hat in den Gründen ausdrücklich gesagt, daß zwar die repressiven Mittel der Staatsaufsicht auf die Rechtskontrolle beschränkt seien, daß aber die Erteilung oder Versagung einer im Gesetz vorgesehenen Genehmigung in der Regel zwangsläufig in die Ermessensfrage hineinreiche. Ähnlich haben auch die anderen Gerichte formuliert, auch die Rechtsprechung des Bundesverfassungsgerichts und des Bundesverwaltungsgerichts haben hieran nichts geändert. Ich begrüße gleichwohl den auf den Sinngehalt der Genehmigungsvorbehalte abgestellten Versuch von Herrn Professor Weber, durch die Bildung einer Dreiergruppe die Fronten aufzulockern und der Gruppe der „res mixtae" die Würdigung von Zweckmäßigkeitsfragen zuzugestehen, während er die „Respektzone der reinen Rechtmäßigkeitskontrolle" nur für reine Kommunalakte ohne staatliches Interesse fordert. Die Schwierigkeit liegt nur in der Zuordnung der Genehmigungsvorbehalte zu der einen oder andern Gruppe. Wenn wir nachher die Genehmigungs-

---

[3] S. 535.

vorbehalte systematisch betrachten, werden wir wahrscheinlich finden, daß die übergroße Mehrzahl zu den res mixtae gehört. Der Streit kann darüber entbrennen, ob diese Zuordnung berechtigt ist. So elegant ich diesen Lösungsversuch empfinde, so muß ich doch auf dieses Bedenken hinweisen. Ich teile auch den gestern schon gemachten Einwand, daß diese Dreiteilung sich nicht aus den gesetzlichen Bestimmungen selbst ergibt, sondern in sie hineingelegt wird. Endlich muß ich darauf hinweisen, daß sich auch für die reinen Kommunalakte aus den Gesetzen selbst kein zwingender Gesichtspunkt für eine Einschränkung auf die Rechtmäßigkeitskontrolle ergibt. Wenn man der an die geschichtliche Entwicklung der Selbstverwaltung anknüpfenden Betrachtung unserer obersten Gerichte folgt, dann sind auch hier Ermessenserwägungen erlaubt, die sich bei der Veräußerung von Grundstücken durch die Gemeinde etwa aus dem Schutz der gemeindlichen Vermögensinteressen ergeben oder bei der Genehmigung von Beitragssatzungen aus einer Schutzerwägung für die Beitragspflichtigen.

In vollem Umfange teile ich die Auffassung von Herrn Professor Weber, daß der Streit über diese Fragen unfruchtbar ist und zu einer gewissen Sterilität geführt hat. Der Streit hat auch durch die Entwicklung der Lehre von den unbestimmten Rechtsbegriffen für die Praxis erheblich an Bedeutung verloren. Bei den Genehmigungsvorbehalten spielen ja gerade unbestimmte Rechtsbegriffe wie „geordnete Wirtschaftsführung", „öffentliches Bedürfnis" oder gar die viel zitierten Begriffe des § 1 Abs. 3 bis 5 des Bundesbaugesetzes eine besondere Rolle. Der Gesichtspunkt der „geordneten Wirtschaftsführung", den die baden-württembergische Verfassung von 1953 für zwei Finanzbereiche in ihrem Artikel 75 besonders herausstellte, um von ihrem strengen Standpunkt aus eine Zweckmäßigkeitskontrolle zu ermöglichen, hätte, wie wir gestern schon hörten, nicht mehr dieser Erwähnung bedurft, weil er heute als unbestimmter Rechtsbegriff anzusehen ist und deshalb auch von der Rechtsaufsicht gewürdigt werden muß. Die Einschränkung der Genehmigungsbehörden auf Rechtskontrolle hat deshalb in vielen Fällen ihre einschränkende Wirkung verloren.

Ähnlich möchte ich vom Standpunkt der Praxis die Frage bewerten, ob die Genehmigungsvorbehalte ihrem Wesen nach eine Erscheinungsform der Kommunalaufsicht sind oder als Mitwirkungsrechte des Staates neben der Kommunalaufsicht stehen. Die wiederholt zitierte Entscheidung des rheinland-pfälzischen Verfassungsgerichtshofes vom Jahre 1950 führt dazu dem Sinne nach aus:

„Die Auffassung, daß es sich bei den Genehmigungsvorbehalten um Maßnahmen der Rechtsaufsicht handele, ist abzulehnen. Der unterschiedliche Charakter der üblichen Mittel der Gemeindeaufsicht, wie sie in allen Gemeindeordnungen enthalten sind, gegenüber den Genehmigungsvorbehalten liegt auf der Hand. Tatsächlich handelt es sich bei den Genehmigungsvorbehalten um Mitwirkungsrechte des Staates gegenüber den Gemeinden."

Nach dieser Entscheidung ist die Schlußfolgerung abzulehnen: „Weil Teil der Staatsaufsicht, deshalb Beschränkung auf Rechtskontrolle". Dafür, daß die Genehmigungsvorbehalte nicht schlechthin als ein Teil der Staatsaufsicht betrachtet werden dürfen, spricht auch eine Bestimmung der bayerischen Gemeindeordnung in Artikel 117, die für die Erteilung der vorgeschriebenen Genehmigungen ausdrücklich die Rechtsaufsichtsbehörde für zuständig erklärt. Diese Bestimmung wäre nicht notwendig, wenn die Genehmigungsvorbehalte als Teil der Rechtsaufsicht angesehen werden könnten.

Ich stimme im Ergebnis voll mit Professor Weber überein, daß der Staat durch die Verflechtung seiner überörtlichen Interessen mit den örtlichen Interessen der Gemeinden einen klaren Anspruch auf Mitwirkung gegenüber den Gemeinden besitzt. Diese Mitwirkungsrechte sind eine Realität. Wer als Partner zur Mitwirkung berufen ist, kann nicht auf lupenreine Rechtskontrolle beschränkt sein. Diese Erkenntnis entspricht der historischen Entwicklung der deutschen Selbstverwaltung. „Verwaltungsverbund", „Gemeinschaftsaufgaben", „Interdependenzen", „Verflechtung" sind doch nur andere Vokabeln für die Einordnung der Gemeinden in die deutschen Länder. Unsere Verfassungswirklichkeit zeigt, daß diese Einordnung die tragende Grundlage unseres Staates ist. Ein Teil dieser Einordnung sind auch die Mitwirkungsrechte des Staates, die in den Genehmigungsvorbehalten der Kommunalaufsicht zum Ausdruck kommen. Diese Genehmigungsvorbehalte erfordern freilich in ihrer Ausübung ein gegenseitiges Vertrauensverhältnis. Voraussetzung für eine erfolgreiche Wahrnehmung dieser Mitwirkungsrechte ist die volle Würdigung der besonderen Verhältnisse unserer Gemeinden, ist das Fingerspitzengefühl, das gerade für die Kommunalaufsicht conditio sine qua non ist. Auf der anderen Seite ist es ebenso wichtig, daß auch die Gemeinden den Aufsichsbehörden Vertrauen entgegenbringen und die Berechtigung zur Ausübung dieser Mitwirkungsrechte anerkennen. Wenn ich hier ein kurzes Werturteil einflechten darf, so möchte ich sagen: Es gibt ja wohl niemand, der bestreiten würde, daß die Ausübung der Genehmigungsvorbehalte gerade von unseren kleineren und kleinsten Gemeinden schon manchen Schaden abgewendet hat. Die beratende Mitwirkung von erfahrenen Beamten der Kommunalaufsicht, von Landräten, Oberkreisdirektoren, Regierungspräsidenten und ihren Referenten, hat — für unser Land glaube ich das bestimmt sagen zu können — ein Vertrauenskapital geschaffen, das für die Gemeinden erhalten werden sollte. Sicher werden die Städte mit ihrem stärker besetzten und gegliederten Verwaltungsapparat hier anders zu behandeln sein als kleine Gemeinden. Bei einer größeren Verwaltung wird schon eine Art Vermutung für die Ordnungsmäßigkeit bestehen. Die Versagung einer Genehmigung, die einmal notwendig wird, spielt sich ja auch nicht als ein autoritärer und abrupter Verwaltungsakt ab, sie ist höchstens das Endergebnis einer längeren Fühlungnahme zwischen Aufsichtsbehörde und Gemeinde, bei der die Aufsichtsbehörde zunächst versucht hat, das Verständnis der Gemeinde für ihren ablehnenden Standpunkt zu gewinnen.

## III.

Die Aufsichtsbehörden betrachten die Wahrnehmung der Genehmigungsvorbehalte als eine *Treuhandaufgabe,* die sie zugleich gegenüber den Gemeinden wie gegenüber dem Staate wahrzunehmen haben. Aus dieser Treuhandbetrachtung folgt für die oberste Aufsichtsbehörde auch die Verpflichtung zur Nachprüfung, wie weit die gesetzlichen Bestimmungen über Genehmigungsvorbehalte noch notwendig erscheinen. Die Genehmigungsvorbehalte finden auch immer die besondere Aufmerksamkeit der Parlamente, die quer durch alle Parteien bestrebt sind, die Selbstverwaltungsrechte der Gemeinden zu verstärken. Ich gestatte mir deshalb den Vorschlag an Sie, mit mir den Bereich dieser Genehmigungsvorbehalte zu durchstreifen und dabei unter dem Gesichtspunkt der Partnerschaft zwischen Staat und Gemeinden zu überlegen, welche davon nach der Interessenlage der Beteiligten und nach dem Gemeinwohl aufrechterhalten werden sollten und auf welche etwa verzichtet werden kann.

Bevor wir uns dieser Einzelbetrachtung zuwenden, darf ich noch an *generelle Vorschläge* erinnern, die zu der Frage einer Einschränkung der Genehmigungsvorbehalte gemacht worden sind. Der eine, den der wissenschaftliche Leiter unserer Fortbildungskurse, Herr Professor Dr. Dr. Becker, in dem Handbuch der Kommunalen Wissenschaft und Praxis, Bd. I S. 173, vertreten hat, geht dahin, die Genehmigungsvorbehalte als ein „Relikt der alten Staatskuratel", wie er sagt, durch eine Anzeigepflicht mit der Befugnis zur Beanstandung durch die Aufsichtsbehörde zu ersetzen. In diesem Falle würden *die* Gemeinden und Gemeindeverbände, deren Angelegenheiten in Ordnung gehen, eine Genehmigung nicht mehr nötig haben; in jenen Ausnahmefällen, in denen bisher genehmigungspflichtigen Akten der Kommunalverwaltung die Genehmigung wegen Rechtswidrigkeit oder wegen Verstoßes gegen die Grundsätze der Wirtschaftlichkeit versagt werden mußte, würde die Beanstandung durch die Aufsichtsbehörde zu dem gleichen Ergebnis führen. Dieser Vorschlag läuft auf die geltende baden-württembergische Regelung hinaus. Da dort nach der Verfassung ein Genehmigungsvorbehalt unter dem Gesichtspunkt der Wirtschaftlichkeit nur in den vorgetragenen beiden Finanzbereichen zulässig ist, hat die baden-württembergische Gemeindeordnung in § 121 eine allgemeine Vollzugssperre für solche Gemeindebeschlüsse eingeführt, die vorlagepflichtig sind; diese Sperre kann von der Aufsichtsbehörde durch Bestätigung der Gesetzmäßigkeit aufgehoben werden oder sie tritt durch Nichtbeanstandung binnen eines Monats außer Kraft. Eine ähnliche Regelung gilt in Rheinland-Pfalz für den Teilbereich der Satzungen[4]. Das von Herrn Professor Becker vorgeschlagene Verfahren ist aber nur dort möglich, wo reine Rechtsaufsicht ausgeübt wird. Sobald Zweckmäßigkeitsfragen geprüft werden können, vermag es die Genehmigungsvorbehalte nicht zu ersetzen. Die vorgeschlagene Beanstandung wegen Verletzung von Grundsätzen der Wirtschaftlichkeit erfaßt nur einen Teil der Zweckmäßigkeitserwägungen, die hier freilich als unbestimmte Rechtsbegriffe konstruiert sind, und führt zu der Gefahr einer Überstrapazierung dieses Begriffs, den unsere Verwaltungsgerichte — so eine Entscheidung unseres OVG — mit Recht auf die Verletzung elementarer Grundsätze einschränken möchten.

Ein anderer Vorschlag läuft darauf hinaus, *Maßstäbe und Beurteilungsgesichtspunkte* für die Ausübung der Genehmigungsvorbehalte gesetzlich vorzuschreiben und damit das Ermessen der Genehmigungsbehörden einzuschränken. Dieser Vorschlag begegnet dem Bedenken, daß eine erschöpfende Formulierung dieser Beurteilungsgesichtspunkte kaum möglich sein wird. Wir werden bei unserer Betrachtung den Auswirkungen dieses Vorschlages begegnen.

In diesem Zusammenhang verdient noch eine Regelung der rheinland-pfälzischen Gemeindeordnung Erwähnung, die ebenfalls als eine, wenn auch nur *zeitliche Beschränkung der Genehmigungsvorbehalte* wirkt. Ich meine die Bestimmung des § 119, nach der die Genehmigung als erteilt gilt, wenn die Aufsichtsbehörde nicht binnen 6 Wochen nach Vorlage des Berichts die Genehmigung ablehnt oder schriftlich Bedenken äußert oder um weitere Aufklärung ersucht. In diesen beiden letzteren Fällen hat die Entscheidung innerhalb einer weiteren Frist von 6 Wochen zu erfolgen. Eine ähnliche Bestimmung des Bundesrechts, nämlich § 6 Abs. 4 des Bundesbaugesetzes für die Genehmigung der Flächennutzungspläne, der über die Brücke des § 11 auch für die Genehmigung der Bebauungspläne gilt, geht nicht ganz so weit. Sie schreibt nur vor, daß die Genehmigungen der höheren Verwaltungsbehörde binnen 3 Monaten zu erteilen sind und läßt die Frage offen, welche Rechtsfolgen sich ergeben, wenn diese Frist nicht eingehalten wird. Ein Kommentator[5] vertritt hierzu die Auffassung, daß aus dem Sinnzusammenhang in diesem Falle die Erteilung der Genehmigung zu fingieren sei. Er befindet sich

[4] § 21 Abs. 4 GO Rhl.Pf.

[5] v. Hausen-v. d. Heyde Bundesbaugesetz Bd. I 2. Aufl. Anm. 8 zu § 6.

hiermit freilich allein, da die anderen mit Recht, insbesondere im Hinblick auf die ausdrückliche Regelung eines ähnlichen Falles, in § 19 Abs. 4 Satz 3 eine solche Fiktion als im Gesetz nicht begründet ablehnen[6]. Die Frage des Herrn Stadtdirektors Beyer[7] nach dem Verhältnis des § 6 Abs. 4 des Bundesbaugesetzes zu den allgemeinen kommunalrechtlichen Bestimmungen der Länder über die Fiktion einer Genehmigung durch Stillschweigen, für die ich § 119 GO Rheinland-Pfalz anführe, war also berechtigt. Sie ist nach Artikel 31 GG und dem Gesichtspunkt des späteren und speziellen Gesetzes dahin zu beantworten, daß § 6 Abs. 4 des Bundesbaugesetzes durch die landesrechtlichen Vorschriften nicht berührt wird.

Wenn wir nun die *Genehmigungsvorbehalte im Bereich der Kommunalaufsicht mit denjenigen im Bereich der Sonderaufsicht vergleichen*, so finden wir zunächst, daß die Sonderaufsichtsgruppe nach der Zahl der Fälle die Kommunalaufsichtsgruppe übertrifft und daß die Kommunalaufsichtsgruppe im ganzen eine rückläufige Tendenz zeigt. Bei den sonderaufsichtlichen Genehmigungen, die zum Teil auf Bundesrecht beruhen, kann eine solche rückläufige Tendenz dagegen nicht festgestellt werden. Diese Gruppe ist eher noch im Wachsen begriffen.

## IV.

Doch nun zu der schon angekündigten Einzelbetrachtung:

Die wichtigste Gruppe der Genehmigungsvorbehalte im Bereich der Kommunalaufsicht, in der die deutschen Gemeindeordnungen weitgehend übereinstimmen, ist die *Finanzgruppe*:

a) Ich meine zunächst die Genehmigung von *Schuldaufnahmen* und die Übernahme von Bürgschaften und Verpflichtungen aus Gewährverträgen. Nach dem Vorbild der Deutschen Gemeindeordnung von 1935 schreiben sämtliche deutschen Gemeindegesetze übereinstimmend eine Genehmigung zunächst des Gesamtbetrages der Darlehen vor, die im Laufe eines Haushaltsjahres aufgenommen werden sollen und sodann die Genehmigung der einzelnen Darlehensaufnahmen; nur Hessen hat auf die Gesamtbetragsgenehmigung verzichtet, wenn es auch die Verpflichtung der Gemeinden aufrechterhält, diesen Gesamtbetrag in der Haushaltssatzung und im außerordentlichen Haushaltsplan festzusetzen. Sämtliche deutschen Gemeindeordnungen halten auch an der Genehmigungspflicht für Bürgschaften, für Gewährverpflichtungen und für andere Sicherheiten fest.

Die Notwendigkeit der *Einzelgenehmigungen* liegt auf der Hand. Hier zeigt sich in besonderem Maße das Ineinandergreifen von Gemeinde-

---

[6] Brügelmann Anm. II, 3 zu § 6.
[7] S. 130 unten.

und Landesinteresse. Da die Gemeinden nicht Konkurs machen können, würde ihre Überschuldung eine Finanzhilfe des Landes notwendig machen. Die Länder sind deshalb schon zur Sicherung ihrer eigenen Finanzwirtschaft genötigt, die Verschuldung der Gemeinden unter Kontrolle zu halten. Es handelt sich also um einen typischen Fall der res mixtae. Baden-Württemberg hat hier für die Genehmigung ausdrücklich einen Beurteilungsgesichtspunkt vorgeschrieben, und zwar den der „geordneten Wirtschaftsführung"[8] ; in der Novelle zum Selbstverwaltungsgesetz Rheinland-Pfalz sind als solche einschränkenden Maßstäbe die „Wirtschaftlichkeit" und die „geordnete Finanzwirtschaft" vorgesehen; unter diesen Gesichtspunkten können und sollen in Zeiten besonderer Darlehensknappheit und überhöhter Zinsen, wie wir diese vor einigen Jahren erlebt haben, auch Genehmigungen für zu hohe Zinsabreden versagt werden. — Eine wesentliche Erleichterung der Genehmigungsvorschrift liegt in der baden-württembergischen Bestimmung, daß die Genehmigung bei Darlehen unter einer bestimmten Wertgrenze und bei Krediten öffentlich-rechtlicher Körperschaften nicht erforderlich ist[9]. In Rheinland-Pfalz soll diese Bestimmung übernommen und im Verordnungswege dahin erweitert werden, daß solche Gemeinden keine Genehmigung brauchen, die mit ihrer unrentierlichen Verschuldung sich noch in sicherem Abstand zu der Verschuldungswarngrenze halten.

Bei der Aufnahme von *Kassenkrediten*, die ja einmal zu der Notwendigkeit einer zentralen Umschuldung der deutschen Gemeinden geführt hat, bestand schon bisher in allen deutschen Ländern die Erleichterung, daß hier nur der Höchstbetrag, der in der Haushaltssatzung festzusetzen ist, genehmigungspflichtig war. Entsprechend dem Vorgehen einiger Länder[10] soll auch bei uns bestimmt werden, daß die Genehmigung nur mehr erforderlich ist, wenn dieser Höchstbetrag ein Sechstel des ordentlichen Einnahmesolls übersteigt. Auch hier zeichnet sich wieder eine Einschränkung der Genehmigungsvorbehalte ab.

Hinsichtlich der *Gesamtbetragsgenehmigungen* hat mir ein namhafter Gemeinderechtler einmal gestanden, daß er ihren Grund nie recht eingesehen habe. Nun, dieser Grund liegt in der Verpflichtung zu einer vorausschauenden Planung für das Haushaltsjahr, er ist in Zeiten einer Überhitzung des Baumarktes besonders wichtig. Es sollte aber nicht nur an dieser Verpflichtung zur Planung im Rahmen der Haushaltssatzung festgehalten werden, sondern auch an der Genehmigungspflicht. Denn hier bietet sich bei überschuldeten Gemeinden für die Aufsichtsbehörde die Möglichkeit, schon zu Beginn des Haushaltsjahres den für dieses

[8] § 94 Abs. 1 Satz 2 GO Ba-Wü.
[9] § 94 Abs. 2 Ziff. 1 GO Ba-Wü.
[10] z. B. § 97 Abs. 2 Satz 3 GO Ba-Wü.

Jahr tragbaren Rahmen abzustecken. Ein praktischer Fall dieser Art hat sich bei uns erst kürzlich zugetragen. Es liegt im Interesse der Gemeinden, daß sie sich schon zu Beginn des Haushaltsjahres von vornherein auf diesen Rahmen einrichten können.

Was für die Gemeinden selbst gilt, wird wohl mit Recht auch für die *Schuldaufnahmen der gemeindeeigenen oder gemischtwirtschaftlichen Gesellschaften* verlangt werden können, da sonst auf diesem Wege eine nicht kontrollierte Verschuldung eintreten könnte. Ein Land verlangt hier die Genehmigung der Aufsichtsbehörde zu der Stimmabgabe der Gemeindevertreter in den Gesellschaftsorganen schon dann, wenn die kommunale Beteiligung 50 v. H. übersteigt[11], andere Länder erst, wenn 75 v. H. überschritten werden[12]. Die Hälfte der deutschen Länder (Ba-Wü, Bayern, H., NS.) hat diese Genehmigungspflicht überhaupt aufgegeben, offenbar weil es sich hier in der Regel um rentierliche Schuldaufnahmen handelt und weil diese Bestimmung gegenüber den Mitgliedern des Gemeinderates eine lex imperfecta darstellt.

b) Im finanziellen Bereich ist weiter von Bedeutung der *Genehmigungsvorbehalt für die Höhe der Steuerhebesätze,* der in den meisten deutschen Ländern besteht und dem Schutz der Steuerzahler gilt. Die Rechtsgrundlage für diese Genehmigungspflicht ist durch § 6 des Einführungsgesetzes zu den Realsteuergesetzen vom 1. Dezember 1936 geschaffen worden; sie ist nunmehr durch § 6 des Bundesgesetzes zur Änderung des Gewerbesteuerrechts vom 27. Dezember 1951 (BGBl. I S. 996) dahin geändert worden, daß die *Landesregierungen* ermächtigt wurden, im Verordnungswege die Genehmigung der Hebesätze sowie die Beachtung von Koppelungsvorschriften zwischen Grund- und Gewerbesteuer vorzuschreiben. Derartige Bestimmungen sind in den meisten deutschen Ländern ergangen[13]. Sie berücksichtigen die Forderungen der Verwaltungsvereinfachung und der möglichst geringen Beschränkung der Gemeinden dadurch, daß die Genehmigung nur soweit verlangt wird, als bestimmte Hebesätze oder ein bestimmtes Verhältnis zwischen den Sätzen für Grund- und Gewerbesteuer überschritten werden. Teilweise wird auch bestimmt, daß die Genehmigung bei Erfüllung dieser Voraussetzungen als erteilt gilt[14]. Auch hier kann ein Interesse der Länder an der Mitwirkung gegenüber den Gemeinden nicht ernstlich bestritten werden; es handelt sich also auch hier um res mixtae; die Länder wollen sicherstellen, daß die Steuerpflichtigen, die ja auch Landes- und Bun-

---

[11] § 86 GO Schl.H.

[12] z. B. § 73 GO NW; § 93 Abs. 1 GO Saarl.; § 81 GO Rhl.Pf.

[13] z. B. NW Verordnung über die Genehmigungspflicht der Realsteuerhebesätze der Gemeinden v. 9. Dez. 1952 GVBl. 1953 S. 103; Schl.H VO v. 20. 3. 1954 GVOBl. S. 45 i. d. F. v. 29. 3. 1960 GVOBl. S. 89

[14] § 2 Rhl.Pf. Landesverordnung über die Hebesätze gemeindlicher Realsteuern v. 31. Mai 1954 GVBl. S. 77.

dessteuern bezahlen müssen, nicht überlastet werden; sie wollen auch vermeiden, daß in einer Gemeinde eine Gruppe der Realsteuerpflichtigen, etwa die Gewerbetreibenden, gegenüber der anderen unverhältnismäßig belastet wird.

c) Auf der gleichen Erwägung eines staatlichen Schutzes der Abgabepflichtigen beruht die in den meisten deutschen Ländern bestehende *Genehmigungspflicht für kommunale Steuer- und Beitragssatzungen* sowie für solche von *Hand- und Spanndiensten*[15], während Gebührensatzungen keiner kommunalrechtlichen Genehmigung bedürfen. Erschließungsbeiträge nach dem Bundesbaugesetz bedürfen nach Bundesrecht keiner Genehmigung, können aber landesrechtlich genehmigungspflichtig sein. Auch hier spricht der Schutz des Beitragspflichtigen und die Höhe der hier in Betracht kommenden Zahlungen für die Beibehaltung der Genehmigungspflicht. Nach § 2 des Kommunalabgabengesetzes unseres Landes vom 8. November 1954[16] sind die zu erlassenden Satzungen genehmigungsfrei, wenn sie den durch das Innenministerium im Einvernehmen mit dem Finanzministerium bekanntgemachten Mustersatzungen entsprechen; bisher sind in unserem Lande zum Zwecke der Arbeitserleichterung nach eingehender Beratung mit den Spitzenverbänden acht solcher Mustersatzungen ergangen. Der Genehmigungsvorbehalt ist dadurch praktisch erheblich erleichtert worden.

d) Eine *Genehmigungspflicht für Kreisumlagen* der Landkreise, an der die kreisangehörigen Gemeinden interessiert sein könnten, besteht in den meisten deutschen Ländern nicht mehr. Man ist offenbar der Auffassung, daß die Kreistage, deren Mitglieder vielfach zugleich Bürgermeister oder Gemeinderatsmitglieder von kreisangehörigen Gemeinden sind, schon von selbst eine Überlastung der Gemeinden vermeiden werden.

e) Zu der Finanzgruppe gehören weiter noch *Genehmigungsbestimmungen für Vermögensveräußerungen oder -veränderungen,* während Genehmigungspflichten für Vermögensanlagen, soweit ich übersehe, überall entfallen sind.

Die Genehmigungspflicht für Vermögensveräußerungen umfaßte nach der DGO die unentgeltliche Veräußerung, den Verkauf oder Tausch von Grundstücken und die Veräußerung oder wesentliche Veränderung von Sachen, die einen besonderen wissenschaftlichen, geschichtlichen oder künsterischen Wert haben (§ 62); dabei war die Veräußerung von Grundstücken für bestimmte Zwecke oder unter bestimmten Wertgrenzen von der Genehmigung freigestellt. Diese Regelung ist durch *fünf* von acht Ländern übernommen[17] und teilweise auf die Veräußerung von Betei-

---

[15] z. B. § 88 GO NW.
[16] GVBl. Rhl.Pf. 1954 S. 139.
[17] § 64 NW; § 84 NS; § 78 Schl.H.; § 84 Saarl.; § 72 Rhl.Pf.

ligungen bei wirtschaftlichen Unternehmungen erweitert worden[18]. *Drei* Länder haben die unentgeltliche Veräußerung von Gemeindevermögen überhaupt verboten oder mehr oder weniger auf Anstandspflichten eingeschränkt, im übrigen den Genehmigungsvorbehalt nur für Sachen von wissenschaftlichem, geschichtlichem oder künstlerischem Wert aufrechterhalten (Ba-Wü § 80, Bayern §§ 61 Abs. 3 und 63, H. § 94), zwei Länder von diesen dreien sind auch bei der Genehmigung des Verkaufs von Grundstücken oder wenigstens von Waldgrundstücken geblieben (Ba-Wü § 80, H. § 94). Die Wertgrenzen für genehmigungsfreie Grundstücksveräußerungen sind überall erheblich herabgesetzt worden. Einigkeit besteht im deutschen Gemeinderecht also noch über die Genehmigungspflicht bei Verkauf von Sachen, die einen besonderen wissenschaftlichen, geschichtlichen oder künstlerischen Wert haben und, mit Ausnahme eines Landes[19], über die Genehmigungspflicht von *Grundstücksveräußerungen*. Die erstere Bestimmung dient der Erhaltung des deutschen Kulturgutes gegenüber den Anfechtungen durch zahlungsfähige Liebhaber des In- und Auslandes und wird in ihrer Notwendigkeit wohl kaum bestritten werden können. In dem Genehmigungsvorbehalt für Grundstücksverkäufe schlagen sich die Erfahrungen vieler Jahrzehnte, vor allem diejenigen von zwei Geldentwertungen nieder; die hier vorgesehene Überprüfungsmöglichkeit dient dem Schutz der gemeindlichen Vermögensinteressen und ist in ihrer Berechtigung durch leidvolle Erfahrungen erhärtet worden. Die Aufsichtsbehörde wird hier besonders auch das Interesse kommender Generationen gegenüber den Tagesbedürfnissen zu beachten haben. Für den Bau von Wohnstätten ist ohnehin weitgehend Genehmigungsfreiheit eingeräumt.

f) Überholt erscheint dagegen auch mir die ebenfalls aus der DGO stammende *Genehmigungspflicht bei der Umwandlung von Eigenbetrieben der Gemeinden in rechtlich selbständige Unternehmen*[20]. Durch sie sollten die Betriebe möglichst als Eigenbetriebe erhalten bleiben. Es handelt sich bei dieser Frage um reine Zweckmäßigkeitserwägungen größerer Gemeinden, bei denen die Aufsichtsbehörde auch hinsichtlich eines brauchbaren Genehmigungsgesichtspunktes in Verlegenheit ist; dazu waren Stadtkreise schon unter der DGO von dieser Genehmigungspflicht befreit[21].

g) Am Ende dieser Finanzgruppe sei noch darauf hingewiesen, daß für die Aufhebung einer *Stiftung* oder die Umwandlung des Stiftungszwekkes die Genehmigung der Kommunalaufsichtsbehörde vorgeschrieben

---

[18] z. B. § 72 Rhl.Pf.

[19] Art. 63 bay. GO.

[20] § 75 DGO.

[21] 4. VO zur Durchführung der DGO v. 20. Aug. 1937, RGBl. I S. 911.

ist[22]. Diese Kontrolle zum Schutz des Stifterwillens wird allgemein als berechtigt angesehen.

Neben dieser ausgedehnten Finanzgruppe, die ich Ihnen nunmehr dargestellt habe, stehen, nach der Zahl der Fälle von geringerer Bedeutung, Genehmigungsvorbehalte auf personellem Gebiet, auf dem Gebiet der Satzungen, bei Grenzänderungsverträgen und endlich bei der Verleihung des Ehrenbürgerrechts an Ausländer.

Die Gruppe *personelle Genehmigungsvorbehalte* war schon bisher ziemlich klein geworden. Sie wird noch weiter eingeschränkt, wenn der Genehmigungsvorbehalt für kommunale Stellenpläne im Land Rheinland-Pfalz, so wie die Novelle das vorsieht, demnächst aufgehoben wird. Die Gemeinden werden dann in der Bewertung ihrer Stellen freilich ebensowenig völlig unabhängig sein wie in anderen deutschen Ländern. Sie unterliegen vielmehr, wie ich in einem Aufsatz in DÖV 1962, S. 852 nachzuweisen mich bemühte, der Angleichungspflicht hinsichtlich der *Besoldungsgruppen* und hinsichtlich der *Stellenbewertung* und haben die darüber auch bei uns vorgesehenen Bestimmungen einer Rechtsverordnung der Landesregierung zu beachten.

Eine kommunalaufsichtliche Bestätigung der Wahl von Kommunalbeamten ist m. W. nur in einigen Ländern bei der Wahl der leitenden Verwaltungsbeamten der Landkreise vorgeschrieben; sie entspricht einem echten Mitwirkungsinteresse des Landes. Die sparkassenrechtliche Bestätigung von Vorstandsmitgliedern der Sparkassen gehört in das Gebiet der Sonderaufsicht; sie darf nur aus besonders angeführten Gründen versagt werden[23].

Die Kontrolle des Staates über die *Rechtsetzung der Gemeinden* ist im wesentlichen auf die Rechtsaufsicht beschränkt. In allen Ländern, mit Ausnahme von NW ist bestimmt[24], daß Satzungen der Aufsichtsbehörde „vorzulegen, anzuzeigen oder mitzuteilen" sind. Dadurch erhält die Aufsichtsbehörde die Möglichkeit der Nachprüfung und Beanstandung. Teilweise ist die Bekanntmachung durch die Gemeinde, wie schon ausgeführt, während einer gewissen Nachprüfungsfrist gestoppt. Im übrigen ist bestimmt, daß Satzungen nur soweit genehmigungsbedürftig sind, als dies gesetzlich vorgeschrieben ist. Dies ist z. B. in der Finanzgruppe für die Haushaltssatzungen in den dort erwähnten Punkten und für Abgabesatzungen in dem dargelegten Umfang geschehen. Hier interessiert besonders, *wie weit Satzungen außerhalb der Finanzgruppe genehmigungspflichtig sind.* Dies ist in zwei Ländern hinsichtlich der *Hauptsatzung* der Fall[25], in fünf Ländern hinsichtlich der

---

[22] z. B. § 76 Abs. 2 Satz 2 GO Rhl.Pf.
[23] z. B. § 11 Abs. 3 Sparkassengesetz Rhl.Pf.
[24] § 4 GO NW.
[25] § 4 Abs. 1 Satz 2 GO Schl.H.

*Satzungen mit rückwirkender Kraft*[26] und ebenfalls in fünf Ländern auch bei *Satzungen, die einen Anschluß- und Benutzungszwang begründen*[27]. Die Genehmigungspflicht bei der Hauptsatzung ist wegen der Bedeutung dieser Satzung vorgesehen, in den beiden anderen Fällen wegen der schwierigen Rechtsfragen, die sich dabei ergeben können, beim Anschluß- und Benutzungszwang auch wegen des Eingriffs in die Freiheit und das Eigentum der Gemeindebürger. Wenn wir in unserem Land auf die Genehmigungspflicht bei dem Anschluß- und Benutzungszwang in dem Regierungsentwurf unserer Novelle verzichten wollen, dann tun wir das nicht ohne Bedenken, die auch von einzelnen Aufsichtsbehörden vorgebracht wurden. Wir glauben diese Bedenken aber zurückstellen zu können, weil auch ohne förmliche Genehmigung Beratung und Prüfung durch die Aufsichtsbehörden fortbestehen werden. Dazu liegen auch Muster für solche Satzungen bei den Spitzenverbänden vor.

Als letzte Gruppe von Genehmigungsvorbehalten kennen fast alle deutschen Gemeindeordnungen die *Genehmigung von Grenzänderungsverträgen,* genauer gesagt von Verträgen über die Bedingungen und die Folgen von Grenzänderungen. Ich hatte neulich einen solchen Vertrag in der Hand, in dem eine Gemeinde sich verpflichtete, für eine kleine Gemarkungsänderung der Nachbargemeinde den jährlichen Grundsteuerausfall ohne jede zeitliche Begrenzung zu ersetzen, obwohl das öffentliche Interesse durchaus für diese Gemarkungsänderung sprach und die abgebende Gemeinde in ihrer Leistungsfähigkeit überhaupt nicht berührt wurde. Es erscheint mir notwendig, daß an der Genehmigungspflicht solcher Verträge festgehalten wird, um derartige Bestimmungen mit dem hier überwiegenden öffentlichen Interesse in Einklang zu bringen und Grenzänderungsverträge nicht zum Gegenstand eines Handelsgeschäftes zu machen.

Wenn fast alle Gemeindeordnungen schließlich noch vorschreiben, daß die Verleihung und Entziehung des *Ehrenbürgerrechts an Ausländer* der Genehmigung bedarf, so entspringt diese Vorschrift dem Bestreben, außenpolitische Schwierigkeiten zu vermeiden. In Ba-Wü[28], wo die Verfassung einem solchen Genehmigungsvorbehalt entgegensteht, werden diese Schwierigkeiten offenbar nicht befürchtet. Es bleibt zu hoffen, daß dieser Optimismus sich durch das Fingerspitzengefühl unserer schwäbischen Landsleute rechtfertigt und daß nicht die anderen Länder durch dieses Loch in der Front zu Schaden kommen. Daß die Entziehung des *Ehrenbürgerrechts* auch gegenüber Inländern teilweise der

---

[26] Art. 25 bay. GO; § 4 Abs. 1 Satz 3 GO Schl.H; § 4 Abs. 1 GO NW; § 5 Abs. 3 Satz 2 GO H; § 6 Abs. 5 Satz 2 GO NS.

[27] Art. 25 bay. GO; § 19 GO NW; § 22 GO Rhl.Pf.; § 6 Abs. 1 GO Saarl.; § 17 Abs. 2 GO Schl.H.

[28] § 22 GO BaWü.

Genehmigung unterworfen ist, dürfte sachgerecht sein, da hier sehr sorgfältig verfahren werden muß, um ungerechtfertigte Diskriminierungen zu vermeiden. Es empfiehlt sich deshalb, eine Überprüfung solcher Fragen durch zwei getrennte Stellen zu ermöglichen. Vielleicht würde aber auch die Bestimmung einer qualifizierten Mehrheit genügen.

Die Gruppe der *Ausnahmebewilligungen* oder der *Verbote mit Erlaubnisvorbehalt* macht eine Einzelbetrachtung nicht notwendig. Sie erfährt auch bei Gegnern einer Mitwirkung des Staates im allgemeinen weniger Kritik, weil sie anders konstruiert ist als die der Genehmigungsvorbehalte und die Möglichkeit gibt, ein Verbot des Gesetzgebers für den Einzelfall aufzuheben. Die Aufsichtsbehörde ist hier gewissermaßen der verlängerte Arm des Gesetzgebers, mit dessen Hilfe besonders gelagerten Einzelfällen Rechnung getragen wird, die sich allgemeiner Normierung entziehen. Solche Ausnahmebewilligungen sind rechtstechnisch etwas anderes als die Genehmigungsvorbehalte; sie fallen deshalb auch nicht unter den schon erwähnten § 119 der rheinland-pfälzischen Gemeindeordnung und gelten nicht schon als erteilt, wenn die Aufsichtsbehörde länger als 6 Wochen schweigt.

## V.

Daß die Versagung einer Genehmigung im Rahmen der Genehmigungsvorbehalte in vollem Umfange mit der *Anfechtungsklage* oder der Verpflichtungsklage angegriffen werden kann, ist in einigen Gemeindeordnungen ausdrücklich bestimmt[29], bedarf aber kaum der Erwähnung; ebensowenig die Befugnis des Verwaltungsgerichts, unbestimmte Rechtsbegriffe, die hier eine erhebliche Rolle spielen können, nachzuprüfen. Eine besondere Würdigung würde hier das schon erwähnte Nachbargebiet der Genehmigungsvorbehalte, nämlich die hoheitlichen Entscheidungen des Staates gegenüber den Gemeinden, verdienen. Hierzu reicht die Zeit leider nicht aus. Es sei deshalb nur am Rande vermerkt, daß die Ablehnung eines Ministers, einen Gesetzentwurf über eine Gebietsänderung vorzulegen, m. E. keine Anfechtungsklage durch die antragstellende Gruppe ermöglicht, weil es sich hier nicht um einen Verwaltungsakt handelt.

## VI.

Zu meinem Bedauern muß ich auch davon absehen, mich mit den Genehmigungsvorbehalten im *Bereich der Sonderaufsicht* zu beschäftigen, die einen viel umfangreicheren Eingriff in die Selbstverwaltung darstellen, als die Genehmigungsvorbehalte der Kommunalaufsicht und

[29] z. B. § 125 GO Rhl.Pf.

die noch erheblich stärker als unsere Gruppe in den Bereich von Zweckmäßigkeitserwägungen hineinreichen. Neben den landesrechtlichen Genehmigungsvorbehalten gibt es hier auch, und zwar im Bereich des Bundesbaugesetzes, bundesrechtliche Genehmigungsvorschriften. Die Länder betrachten derartige Vorbehalte als Eingriffe in das Kommunalrecht und haben den Bund gebeten, in Zukunft von derartigen Regelungen abzusehen. Der Genehmigungsvorbehalt hinsichtlich der Flächennutzungs- und Bebauungspläne ist übrigens durch ausdrückliche Vorschrift des Bundes auf die Rechtsaufsicht beschränkt[30].

Die aktuelle Problematik meines uns allen altvertrauten Themas liegt in der Frage, wie weit die an sich schon reduzierten Genehmigungsvorbehalte der Kommunalaufsicht — ich habe nunmehr 5 Gruppen herausgestellt — aufrechterhalten werden sollen. Diese Frage kann je nach Standort verschiedene Antworten finden.

Ich persönlich glaube, daß in einzelnen Ländern zwar noch verschiedene Genehmigungsvorbehalte abgebaut werden könnten, daß im großen gesehen aber der Kern des Erhaltungsnotwendigen erreicht worden ist. Unsere Frage ist eine echte politische Frage, die verbindlich nur durch den Gesetzgeber gelöst werden kann. Mögen andere kommunale Fragen von größerer Bedeutung sein, so hängt doch auch von der richtigen Dosierung und Anwendung der Genehmigungsvorbehalte das rechte Verhältnis zwischen Staat und Gemeinden ab.

---

[30] §§ 6 u. 11 BBauG.

# Kommunale Finanzen und Kommunalaufsicht

Von Gerhard Seiler

Wenn man das Schrifttum der letzten Jahre zum Thema Kommunalaufsicht auswertet, so wird dort überwiegend die Auffassung vertreten, daß in unserer Zeit in der Institution der Staatsaufsicht gegenüber den Kommunen keine wesentliche Problematik enthalten ist. Der Schwerpunkt der wissenschaftlichen Diskussion über den Standort der kommunalen Selbstverwaltung hat sich vielmehr auf die Frage der rechtlichen und vor allem finanziellen Garantien der Selbstverwaltung verlagert, während die Frage nach dem Wesen und der Funktion der kommunalen Selbstverwaltung, von der aus eigentlich erst die Institution der Staatsaufsicht logisch abgegrenzt werden kann, demgegenüber zurücktritt. Das ist aus verschiedenen Gründen bedauerlich:

1. wird dadurch ein Gegeneinander von Staat und Gemeinde konstruiert, was einem historisierenden Denken entspricht. Dieses Gegeneinander mag sich früher aus der Verfassungslage — die bürgerschaftliche bestimmte Gemeindeverwaltung entsprach der bürgerlichen Gesellschaft im Kampf gegen den Obrigkeitsstaat — erklärt haben; nachdem wir heute aber die Demokratie auf allen Ebenen unseres staatlichen Aufbaues durchgeführt haben, ist diese Denkweise im Grunde gegenstandslos;
2. aber werden die wesentlichen strukturellen Wandlungen der Selbstverwaltung nicht zum Ausgangspunkt der Diskussion über den Standort der kommunalen Selbstverwaltung gemacht, sondern meistens nur sekundär gesehen. So wird etwa das bürgerschaftliche Element in der Struktur der Gemeinde gern zitiert, wenn es um die Änderung der Finanzverfassung, die Struktur der gemeindlichen Steuern und die Forderung nach Finanzautonomie geht. Notwendig wäre es dagegen, diesen Standort der kommunalen Selbstverwaltung von der Funktion her zu präzisieren, nachdem die Wissenschaft schon in der zweiten Hälfte der 20er Jahre die Lockerung, ja Auflösung dieser bürgerlichen Gemeinschaft mindestens in den Großstädten feststellt.

   Aber auch die Finanzautonomie ist ihrem Sinn nach gewandelt. Scheint bisher noch im kommunalen Bereich aus der historischen Entwicklung her ein untrennbarer Zusammenhang von finanzieller Eigenverantwortung und substanzhafter Selbstverwaltung zwingend, so zeigen inzwischen große neue öffentliche Bereiche, daß dieser Schluß keineswegs zwingend ist. So wird von der Wissenschaft und Forschung etwa auch wirtschaftliche Selbstverwaltung beansprucht, obwohl dem Selbstverwaltungsträger die eigenverantwortliche Verfügung über die Erschließung und Verteilung seiner Finanzmittel fehlt und immer fehlen wird.

Ich habe diese grundsätzlichen Fragestellungen kurz angesprochen, weil nur vor diesem Hintergrund das mir gestellte Thema „Kommunale Finanzen und Kommunalaufsicht" Aktualität in dem Sinne erlangt, als Strukturwandlungen und neue Vorstellungen erkennbar werden.

Ich möchte also meine Darstellung darauf ausrichten, Kommunalaufsicht im Funktionellen darzustellen, bezogen auf die verschiedenen finanziellen Bereiche, die sich entsprechend unserer Finanzverfassung, aber auch unserer Finanzwirklichkeit in der kommunalen Ebene abzeichnen.

Um dieser Aufgabenstellung gerecht zu werden, ist zunächst eine Analyse der zweiten Komponente der Themenstellung zu geben, der Darstellung des „klassischen" Instrumentariums der Kommunalaufsicht im finanziellen Bereich. Mit dem Begriff „klassisch" wird gern auch in Darstellungen über kommunale Probleme operiert, wobei dann klassisch = kommunale Selbstverwaltung des ausgehenden 19. Jahrhunderts im Stile der Honoratiorenverwaltung gesetzt und eine positive Wertnote im Vergleich zu späteren Entwicklungen erteilt wird.

Ich möchte „klassisch" hier im Sinne einer Zusammenfassung aller von Wissenschaft und Rechtsprechung entwickelten Komponenten des Begriffs Kommunalaufsicht einschließlich der gesetzlichen Kodifizierungen in den kommunalen Verfassungen der Länder nach 1945 gefaßt wissen. Ausgegliedert bleiben also Weiterentwicklungen, die bisher nicht bewußt Berücksichtigung gefunden haben, nichtsdestoweniger aber Wirklichkeit in den finanziellen Beziehungen zwischen Land und Gemeinden sind.

Es kann hier davon ausgegangen werden, daß die Problematik dieses Bereichs der finanziellen Beziehungen zwischen Staat und Gemeinden als solche bekannt ist. Ihre Darstellung in Beziehung gesetzt zu den politischen, gesellschaftlichen und damit finanziellen Wandlungen unserer Zeit wird Gegenstand des zweiten Teils meiner Ausführungen sein.

Ich darf zurückkommen auf das klassische Instrumentarium der Kommunalaufsicht.

Bei den Finanzbeziehungen zwischen Staat und Gemeinden bewegen wir uns hier fast ausschließlich im Bereich der präventiven Aufsicht. Das Mittel der Kommunalaufsicht ist im allgemeinen der Genehmigungsvorbehalt des Staates gegenüber der Selbstverwaltung. Mir ist eigentlich nur ein Beispiel nachgehender oder repressiver Aufsicht, jedenfalls als potentielles Beispiel bekannt. Das ist die in einigen Ländern vorgesehene Finanzsperre, nach der in Nordrhein-Westfalen die Landesregierung[1], in Schleswig-Holstein der Innenminister[2] die einer Gebietskörperschaft zustehenden Zweckzuschüsse und Finanzzuweisungen nach vorheriger Androhung sperren, kürzen oder streichen kann, wenn die Gebietskörperschaft trotz wiederholter Aufforderungen durch die Aufsichtsbehörde es unterlassen hat, Anordnungen zur Erfüllung der ihr obliegenden Aufgaben nachzukommen. Dieses sehr einschneidende Mittel ist aber nicht zu praktischer Bedeutung gelangt. Im übrigen bewegen wir uns also im Bereich der präventiven Aufsicht und das bedeutet nicht nur Rechtskontrolle, sondern mindestens im beschränkten Umfang auch Ermessenskontrolle.

Die herkömmlichen Genehmigungsvorbehalte und Bestätigungen sind vielfach auch auf eine Zweckmäßigkeitskontrolle angelegt. Insofern ist das Postulat der meisten Länderverfassungen, das die Staatsaufsicht gegenüber Selbstverwaltungskörperschaften auf Gesetzmäßigkeitskontrollen beschränkt sei, nur für die repressive, korrektive Aufsichtsbefugnis zutreffend. Daß diese Ermessenskontrolle allerdings nicht maßstabfrei und in aller Regel nicht von Erwägungen bestimmt sein kann, die ausschließlich staatliche Interessen gegenüber dem Eigeninteresse des Selbstverwaltungsträgers zur Geltung bringen würden, ist ebenso unbestritten und durch die überwiegende Meinung von Wissenschaft und Rechtsprechung belegt. Im Vordergrund steht in Wirklichkeit eine Zweckmäßigkeitskontrolle des Aktes der Selbstverwaltung darauf hin, ob dieser vom Eigeninteresse des Selbstverwaltungsträgers her bestimmten Bedenken unterliegt oder nicht. Das bedeutet, daß eine Versagung der Genehmigung schon Ermessensmißbrauch darstellen würde, wenn die Entscheidung des Selbstverwaltungsorgans eine von den regelmäßig mehreren sachlich vertretbaren und zweckmäßigen Entscheidungen darstellt.

Systematisch sind neben diesen Genehmigungen und Bestätigungen, in deren Ausübung sich Staatsaufsicht gegenüber der Finanzgebarung der Kommunen vorwiegend abspielt, noch zu nennen:

1. Die Aufstellung von Richtlinien.

   Hier handelt es sich um Richtlinien in allen finanziellen Bereichen, hauptsächlich natürlich um die Richtlinien für die Bewirtschaftung der Haushalte.

2. Die Kenntnisnahme von Anzeigen.

   Diese Kontrollfunktion des Staates ist in den Gemeindeordnungen vor allem gegenüber wirtschaftlichen Betätigungen der Kommu-

[1] § 23 Finanzausgleichsgesetz NW v. 19. 3. 1963 GVBl. S. 152.
[2] § 126 GO Schl.H.

nen vorgesehen, also etwa bei Beteiligungen, Errichtung, Übernahme oder wesentlichen Erweiterungen von wirtschaftlichen Unternehmungen; aber auch gegenüber dem nicht genehmigungsbedürftigen Teil der Haushaltssatzung und bei der Rechnung besteht eine Vorlagepflicht.

3. Die Zulassung von Ausnahmen.

Etwa bei der Absicherung von Darlehen und ähnlichem. Zu nennen ist hier aber eine Vorschrift von praktisch erheblicher Bedeutung: Die Zulassung von Ausnahmen gegenüber dem bindenden Verbot der Senkung von Steuern und Gebühren, solange die Mindestbeträge der Pflichtrücklagen noch nicht angesammelt sind[3].

Daneben ist noch eine ganze Reihe von Sondergestaltungen staatlicher Aufsichtsmaßnahmen in den verschiedenen den Gemeindebereich regelnden Gesetzen vorgesehen, deren praktische Bedeutung aber zu gering ist, als daß wir uns hier damit befassen sollten.

Nach dieser Übersicht bleibt also festzuhalten, daß sich die Staatsaufsicht über die Finanzgebarung der kommunalen Selbstverwaltung zu einem überwiegenden Teil über gesetzlich festgelegte Genehmigungsvorbehalte auswirkt. Von der Vielzahl der in den verschiedenen Gesetzen vorgesehenen Genehmigungsvorbehalte seien wieder drei besonders bedeutungsvolle Gruppen hervorgehoben, über die praktisch eine generelle Steuerung der gemeindlichen Finanzen insoweit möglich ist, als es überlokale Gesichtspunkte erfordern.

Das ist einmal die Gruppe der Genehmigungsvorbehalte, die sich mit der Erhebung von Steuern, Gebühren und Beiträgen befaßt, mit denen also sogar regelnd in den Bereich *der* kommunalen Einnahmen, die Restbestand der kommunalen Finanzautonomie sind, eingegriffen werden kann. Nur beispielhaft seien die Genehmigungen der Haushaltssatzungen hinsichtlich der Höhe der Steuerhebesätze, die Zustimmung zu Steuervereinbarungen nach § 5 EinfG RealStG und die Zustimmung zur Erhebung der Lohnsummensteuer nach § 6 GewStG, außerdem die Genehmigung zu Abgabenordnungen nach dem KAG erwähnt. Ein wichtiger Anwendungsfall sind auch die Genehmigungen von Umlagen der Landkreise, in Nordrhein-Westfalen auch der Landschaftsverbände, also im Bereich eines vertikalen interkommunalen Finanzausgleichs. Einen horizontalen interkommunalen Finanzausgleich gibt es dagegen z. Z. nur beim Aufkommen der Gewerbesteuer. Charakteristisch ist dabei, daß diese Genehmigungen in ihren Voraussetzungen im Vorfeld der gesetzlichen Regelungen soweit festgelegt sind, daß, wie in diesem Bereich gemeindlicher Finanzautonomie

[3] § 12 RücklVO.

nicht verwunderlich, für Ermessensentscheidungen kaum Raum bleibt.

Die zweite Gruppe von Genehmigungsvorbehalten befaßt sich mit der Vermögensseite der kommunalen Selbstverwaltungsträger und umfaßt im wesentlichen die Zustimmung zu Veräußerungsgeschäften und zur Verwendung von Veräußerungserlösen sowie die Genehmigung zur Umwandlung von Gemeindegliedervermögen in freies Gemeindevermögen und zur Zusammenlegung und Umwandlung von Stiftungen und ähnliches.

Bei der dritten Gruppe von Genehmigungsvorbehalten endlich haben wir es mit einem, ich möchte sagen, klassischen Ausdruck von Staatsaufsicht zu tun, mit der Genehmigungspflicht von Darlehensaufnahmen, Kassenkrediten und Bürgschaften. Setzen die ersten beiden Gruppen in ihrer Wirksamkeit beim Ordinarium der gemeindlichen Haushalte an, so befaßt sich die letztgenannte Gruppe mit dem Extraordinarium. Und hier ist auch ex lege bei der Genehmigung von Darlehensaufnahmen nach den Gemeindeordnungen mit der Prüfung des Darlehnszwecks ein weiter Ermessensspielraum eingeräumt. Anders übrigens bei der Genehmigung nach § 13 Gemeindeumschuldungsgesetz, die auch historisch aus einer anderen Sicht heraus geschaffen wurde.

Mit dieser staatlichen Kontrolle des Schuldenmachens der Gemeinden sind wir nun mitten in der Problematik der Wirtschafts- und Finanzpolitik unserer Tage.

Aber zuvor sei versucht, anhand von einigen Finanzzahlen das Gewicht dieser staatlichen Genehmigungsvorbehalte klarzumachen, um anschließend die Frage aufzuwerfen, ob dieser Katalog staatlicher Aufsichtsbefugnisse im klassischen Sinne der Ergänzung bedarf, und ob er im Funktionellen geeignet ist, eine legitime staatliche Einflußnahme zu gewährleisten.

Wenn wir das Bruttosozialprodukt des Jahres 1961 mit rd. 310,4 Milliarden DM zugrunde legen, beträgt der Anteil der laufenden Ausgaben der öffentlichen Haushalte insgesamt rd. 94,03 Milliarden DM, also etwa 30,3 v. H. Die Tendenz dieses Anteils ist steigend. Bei Steuereinnahmen von rd. 9,3 Milliarden DM, also ohne Gebühren und Beiträge, betragen die eigenfinanzierten Ausgaben der Gemeinden 17,65 Milliarden DM, davon aus Kreditmarktmitteln rd. 1,7 Milliarden DM. Die Finanzzuweisungen einschließlich der Zweckzuweisungen und Darlehen der Länder, abzüglich der Zuweisungen der Gemeinden, betrugen rd. 4,15 Milliarden DM. Das Gesamtvolumen der Gemeinden lag also bei rd. 21,8 Milliarden DM gegenüber einem solchen der Länder von rd. 26,11 Milliarden DM, nachdem die Finanzzuweisungen und Zweckzuschüsse der Länder unter Aufrechnung gegen die Zuweisungen der Gemeinden abgezogen sind. Damit entfallen auf die Gemeinden rd. 23,2 v. H. des Gesamtanteils der öffentlichen Haushalte am Sozialprodukt von insgesamt 94,03 Milliarden DM.

Der Gesamtbetrag der Bruttoinvestitionen der Gemeinden betrug im Rechnungsjahr 1961 rd. 7,4 Milliarden DM bei einer Neuverschuldung auf dem Kreditmarkt in Höhe von 1,7 Milliarden DM.

Diese Zahlen sind aus verschiedenen statistischen Unterlagen entnommen, und derartiges Material ist immer in einem bestimmten Sachzusammenhang zu sehen. Ich möchte also vermieden sehen, daß an diese Zahlen sonstige Überlegungen und Folgerungen geknüpft werden. Sie sollen lediglich zur Verdeutlichung von Größenvorstellungen und Relationen dienen, um das faktische Gewicht von kommunalen Aufsichtsmaßnahmen zu zeigen. Dazu mögen auch noch einige Zahlen aus dem Lande Nordrhein-Westfalen dienen:

Im Jahre 1961 betrugen die Steuereinnahmen der Gemeinden rd. 3,386 Milliarden DM = 52,22 v. H. der Gesamteinnahmen. Die Erwerbseinnahmen und Einnahmen aus Verwaltung und Betrieben brachten immerhin auch rd. 1,534 Milliarden DM = 23,63 v. H. der Gesamteinnahmen, wobei die Einnahmen aus Gebühren und Beiträgen rd. 74 v. H. dieser Einnahmenart umfassen. In diesem Bereich der Steuereinnahmen mit 3,386 Milliarden DM und der Einnahmen aus Gebühren und Beiträgen mit 1,130 Milliarden DM = zusammen 4,516 Milliarden DM ist also die staatliche Einflußnahme im wesentlichen auf eine Rechts- und Gesetzmäßigkeitskontrolle im Wege über den Genehmigungsvorbehalt beschränkt.

Bei den allgemeinen Finanzzuweisungen in Höhe von rd. 900 Millionen DM ist eine staatliche Einflußnahme über die Kommunalaufsicht de facto nicht vorhanden, es sei denn, ich verwiese hier noch einmal auf die praktisch nicht ausgeübte Möglichkeit der obenerwähnten Finanzsperre. Es verbleibt also nur der Bereich der Investitionsfinanzierung durch Darlehensaufnahmen, in dem eine echte Möglichkeit der Steuerung über die Kommunalaufsicht besteht. Um welche Größenordnungen handelt es sich nun hier?

In Nordrhein-Westfalen betrug die Neuverschuldung rd. 856 Millionen DM im Rechnungsjahr 1962 bei einem Schuldenstand von rd. 4,574 Milliarden DM am 31. 12. 1961. Setzt man diese Zahlen in Beziehung zu der Gesamthaushaltssumme der Gemeinden oder des Landes, so ist dieser Einflußbereich nicht extrem groß. Wir müssen uns aber, um ein ganz aktuelles Problem unserer Tage anzusprechen, hier fragen, ob über die Regulierung der Schuldenaufnahmen eine Einflußnahme in Richtung auf ein konjunkturgerechtes Verhalten der Gemeinden möglich ist. So gesehen handelt es sich, jedenfalls im Vergleich zu den Finanzierungen aus Steuern, Gebühren und Beiträgen, bei denen die Einflußnahme, wie wir festgestellt haben, fast ausschließlich auf Rechtskontrolle beschränkt ist, um ein geringes Volumen; die angesprochene Wirkung kann also nur begrenzt sein.

Ich erinnere mich, daß wir in Nordrhein-Westfalen vor Jahren einmal auf die Gemeinden dahingehend einwirkten, unproportional hohe Kassenbestände abzubauen, indem ihnen die Aufnahme der Valuta erst freigegeben wurde, wenn sie kassenmäßig erforderlich war, d. h. die finanzierte Maßnahme anlief. Die gesetzliche Möglichkeit bot dazu § 92 unserer Gemeindeordnung, dessen Sinngehalt aber im übrigen in allen Haushaltsregelungen in gleicher oder ähnlicher Form wiederkehrt.

Die bisherigen Überlegungen führen aber dazu, die vorhin gestellte Frage dahin auszuweiten: Ist es überhaupt im föderativen Aufbau der Bundesrepublik über das dargestellte Instrumentarium der Kommunalaufsicht möglich, eine bestimmte wirtschaftspolitische Linie des Bundes auf dem Weg über die Länder durchzusetzen? Hier handelt es sich schon um eine Frage von Gewicht, denn ob rd. 23 v. H. des Gesamtanteils der öffentlichen Haushalte am Sozialprodukt sich finanzpolitisch mit der Linie des Bundes konform verhalten oder nicht, kann nicht mit leichter Hand abgetan werden. Aber man sollte hier doch wohl unterscheiden zwischen dem, was kommunalaufsichtlich an sich möglich wäre und dem, wie diese Kommunalaufsicht tatsächlich im letzten Jahrzehnt gehandhabt wurde. Sicherlich gab es viele Gründe, der kommunalen Selbstverwaltung seit ihrer Wiederherstellung nach 1945 nicht unnötig ihre Grenzen vor Augen zu führen. Auch wurden nach dem Zusammenbruch die kommunalen Einheiten früher tätig als die Länder, die sich gerade erst zu formieren begannen; vor allem aber gab die wirtschaftliche und finanzielle Entwicklung dieser hinter uns liegenden Jahre keinen Anlaß, über die Gesetzmäßigkeitskontrolle hinaus, auf finanziellem Gebiet wesentlich in die Selbstverwaltung einzugreifen. Ich möchte offen lassen, ob der Zeitpunkt für ein derartiges Aktivwerden der Kommunalaufsicht schon gekommen ist. Ich bin aber der Auffassung, daß die klassischen Aufsichtsmittel sich bewährt haben und sich auch in schwierigeren finanziellen Lagen bewähren werden. Ich bin allerdings auch der Meinung, daß die sich abzeichnende wirtschaftliche Entwicklung es nicht angezeigt erscheinen läßt, diese Aufsichtsmittel zu lockern.

Nach den bisherigen Ausführungen mag sich der Eindruck aufdrängen, als ob sich ein erheblicher Teil der Kommunalaufsicht in Fragen der Finanzaufsicht verdichtet und als ob dieser Prozeß sich in dem Maße fortsetzt, als der die Kommunalaufsicht führende Staat gezwungen ist, eine nicht alle Beteiligten im gleichen Maße befriedigende Finanzverfassung durch gezielte Ausgleichsmaßnahmen im Ergebnis zu verbessern. Wir sollten aber nicht ohne Prüfung die fehlende Neuordnung der kommunalen Finanzen allein für das Gewicht der Zweckzuweisungen im Finanzsystem verantwortlich machen. Ich komme damit zu jenem Bereich finanzieller Einflußnahme auf die Gemeinden durch Finanzzuweisungen aller Art, die nach dem Ermessen der Bewilligungsbehörden, begrenzt lediglich durch Richtlinien der zuständigen Fachministerien, verteilt werden. Durch die Gewährung oder Nichtgewährung solcher Zuschüsse, durch die Bemessung der Höhe der Zuwendung entsprechend der Finanzlage der einzelnen Gemeinde, ist die Bewilligungsbehörde durchaus in der Lage, unter Verzicht auf die klassischen Aufsichtsmittel einen erheblichen Einfluß auf die Investitionstätigkeit der Gemeinden zu nehmen. Dieser Effekt mag sich noch verstärken, wenn die Zuweisungen für die Gemeinden mit Eigenfinanzierungsauflagen verknüpft sind, die ihrerseits zu Darlehensaufnahmen führen. Bei diesen Darlehensaufnahmen wirkt dann wieder die Kommunalaufsicht im bisher dargestellten Sinne mit. Auf der anderen Seite kann jedoch aus finanzpolitischer Sicht auf derartige Interessenquoten zumindest dann nicht verzichtet werden, wenn es sich um Investitionsprogramme handelt, die ihrem Wesen nach zu den Selbstverwaltungsaufgaben gehören.

Zur Verdeutlichung wieder Zahlen aus dem Jahre 1961 in Nordrhein-Westfalen: Bei Einnahmen aus Steuern, Gebühren, Beiträgen und sonstigen Verwaltungseinnahmen von rd. 4,8 Milliarden DM und allgemeinen Finanzzuweisungen von rd. 910 Millionen DM betrugen die jetzt angesprochenen Zweckzuweisungen knapp 1 Milliarde DM. Nach den Sollzahlen für das Jahr 1963 sind die allgemeinen Finanzzuweisungen im Steuerverbund auf rd. 1,9 Milliarden DM gestiegen, während die Zweckzuweisungen gleichfalls etwa 1 Milliarde DM betragen. An größeren Gruppen sind hier zu nennen:

1. Zweckzuweisungen für den Schulbau und Krankenhausbau,
2. Zweckzuweisungen für Abwässer- und Wasserversorgungsanlagen,
3. Straßenbauzuschüsse aus dem zweckgebundenen Aufkommen aus der Kraftfahrzeugsteuer,
4. Ergänzungszuschüsse aus dem Schulfinanzgesetz und ähnliches.

Besonderer Erwähnung bedürfen dabei die Mittel des Ausgleichsstocks für besondere Investitionsprogramme und strukturelle Förderungsmaßnahmen, die — von regional ganz verschiedenem Gewicht — schlüsselmäßig eben nicht erfaßt werden können. Die Entwicklung zu einem immer differenzierter gegliederten Ausgleichsstock scheint mir schlüssig darzutun, daß die Zweckzuweisung die notwendige Ergänzung zur schlüsselmäßigen Ausschüttung darstellt, wenn man Finanzmittel einigermaßen gerecht auf die Gemeinden verteilen will.

Das sei auch an der Entwicklung der Schulbaufinanzierung in Nordrhein-Westfalen dargestellt. In seinen Anfängen wurden bei diesem Programm die Mittel ganz überwiegend schlüsselmäßig entsprechend dem Grad der Kriegszerstörung verteilt. Später wurde dieses Eintreten des Staates für eine kommunale Aufgabe — auch in Nordrhein-Westfalen ist die Schulbaubeteiligung des Landes grundsätzlich auf Ergänzungszuschüsse, Beihilfen und das Baudrittel für Gemeinden unter 3000 Einwohner gesetzlich beschränkt — in seinen Voraussetzungen immer weniger abgrenzbar. Schon wenn ein Schulbau aus sonstigen Kriegsfolgeerscheinungen (Flüchtlingsstrom usw.) notwendig wurde, konnten Mittel über dieses Programm gegeben werden. Demgegenüber ist die Kriegszerstörung von Schulen in ihrer Bedeutung weitgehend zurückgetreten. Die schlüsselmäßige Ausschüttung hat aber dazu geführt, daß dringliche Bauten nicht berücksichtigt werden konnten, während an anderer Stelle schlüsselmäßige Mittel zur Verfügung standen, ohne daß entsprechend dringliche Maßnahmen anlaufen mußten oder konnten. So werden nunmehr die Schulbaumittel in Nordrhein-Westfalen als reine Zweckzuweisungen über die Regierungspräsidenten ausgeschüttet.

Weiter scheint mir die Zweckzuweisung als Finanzierungsinstrument gegenüber einer schlüsselmäßigen Ausschüttung von Mitteln den Vorzug zu verdienen, wenn der Finanzbedarf nahezu unbegrenzbar groß, die jährlichen Mittel aber etwa entsprechend dem Aufkommen einer bestimmten zweckgebundenen Steuer relativ gering sind. Das ist z. B. der Fall bei der Straßenbaufinanzierung aus dem Aufkommen aus der Kraftfahrzeugsteuer. Hier bin ich entschieden der Meinung, daß der in Nordrhein-Westfalen gewählte Weg des schwerpunktmäßigen Einsatzes dieser Mittel auf dem Wege über Zweckzuweisungen den Vorzug verdient gegenüber der jetzt in Bayern praktizierten Überlassung des Kraftfahrzeugsteueraufkommens an die Gemeinden entsprechend dem örtlichen Aufkommen. Im übrigen hat sich hier auch alsbald die Notwendigkeit gezeigt, Staffelungen mit Finanzausgleichscharakter vorzusehen.

Sicherlich gibt es daneben aber auch eine Unzahl von Zweckfonds, deren Berechtigung mehr als zweifelhaft ist. Suchen wir nach den Gründen, die zum Entstehen dieser Sachfonds, die oft auch Zwergfonds sind, geführt haben, um daraus gute Argumente für ihre Beseitigung herzuleiten, so sind die Erkenntnisse wenig ermutigend. Erstaunlicherweise wird der Wunsch nach derartigen möglichst differenzierten Zuwendungen des Staates nämlich keineswegs allgemein als Sünde wider das System empfunden, sondern Fachminister und Fachausschüsse der Parlamente überbieten sich darin, solche Fonds zu schaffen, auf die man Einfluß hat. Die verständliche Nachfrage der Gemeinden auf einem nun einmal eröffneten Wege schließt den Kreis dahin, daß daraus wieder Forderungen auf weitere Erhöhungen, vor allem aber weitere Differenzierung dieser Fonds beim Finanzminister erhoben werden. So entstehen ganze Systeme von kleinen und kleinsten Fonds, zusammengefaßt in Förderungsprogrammen, wie etwa einem Jugendplan, einem Grenzlandfonds u. ä. Das zeigt sich besonders auch bei früher einmal staatlichen, jetzt aber kommunalisierten Aufgabenbereichen, wie beispielsweise in Nordrhein-Westfalen dem Gesundheitswesen. Das Argument der staatlichen Fachverwaltung lautet dann stets: nur über derartige Fonds kann im Interesse der Aufgabe ein genügendes Tätigwerden der Gemeinden geweckt werden.

Das bisher jedenfalls erwiesene praktische Unvermögen, diesen Kreislauf zwischen allen an Zweckfonds Beteiligten aufzubrechen, war der Grund dafür, daß der Gedanke des sogenannten Investitionsschlüssels in Nordrhein-Westfalen noch nicht verwirklicht werden konnte. Die Überlegungen gingen dahin, den Gemeinden zusätzliche Mittel schlüsselmäßig als allgemeine Finanzzuweisungen zur Verfügung zu stellen, damit sie daraus Investitionsausgaben aller Art zu finanzieren in der Lage wären, soweit es sich nicht um die großen Sonderlastenausgleiche wie Schulen, Polizei, Krankenhäuser, Wasserwirtschaft, Straßenbau und ähnliches handelte. Das Junktim zu einem derartigen Investitionsschlüssel mußte die Beseitigung einer großen Zahl von Zweckfonds sein, da ja natürlich der Finanzplafonds der Länder auch nicht beliebig ausweitbar ist.

Aber abgesehen davon, zeigt auch ein näheres Durchdenken des Vorschlages, daß

1. schlüsselmäßige Ausschüttungen erst von einer bestimmten Größe der Schlüsselmasse an auf der breiten Front der Empfänger zu einer fühlbaren, finanzpolitisch sinnvollen Verbesserung der finanziellen Möglichkeiten führen und

2. umgekehrt, wenn diese Größenordnung nicht gegeben ist (wir haben in Nordrhein-Westfalen als Mindestgröße der Masse 150 Millionen DM angenommen), bei den kleinen Gemeinden unter 10 000 Einwohnern sogar immer eine schwerpunktmäßige Verteilung unausweichlich ist.

So gesehen zeigt sich, daß es durchaus legitime Bereiche für die Zweckzuweisung als Ermessenszuweisung gibt, will man optimale finanzpolitische Effekte erzielen.

Für die schlichten Betrachter mag sich daher schon der finanzielle Standort der Gemeinden auf die einfache Alternative bringen lassen, entweder Hinnahme der Mitfinanzierung durch den Staat oder weitere Verschuldung. So erklärt sich der Ruf nach Neuordnung der kommunalen Finanzen, um sich aus der — wie es in der Selbstverwaltung empfunden wird — lähmenden Verflechtung der eigenen Finanzbereiche mit denen des Staates zu lösen. Es wäre verlockend, hier Ausführungen zu den mannigfachen Neuordnungsvorschlägen zu bringen. Meine Aufgabenstellung verbietet es mir aber an dieser Stelle. Es seien aber einige, wie ich meine, realistische Anmerkungen angefügt, um daraus auch ein Urteil über den Wert oder Unwert des Instruments Zweckzuweisung zu gewinnen.

1. So wie die Dinge liegen, gibt es keinen Vorschlag von finanziellem Gewicht für eine qualitative Verbesserung der Gemeindefinanzen mit eigenverantwortlicher Verfügung über die Erschließung und Verteilung von Finanzmitteln, es sei denn, die Einführung einer Personenbesteuerung, in welcher Form immer.

2. In den uns umgebenden europäischen Ländern, die uns zum Teil nach dem Kriege wegen ihrer vorbildlichen Selbstverwaltung gerühmt wurden, ist Finanzautonomie der Gemeinden im Sinne eigener Gestaltungshoheit, Ertragshoheit und Verwaltungshoheit nur noch in Restbeständen vorhanden.

3. Dann bleibt für eine Erweiterung der kommunalen Finanzmasse insgesamt für die Länder nur der Weg über eine Verstärkung der allgemeinen Finanzzuweisungen wie der Zweckzuweisungen. Dabei ist es dem Wesen nach das gleiche, ob der Steuerverbund verbessert wird, oder ob Steuern oder Steueranteile, die der Berechnung der Verbundmasse zugrundegelegt sind, den Gemeinden nach dem örtlichen Aufkommen überlassen werden. Das eine ist nicht mehr selbstverwaltungskonform als das andere. Nur der Maßstab, nach dem ausgeschüttet wird, ist gewandelt. Gegenüber den allgemeinen Finanzausgleichsmerkmalen, die für den Steuerverbund maßgeblich sind, wird das örtliche Aufkommen als Maßstab gewählt, der mit Sicherheit sehr schnell unter Finanzausgleichsgesichtspunkten spezieller Art verfeinert werden muß — siehe das Beispiel der Kraftfahrzeugsteuer in Bayern —. Mit Finanzautonomie hat das aber nichts zu tun, auch wenn dafür bisweilen die Formulierung „relative Finanzautonomie“ verwendet wird.

4. Daß der Anteil der Zweckzuweisungen an der gemeindlichen Finanzmasse nicht uferlos wachsen, ja möglichst im Verhältnis zu den beiden anderen Komponenten Steuern sowie Einnahmen aus Gebühren und Beiträgen und allgemeinen Finanzzuweisungen verringert werden sollte, habe ich schon ausgeführt. Aber hier darf eben auch nicht vergessen werden, daß an die Stelle der bürgerschaftlich bestimmten Selbstverwaltung mit begrenzten öffentlichen Aufgaben und dem Ziel, das Interesse der Bürger an öffentlichen und staat-

lichen Angelegenheiten zu wahren, die auf allen Ebenen demokratisierte Leistungsverwaltung getreten ist und damit neben der in ihrer gesellschaftlichen Struktur gewandelten Gemeinde mit der Aufgabe, dem Einwohner Erleichterungen zur Aufrechterhaltung oder Verbesserung seines Lebensstandards bereitzustellen, *auch der Staat* sich der Leistungsverwaltung in großem Umfange angenommen hat und hat annehmen müssen. Daß mit der Verflechtung der Aufgabenstellung als Leistungsverwaltungen Länder und Gemeinden auch in ihren finanziellen Beziehungen einer immer engeren Verflechtung unterliegen, scheint mir unausweichlich.

Darum mein Hinweis zu Beginn meiner Ausführungen, daß diese Substanzbestimmung der kommunalen Selbstverwaltung unerläßlich ist, ehe man Entwicklungen und Wandlungen in den Finanzbeziehungen zum Staat sinnvoll zu deuten vermag.

Daß der moderne „Interventionsstaat", um einen von der Wissenschaft geprägten Begriff aufzunehmen, finanzpolitische Probleme in allen Lebensbereichen, im Wege der fiscal policy aufzugreifen genötigt sein kann, weil mit dem Wachsen des Anteils der öffentlichen Hand am Sozialprodukt dieser Bereich mit dem allgemeinen wirtschaftskonjunkturellen Ablauf in Gleichklang gehalten oder gar gebracht werden muß, scheint nach den Erfahrungen des letzten Jahrzehnts unausweichlich. Dazu gehört aber auch der durch die kommunale Selbstverwaltung abgedeckte Raum dieses Anteils der öffentlichen Hand. Hier alles dem guten Willen der Selbstverwaltung zu überlassen, scheint bei dem in Frage kommenden Volumen doch kaum vertretbar. Uns allen aber, denen Städtefreiheit und Selbstverwaltung aus einer glanzvollen Geschichte heraus noch etwas bedeuten, sollte am Herzen liegen, dieses Intervenieren des Staates auf das Notwendige zu beschränken, d. h. die Tendenz muß auf Freiheit und nicht auf Intervention gerichtet sein. So gesehen stehen wir damit vor der Frage nach der menschlichen Qualität derjenigen, die in der Selbstverwaltung wirken, wie auch derjenigen, die Kommunalaufsicht oder staatliche Intervention im Funktionellen verkörpern.

# Anforderungen an die Beamten der Kommunalaufsicht

Von Richard Kunze

Wenn man in einer Vortragsreihe, auf der verschiedene Teilprobleme und Teilaspekte eines umfassenden Themas behandelt werden, als 6. Redner zum Einsatz kommt, besteht die Gefahr, daß manches schon vorgetragen ist, was man sich zu sagen vorgenommen hatte, und daß man sich der Wiederholungen schuldig macht. Nehmen Sie das, bitte, mit Gelassenheit hin. Denn es besteht immerhin die Möglichkeit, daß aus einer Neugruppierung und Neuorientierung von bekannten Thesen und Fakten sich doch ein neuer Aspekt ergibt. Vielleicht ist es für das Schlußreferat einer Vortragsreihe gar nicht schlecht, wenn manches, was in den vergangenen 2 Tagen an uns vorüberzog, nochmals anklingt. Und werden Sie zum anderen auch nicht mißmutig, wenn meine Ausführungen doch bis zu einem gewissen Grade aus der Sicht des Landes Baden-Württemberg gemacht werden. Auch wenn man sich bemüht, die Rechts- und Verwaltungsentwicklung auch in den anderen Ländern zu verfolgen, so werden doch die eigenen Vorstellungen stark von den Verhältnissen beeinflußt, in denen man lebt. Dieser Fehler kann dann in der Diskussion ausgeglichen werden dadurch, daß auf abweichende Regelungen anderer Länder hingewiesen wird oder die nötigen Ergänzungen beigetragen werden. Ich bin hier in der sehr glücklichen Lage, daß die anschließende Diskussion von Herrn Staatssekretär Loschelder eröffnet werden wird, der in der bekannten souveränen Weise etwaige Lücken schließen und Unrichtigkeiten berichtigen wird.

## I.

Als ich mir zu Hause das hier gestellte Thema überlegte, hatte ich noch die kühne Absicht, zu behaupten, daß sich das Gesamtproblem der Kommunalaufsicht eigentlich relativ einfach ansähe. Ich kam zu dieser Behauptung, weil sich aus meiner Sicht in den letzten Jahren — gemessen an der engen Verflechtung zwischen Staat und Gemeinden, den vielfältigen Berührungspunkten und dem laufenden Zusammenwirken mit der Aufsicht — doch sehr wenig wirkliche Streitsituationen ergaben. Nun hat mich aber diese Tagung teilweise eines anderen belehrt und mir gezeigt, daß wir Juristen doch häufig ein sehr feines Garn spinnen, das sich gelegentlich verwirrt und das wir dann mit kunstvollen Methoden wieder entwirren oder zum mindesten zu entwirren versuchen. Wir finden immer wieder eine neue Schattierung, einen neuen Akzent oder eine neue Feinheit, und das ist es, was uns Juristen in der Welt so besonders beliebt macht.

Wenn auch in der Praxis, wie ja wiederholt zum Ausdruck gebracht wurde, die Geschichte eigentlich gut läuft, so kann trotzdem bei den Beaufsichtigten des öfteren einmal unverkennbar ein gewisses Mißbehagen festgestellt werden, und werden sich die Vertreter der Aufsichtsbehörden hin und wieder bewußt, daß sie an der Stelle eines Spannungsfeldes postiert sind, an der der Funke überspringt. Wir wollen aber die Schwierigkeiten und Spannungen im Bereich der Kommunalaufsicht weder übertreiben noch überbewerten. Auch von kommunaler Seite wird oft anerkennend und dankbar festgestellt, und das ist auch hier zu Recht wiederholt geschehen, daß die Aufsicht in aller Regel korrekt und verständnisvoll gehandhabt wird. Aber doch gibt es in der täglichen Praxis immer wieder Fälle, die ein Unbehagen hervorrufen und zu Auseinandersetzungen führen. Dabei sind bei den verschiedenen Gemeindegrößen die Aufsichtsprobleme und Konfliktsmöglichkeiten sehr verschieden. Die kleineren Gemeinden werden in der Regel eher bereit sein, Aufsichtsmaßnahmen als sinnvoll und notwendig hinzunehmen, während mit dem wachsenden Apparat und der fortschreitenden Spezialisierung in den mittleren und großen Städten eine sehr kritische und abwehrende Einstellung nicht selten ist. Wenn man die Entwicklung der letzten Jahre aufmerksam verfolgt hat, konnte man den Eindruck gewinnen, daß auf Teilgebieten eher eine Intensivierung der Aufsicht zum Teil auf neuen Wegen angestrebt, als daß ein weiterer Ausbau der Freiheit der Selbstverwaltung verwirklicht wurde. Daher ist eine gewisse Abwehrbereitschaft nicht verwunderlich. Die Selbstverwaltung wäre der ihr in harten politischen Auseinandersetzungen zugestandenen Freiheit nicht wert, wenn sie nicht aufmerksam gegen alles angehen würde, was diese Freiheit unzulässigerweise oder in einem politisch nicht sinnvollen Maß beeinträchtigt oder zu beeinträchtigen droht. Wir werden sicher nie ein Stadium erreichen, in dem diese Spannungen völlig beseitigt sind. Das Verhältnis zwischen Staat und Gemeinden ist dynamisch, und das Maß der Freiheit der Gemeinden und der Möglichkeiten staatlicher Einflußnahme ist das Ergebnis eines ständigen Ringens zwischen den zentralen und lokalen Kräften.

## II.

Es ist also offenbar nicht ganz einfach, die Aufgaben der Kommunalaufsicht wahrzunehmen, und es werden an ihre Beamten ganz besondere Anforderungen gestellt. Was erwarten wir nun von einem Beamten, der Kommunalaufsicht ausübt? Zunächst einmal, daß er das richtige Bild vom Verhältnis der Gemeinden zum Staat hat. Diese Grundeinstellung beeinflußt in entscheidendem Maß den Stil der Aufsicht und die Atmosphäre, die die Gemeinden im Zusammenleben mit der Aufsichtsbehörde vorfinden. Nun habe ich während der vergangenen Tage so viele Beweise einer so vorbildlichen Einstellung von Vertretern der Kommunalaufsicht zum Verhältnis Staat—Gemeinde gehört, und zwar in sehr überzeugender Form, daß ich mir ernsthaft überlegte, ob ich dieses Problem überhaupt anschneiden sollte. Wir Kommunalvertreter konnten direkt im Gefühl einer weichen Welle schwelgen — wobei der Ausdruck weiche Welle ein Plagiat ist und von den Herren Professoren dieser Hochschule geprägt wurde. Ich habe mir überlegt, woher das kommt und kam zu dem Ergebnis, daß hier offenbar die crême de la crême der Kommunalaufsicht zusammenkommt. Für die Herren Referenten ist diese Qualifizierung eigentlich selbstverständlich und die übrigen Herren der Kommunalaufsichtsbehörde beweisen ja durch ihre Anwesenheit bei dieser Vortragsreihe, daß sie um die richtige Linie ringen. Trotzdem scheint mir die Frage der richtigen Einstellung zum Verhältnis zwischen Staat und Gemeinden an den Anfang meiner Ausführungen zu gehören, denn nicht gar zu selten wird auch heute noch im Bereich der Staatsverwaltung aus überkommenen Vorstellungen heraus im Verhältnis Staat—Selbstverwaltung ein Gegensatz gesehen, jener Gegensatz, der ideologisch und historisch in der Auseinandersetzung des Liberalismus mit dem Obrigkeitsstaat wurzelt. Es ist die — natürlich abgeschwächte — Vorstellung zweier verschiedenartiger, ja sogar wesensfremder Verwaltungsbereiche. Wo heute noch diese Vorstellungen anklingen, wird das Verhältnis von Staat und Gemeinden als ein Streitverhältnis gesehen, ein Verhältnis, in dem die Staatsverwaltung als eine andere, ja sogar höherwertige Art der Verwaltung empfunden wird. Dabei besteht die Gefahr, daß die Aufsichtsfunktion als die Auswirkung eines obrigkeitlichen Machtverhältnisses zwischen Staat und Gemeinde betrachtet wird. Geht man bei der Ausübung der Kommunalaufsicht davon aus, daß ausschließlich der Staat Träger der politischen Gewalt ist und daß die Gemeinden nur im Wege der Dezentralisation vom Staat übertragene politische Gewalt und Verwaltung ausüben, dann ist nicht ausgeschlossen, daß die Gemeinde als eine qualifizierte Sparte mittelbarer Staatsverwaltung angesehen wird oder, wie Professor Becker es einmal ausdrückte, als staatliche Lokalbehörde oder als Filiale des Grobetriebes Staat aufgefaßt wird[1]. Unter diesem Blickwinkel ist es keineswegs überraschend, wenn dann Elemente des Zusammenwirkens zwischen Behörden eines hierarchischen Behördenaufbaues die Vorstellung vom Wesen der Kommunalaufsicht beeinflussen und wenn Be-

---

[1] Becker, in: „Kommunale Finanzen", Schriftenreihe der Hochschule Speyer Band 8 S. 24.

griffe wie Unterordnung und Leitung einen Einfluß ausüben. Wenn dazu noch die unrichtige Vorstellung vom Vorrang der Bundes- und Landesaufgaben vor den gemeindlichen Aufgaben kommt, dann sind die Gemeinden in einer sehr schwachen Position.

Wir können natürlich nicht unbedingt verlangen, daß die Vertreter der Kommunalaufsicht bedingungslose Verfechter der These von Altbundespräsident Heuss sind: „Die Gemeinden sind wichtiger als der Staat" oder, daß sie die Auffassung des baden-württembergischen Ministerpräsidenten Kiesinger vom „Erstgeburtsrecht der Gemeinden" bejahen. Aber ich glaube, wir müssen doch Wert darauf legen, daß vom Ursprung der in der Gemeinde ausgeübten öffentlichen Gewalt und von der besonderen Art der Einordnung der Gemeinden in den Staat eine dem Wesen unserer Demokratie gerecht werdende Vorstellung besteht. Es genügt nicht, die Existenz der Gemeinden als verwaltungsorganisatorisches Aufbauelement zu begreifen, das als Institution mit Rechtsschutz garantiert ist, vielmehr muß die besondere staatspolitische Bedeutung dieser Aufgliederung des Gesamtgemeinwesens gewürdigt werden. Wir können nicht die Staatsgewalt als Urheber der Selbstverwaltung betrachten, sondern müssen uns dessen bewußt sein, daß beide, Staat und Gemeinde, ihre Wurzeln in der gleichen öffentlichen Gewalt des Volkes haben, daß sie qualitativ gleichwertig sind, und daß beide in ihrem Bereich diesem gleichen Volk zu dienen haben und damit funktionell gleichartig sind. Wenn auch die einzelne Gemeinde nur in ihrem Teilbereich öffentliche Gewalt ausübt, so ergibt sich aus dieser örtlichen Abgrenzung keineswegs ein Gegensatz zur Gesamtgemeinschaft, vielmehr ist die Gemeinde, wie dies eine Reihe von Gemeindeordnungen ausdrückt, das Fundament, auf dem die Gesamtgemeinschaft aufbaut. Als Grundlage und Glieder des Staates sind die Gemeinden dessen natürlicher Partner. Als Gemeinwesen des örtlichen Bereichs und als Partner des Staates haben sie ihre Individualität und ihren Anspruch auf Selbständigkeit und Freiheit.

Und diese Position, um deren Anerkennung es ja letztlich geht, hat ihren guten staatspolitischen Sinn. Die organische Aufgliederung der öffentlichen Verwaltung in einzelne selbständige Bereiche, die ein eigenständiges Leben innerhalb der Gesamtordnung des Volkes führen, ist eine historisch gewordene Tatsache, die nicht einfach übergangen werden könnte. Es liegt im Charakter unseres Volkes, daß es diese konkreten Lebensordnungen als die natürliche Gestaltung des öffentlichen Lebens ansieht und daß ihm gerade die Mannigfaltigkeit dieser Bereiche eine Garantie für einen fruchtbaren Einsatz der Kräfte für die Gemeinschaft bietet. Ein schematisch aufgegliederter Staat mit uniformen Instanzen wäre unserem Volk fremd und würde abstoßend wirken. Es kommt hinzu, daß sich eine demokratische Lebensordnung in den örtlichen Bereichen, in den kleineren natürlich leichter als in den größeren, mit einer gewissen Intensität vollziehen läßt, daß hier das Interesse am Gemeinwesen geweckt und aktive Mitarbeit in einem größeren Umfang praktiziert werden kann. Auf dieses Hinführen zur Demokratie ist der Staat angewiesen. Und schließlich muß der politische Wesensgehalt der Selbstverwaltung auch in einer Ergänzung des traditionellen Systems der Gewaltenteilung gesehen werden. Die Gewaltenteilung, die ja in den vergangenen Jahren als sehr problematisch erkannt wurde, kann nicht mehr allein durch einen Schnitt zwischen Legislative und Exekutive vollzogen werden, sondern muß durch eine neue Gegenüberstellung, und zwar der zentralen politischen Willensbildung, d. h. der Gesetzgebung und Regierung einerseits und den stufenweise aufgebauten demokratischen Verwaltungskörperschaften andererseits verstärkt werden. Zur Intensivierung der funktionellen Gewaltenteilung ist die weitgehende Verlagerung der demokratischen Willensbildung in die örtlichen Bereiche erforderlich. Damit wird die Selbstverwaltung zum Mittel der Auflockerung der Machtkonzentration. Wir sollten beim Zusammenwirken von Staat und Gemeinden alle die Vorstellung haben, daß wir Vertreter politischer Bereiche sind, die in einem Partnerschaftsverhältnis zueinander stehen, in dem jedem der Bereiche gleichwertige Funktionen zugewiesen sind, die zueinandergefügt und in einem gewissen Umfang harmonisiert werden müssen. Die Forderung nach einer vertrauensvollen Zusammenarbeit und der Gedanke der Partnerschaft ist ja in fast allen vorangegangenen Referaten vorgetragen worden. Wir müssen diese Forderung weniger an die Vertreter der Kommunalaufsichtsbehörde als vielmehr an die Stellen richten, die Sonderaufsicht ausüben oder die in anderer Weise auf die Gemeinden einzuwirken vermögen.

Partnerschaft verlangt natürlich auch von den Vertretern der Selbstverwaltung eine bestimmte Einstellung zum Staat und zur Selbstverwaltung. Partnerschaft bedeutet wohl eine gewisse Gleichwertigkeit, aber auch Verpflichtung zu fairem Zusammenspiel und zur Beobachtung der Spielregeln von beiden Seiten. Staat und Aufsicht dürfen nicht nur als notwendiges Übel angesehen werden, deren Einwirkungen auf die Gemeinde verdrossen und abwehrbereit beobachtet werden. Wie unsere Gemeinschaft nicht ohne die Freiheit der Gemeinden leben kann, so bedarf sie auch der Einordnung der freiheitlichen Bereiche in das Gesamtgemeinwesen und damit der Kommunalaufsicht. Die Kontrolle der Einhaltung der der Selbstverwaltung gesetzten Grenzen und die Förderung einer richtig verstandenen Verbundenheit von Staat und Gemeinden ist eine staatspolitisch hoch bedeutsame Aufgabe. Es wurde mit Recht darauf hingewiesen, daß die Gemeinden nicht um ihrer selbst willen da sind, und ich sage weiter, daß sie auch nicht allein um ihrer

Bürger willen da sind; sie sind Teilgemeinschaften der größeren Gemeinschaft und leben zum Teil vom Kraftstrom, der vom Staat ausgeht. Partner sein, heißt Anteil an etwas Gemeinsamem haben, eine gemeinsame Verpflichtung und ein gemeinsames Ziel haben. Und was von Herrn Professor Schunck[2] hinsichtlich der Anwendung der staatspolitischen These der Bundestreue auf das Verhältnis Staat—Gemeinden, und was Herr Ministerialrat Berner[3] mit seinen ausgezeichneten Beispielen aus dem Bereich des kommunalen Beamtenwesens in den Raum stellte, füllte diesen Begriff der Partnerschaft in hervorragender Weise aus. Nicht nur das Gesetz und Finanzzuweisungen binden uns an den Staat, sondern auch die Verpflichtung, gemeinsam die stärkstens ineinandergreifenden, aber auf verschiedene Träger verteilten Aufgaben im Gesamtinteresse zu erfüllen.

## III.

Eine weitere Anforderung, die an einen Beamten der Kommunalaufsicht gestellt werden muß, ist das Verständnis für die Eigenart der Kommunalverwaltung. Auch hier kann dankbar festgestellt werden, daß es viele Staatsbeamte gibt, die für die Selbstverwaltung großes Verständnis zeigen und sich stets aufgeschlossen und entgegenkommend erweisen, wenn sie mit kommunalen Problemen konfrontiert werden. Aber trotzdem hat man gelegentlich auch einmal das Gefühl einer gewissen Unzugänglichkeit, eines gewissen mangelnden Verständnisses für die Besonderheit der Situation der kommunalen Selbstverwaltung. Sicher ist die Frage berechtigt: Sind es wirklich zwei so verschiedene Welten, die staatliche Innenverwaltung und die kommunale Selbstverwaltung? Wenn man beide Seiten kennengelernt hat, dann kann man, glaube ich, mit gutem Gewissen diese Frage bejahen. Wer von der staatlichen Innenverwaltung kommt und seinen Dienst in der Gemeindeverwaltung an leitender Stelle aufnimmt, der wird sich sehr schnell dessen bewußt, daß nun nicht mehr der Gesetzesvollzug im Vordergrund steht, sondern daß es zu wirtschaften gilt, daß sich eine bunte Fülle von Gestaltungsmöglichkeiten eröffnet, daß ein Raum freiheitlicher Möglichkeiten auszufüllen ist. Man hat bei diesem Wechsel des Tätigkeitsbereichs plötzlich die Möglichkeit, konkrete, Substanz gewordene Ergebnisse seiner Arbeit zu sehen. Während in der Hoheitsverwaltung, die ja weitgehend Gesetzesanwendung ist, das Gesetz in starkem Maße den Mittelpunkt des Tätigwerdens bildet, wird es beim Wechsel in die Kommunalverwaltung plötzlich in eine völlig andere Stellung gedrängt; es hat nicht mehr die zentrale Funktion, sondern gibt lediglich noch die Grenze des Verwal-

---

[2] Vgl. S. 143 oben.
[3] Vgl. S. 141 oben.

tungshandelns an. Es wäre natürlich das Beste, wenn jeder, der in der Kommunalaufsicht tätig wird, dieses Klima der kommunalen Selbstverwaltung aus eigener Anschauung erlebt hätte. Es ist ja nicht so, daß nur der Verwaltungsleiter in dieser Atmosphäre lebt, sondern die ganze Behörde ist doch letztlich davon geformt.

Leider ist in der Ausbildung der Juristen die Beschäftigung bei den Gemeinden entweder völlig weggefallen oder auf einen so geringen Zeitraum beschränkt, daß Erfahrungen und nachhaltige Eindrücke nicht erwartet werden können. Ein Austausch von Beamten ist wohl immer als erwünscht bezeichnet worden, aber praktisch nie in Gang gekommen. Es würde ein derartiger Austausch sicher für beide Seiten von größtem Nutzen sein. Allerdings stimmt das, was wir über das Problem der Abwerbung gehört haben[4], nicht gerade zuversichtlich. Aber auch bei der Tätigkeit bei den Landratsämtern wird den jungen Juristen oft kein oder doch kein ausreichender Einblick in die Gemeinde über die Kommunalaufsicht gewährt. Denn es wird ja oft diese Kommunalaufsicht von dem Beamten des gehobenen Dienstes mit Ausschließlichkeit bearbeitet und vom Behördenleiter verantwortlich geleitet. Es wäre sehr gut und zweckvoll, wenn man bei der Ausbildung der Assessoren und jungen Regierungsräte daran dächte, ihnen gerade auf diesem Gebiet mehr zu vermitteln, etwa in der Form, daß ihnen alle Vorgänge, die bestimmte 2 oder 3 Gemeinden betreffen, zum Abzeichnen vorgelegt werden, damit sie wenigstens so ein unmittelbares Bild von der Aufsicht und damit, da ja die Dinge sehr ortsnahe sind, vom Leben dieser Gemeinden vermittelt bekommen. Ich glaube nicht, daß das auf diesem Gebiet festzustellende Versäumnis darauf zurückzuführen ist, daß diese jungen Kollegen potentielle Konkurrenten des kommunalen Landrats sind, die auf diesem wichtigen Gebiet nicht zu sehr in Erscheinung treten und in Kontakt gebracht werden sollen, es ist eben einfach ein eingefahrenes Geleise, in dem der Wagen läuft. Diese offenbar nicht immer ausreichende Erfahrung auf dem Gebiet der kommunalen Verwaltung hat die frühere Badische Gemeindeordnung in der Weise ausgeglichen, daß sowohl beim Landeskommissär, der unechten Mittelinstanz, als auch beim Bezirksamt, dem jetzigen Landratsamt, ein Beirat aus kommunalen Vertretern gebildet wurde, der die Kommunalaufsichtsbehörde nicht nur zu beraten, sondern der die wichtigsten Aufsichtsmaßnahmen zu beschließen hatte[5]. Bei den weniger wichtigen Aufsichtsmaßnahmen, die von der Kommunalaufsichtsbehörde unmittelbar erlassen wurden, konnte die betroffene Gemeinde diesen Beirat anrufen. Es ist erstaunlich, daß dieser Gedanke in den neuen Gemeindeordnungen nirgends aufgegriffen wurde.

---

[4] Vgl. S. 141 oben.

[5] § 110 Bad. GO v. 5. Okt. 1921.

Zum Verständnis für die Eigenart der Kommunalverwaltung gehört auch die Würdigung der unterschiedlichen Position, in der sich eine Hoheitsverwaltung und eine vorwiegend leistende Verwaltung befinden. Beim Gesetzesvollzug ist die Anteilnahme des Bürgers sehr gering, während bei der Leistungsverwaltung, insbesondere bei den Gemeinden, ganz erhebliche Forderungen gestellt werden. Die Verbundenheit des Bürgers mit seinem Gemeinwesen hängt weitgehend davon ab, ob er das Gefühl hat, daß seine Gemeinde mit der Entwicklung Schritt hält, ja daß etwas geboten wird und daß sie einen guten Platz in der Galerie der vergleichbaren Gemeinden der Nachbarschaft einnimmt. Dazu kommt weiter, daß ja auch die Gunst der gewählten Volksvertreter weitgehend davon abhängt, ob sie nun zu diesen die Entwicklung vorantreibenden Elementen gehören oder ob sie ein langsames Entwicklungstempo befürworten. Daß in dieser Situation gelegentlich einmal Dinge gemacht werden, vielleicht sogar gemacht werden müssen, die man im ruhigen Fahrwasser einer weniger publikumsnahen Verwaltung vielleicht nicht täte, liegt auf der Hand. Sicher bewegt sich auch der Staat in weitem Umfang im Bereich der leistenden Verwaltung, aber die Atmosphäre ist hier doch wesentlich verschieden.

Wichtig ist auch, daß die Individualität der einzelnen Gemeinden, die oft völlige Verschiedenheit in Struktur und Lebensäußerungen, nicht nur hingenommen, sondern sogar gefördert wird. In der Staatsverwaltung besteht zweifelsohne, natürlich in verschiedenem Maße, eine gewisse Neigung zur Uniformierung und Schematisierung. Das Typische am hierarchischen Behördenaufbau der Staatsverwaltung ist, daß jede Verwaltungseinheit im Wesentlichen die gleiche Struktur und die gleiche Arbeitsweise entwickelt. Es besteht bei der Staatsverwaltung auch häufig die Vorstellung, daß nur durch die Aufstellung möglichst präziser Richtlinien Gleichartigkeit und Gerechtigkeit zu erzielen seien. Städte und Gemeinden aber haben ihren eigenen, ganz besonderen Charakter ausgebildet; ihre Verwaltungsmethoden und ihr Verwaltungsstil dürfen nicht uniformiert werden, sondern müssen eben in ihrer Eigenart erhalten bleiben, denn sie müssen ja den jeweiligen besonderen lokalen Gegebenheiten entsprechen. Mit dem Wesen der gemeindlichen Selbstverwaltung ist eine Schablonisierung der Gemeinden nicht vereinbar und deswegen kann auch die Kommunalaufsicht im weitesten Sinn kein starres, gleichförmiges Schema auf die Gemeinden anwenden oder es ihnen aufzwingen. Das Verständnis für die Eigenart der Gemeindeverwaltung sollte sich m. E. darin ausdrücken, daß der Beamte der Kommunalaufsicht sich stets darum bemüht, das Geschehen in der Gemeinde auch vom Standpunkt der Gemeinde aus zu betrachten. Eine Beschränkung auf den Blick vom Podest der übergeordneten Gemeinschaft ist zwar eine einfache Handhabung, aber auch eine „simplification terrible". Vieles sieht sich aus der Perspektive der Gemeinde doch ganz anders an. Dieser Zwang zur Abstimmung des Bildes aus der Sicht zweier Perspektiven ist das Schwierige, aber doch auch das ungewöhnlich Reizvolle der Tätigkeit im Bereich der Kommunalaufsicht.

## IV.

Diese positive Einstellung zu den Gemeinden und das Verständnis für die besonders geartete Form der Einordnung in den Staat und für die Eigenart der gemeindlichen Verwaltung fehlt gelegentlich schon bei den Abteilungen der Innenverwaltung, die nicht unmittelbar Kommunalaufsicht ausüben, sie wird häufig aber schmerzlich vermißt bei den anderen Ressorts. Hier müssen die Beamten der Kommunalaufsichtsbehörde immer wieder — vor allem gegenüber technischen Behörden — auf den Unterschied zwischen unterstellter Behörde und selbstverantwortlicher Gemeinde hinweisen. Da Techniker nun nach meinen Beobachtungen auch in stärkerem Maß zu einem bürokratischen und perfektionierten Verwaltungsstil neigen und nicht in übertriebenem Umfang beeinflußt sind von der Vorstellung der rechtlichen Schranken, die dem Staat gegenüber den Gemeinden errichtet sind, fällt hier den Beamten der Kommunalaufsicht eine kommunal- und staatspolitisch bedeutsame Schutzfunktion zu. Sie müssen sich für die Gemeinden gegen staatliche Behörden dafür einsetzen, daß jeder Versuch einer unzulässigen sachlichen Beeinflussung der gemeindlichen Aufgabenerfüllung unterbleibt, daß auch arbeits- und kostenverursachende Erhebungen, Beitreibungen und ähnliche Handlangerdienste auf das unbedingt Notwendige beschränkt werden und daß es vor allem zu keinerlei mindernden Eingriffen in den Zuständigkeitsbereich der Gemeinden kommt. Dabei werden sich die Kollegen der Kommunalabteilungen und Referate häufig der kritischen, auch leicht herabsetzenden Bemerkung aussetzen, daß sie viel zu kommunal seien.

In besonderem Maße ist dieser abwehrende Schutz erforderlich gegenüber den Verwaltern der zahllosen Töpfchen, aus denen den Gemeinden Zuschüsse für besondere Zwecke gewährt werden. Die Zahl dieser Töpfchen beträgt bei uns in Baden-Württemberg, wie mir der Verband Badischer Gemeinden zusammenstellte, einige Dutzend. Über die Fragwürdigkeit dieser Aufsplitterung der Hilfe an die Gemeinden und über den riesigen Verwaltungsleerlauf, den sie verursacht, ist schon so viel gesagt worden, daß ich mir weitere Bemerkungen ersparen kann. Ich glaube nicht daran, daß sich hier bald etwas ändert, denn jeder, der ein solches Töpfchen verwaltet, übt Macht aus, eine Macht, die leicht zu handhaben ist und die sehr wirksam sein kann, und davon trennt sich niemand gern. Es ist nicht nur das Gefühl, daß man, sofern keine Rechtsansprüche der Gemeinden gegeben sind, die Möglichkeit hat, mehr oder weniger wohlwollend zu sein, das Verlockende an dieser Zuschußwirtschaft ist doch gar nicht so selten, daß man solche Finanzzuweisungen an Bedingungen knüpfen und mit Auflagen verbinden kann, die wesentlich in die Art und Weise der gemeindlichen Aufgabenerfüllung eingreifen. Gegen diese Art von Eingriffen ist dann, wenn keine eindeutige gesetzliche Regelung, wie etwa bei den Zuschüssen für Schulhausbauten in Baden-Württemberg vorliegt[6], auch kein Rechtsschutz gegeben. Hier wird die Tendenz offenbar, die bisherigen legitimen Mittel der Staatsaufsicht, die im Verlaufe der Entwicklung der kommunalen Selbstverwaltung in Deutschland in lebhaften politischen Auseinandersetzungen vom weitgehenden Mitwirken und vom engmaschigen Netz von Einwirkungsmöglichkeiten auf die notwendigsten, eng umrissenen Kontrollmöglichkeiten beschränkt wurden, abzulösen durch neue Lenkungsmethoden des Staates. Es zeigt sich hier, daß die Schutzfunktion der Kommunalaufsichtsbehörde doch sehr aktuell ist, aktueller vielleicht, als man bei der parlamentarischen Behandlung der Gemeindeordnung für Baden-Württemberg meinte, wo Abgeordnete, die in der Kommunalpolitik zu Hause waren, die Streichung des entsprechenden Absatzes in der grundlegenden Bestimmung der Kommunalaufsicht[7] herbeiführten mit der Begründung, daß die Schutzfunktion unbedeutend sei und daß sich die Gemeinden allein zur Wehr setzen könnten. Der Einsatz unserer Kollegen der Kommunalaufsicht auf diesem Gebiet ist nicht immer einfach, aber er ist notwendig, um die durch die Verfassungen eingestellte Balance zwischen Staatsallmacht und Gemeindefreiheit zu erhalten.

Bei der Frage der staatlichen Finanzzuweisungen wird gelegentlich noch beanstandet, daß der Staat vielleicht 10 oder 20 v.H. Zuschuß gewährt, aber bei der Prüfung der zweckentsprechenden Verwendung des Zuschusses das ganze Projekt kritisch unter die Lupe nähme. Nun, man kann sich bei dieser Prüfung nicht auf das Fundament und das Mauerwerk des Erdgeschosses beschränken, aber die Intensität der Prüfung sollte doch in etwa vom Maß der staatlichen Beteiligung beeinflußt werden.

## V.

Für die Herren der Kommunalaufsicht ist, wie so häufig im Leben, die Frage des richtigen Maßes besonders wichtig, aber auch die Frage der geeigneten Form. In diesem Felde natürlicher Spannung und bei der oft ausgeprägten Frontstellung, bei der Vorwürfe kommunaler Kraftmeierei und übertriebenen Selbstbewußtseins sowie etatistischer Über-

[6] 3. Gesetz über die Förderung des Schulbaus v. 5. Dez. 1961 Ges.Bl. S. 357.
[7] § 118 GO Bad.Wü.

heblichkeit und sturer Besserwisserei im Bereich des möglichen Vokabulariums liegen, werden oft an das Einfühlungsvermögen große Anforderungen gestellt. Wie wichtig diese Frage ist, läßt sich daraus erkennen, daß alle Gemeindeordnungen der Bundesländer sowie die des Freistaates Bayern eine Bestimmung enthalten, daß die Aufsicht so auszuüben ist, daß die Entschlußkraft und die Verantwortungsfreudigkeit der Gemeinde nicht beeinträchtigt werden. Für die Kommunalaufsicht gilt das, was Liebermann vom Zeichnen gesagt hat: Sie ist die Kunst des Weglassens, d. h. je weniger Linien zur Erzielung eines Eindrucks erforderlich sind, desto besser; und je lockerer der Stift geführt wird, desto harmonischer wird das Bild. Ich will damit keineswegs einer Praxis der Kommunalaufsicht das Wort reden, bei der Aufsicht durch Nachsicht ersetzt wird. Ich bin der Meinung, daß, wenn wir beim Liebermann'schen Bild bleiben, für ein gutes Bild auch kräftige Striche erforderlich sind und daß auch einmal eckige Formen unvermeidlich sein werden.

Bei den Eingriffen der Kommunalaufsichtsbehörde in die gemeindliche Verwaltung ist das Zuviel an Aufsicht nach meinen Beobachtungen eine seltene Ausnahme. Durch das Opportunitätsprinzip, den Grundsatz der Verhältnismäßigkeit der Aufsichtsmittel und den den Gemeinden eingeräumten verwaltungsgerichtlichen Schutz ist hier das Maßhalten sichergestellt, vor allem aber auch, das sei nochmals hervorgehoben, dank der vernünftigen Einstellung der leitenden Herren der Kommunalaufsichtsbehörden. Das Opportunitätsprinzip wurde in den Ausführungen der vergangenen Tage mit einem Fragezeichen versehen. Ich bin der Meinung, daß wir dieses Fragezeichen schnell und gründlich wieder ausradieren sollten, weil es in der Praxis einfach nicht vorstellbar und durchführbar ist, daß die Aufsichtsbehörde jeder geringfügigen Gesetzesverletzung nachspürt und auf Kleinigkeiten reagiert. Hier müßte ein ungeheuerer Kontrollapparat aufgebaut werden, der sowohl den Staat wie die Gemeinden außerordentlich belasten würde, ohne daß ein entsprechender Effekt erzielt werden könnte.

Und für diese möglichste Beschränkung spricht doch auch die Tatsache, daß sich die Einwirkung der büromäßig organisierten Aufsichtsbehörde in der Regel auf eine gemeindliche Entscheidung bezieht, die von einer Volksvertretung gefällt wurde. Diese ist sicher auch an die Gesetze gebunden, aber vielleicht sollte man sie doch aus staatspolitischen Gründen mit ein wenig mehr Vor- und Nachsicht korrigieren als eine bürokratische Verwaltung.

Bei den aufsichtsbehördlichen Mitwirkungsrechten bei einzelnen Vorgängen der Gemeindeverwaltung, wie Genehmigungen, Befreiungen, Unbeanstandeterklärungen, Bestätigungen usw. darf die ungemein genaue Kenntnis der Rechtsvorschriften, die erklärliche Neigung zur Perfektion oder gar ein Mißtrauen gegenüber den Gemeinden nicht zur

Besserwisserei führen. Bevor ein negativer Bescheid ergeht, der nur in wirklich gravierenden Fällen in Frage kommen kann, muß, wie auch Herr Ministerialdirigent Dr. Hofmann festgestellt hat[8], zuvor eine eingehende Aussprache und Abklärung der gegenseitigen Standpunkte stattfinden. Es ist durchaus offen, ob die höhere Weisheit bei den Selbstverwaltungsvertretern oder den Staatsbeamten beheimatet ist, und diese Erkenntnis sollte die Duldsamkeit der Kommunalaufsichtsbehörde etwas fördern, allerdings die andere Seite auch vor Überempfindlichkeit bewahren. Die Unmittelbarkeit der Ausgangsposition und die praktische Erfahrung kann die eine Seite ins Feld führen, während die andere sich auf den nicht zu unterschätzenden Abstand und die Vergleichsmöglichkeiten berufen kann.

Wenn ich nun in diesem Zusammenhang zur Beratung durch die Aufsichtsbehörde komme, dann ersparen Sie mir, bitte, eine Stellungnahme dazu, ob diese Beratung ein Aufsichtsmittel ist oder ein Institut, das in der Nachbarschaft der Amtshilfe beheimatet ist. Herr Landrat Dr. Galette wird mir nicht böse sein, wenn ich diese methodische Frage als theoretisch recht interessant bezeichne, aber mir von ihr keine wesentlichen praktischen Ergebnisse verspreche. Auch bei der Beratung der Gemeinden durch die Kommunalaufsichtsbehörde, die naturgemäß bei den Städten mit qualifiziertem und spezialisiertem Verwaltungspersonal ohne größere Bedeutung ist, wird von den Beamten der Kommunalaufsicht erwartet, daß sie Verständnis dafür haben, daß oft ausgesprochene Zurückhaltung am Platze ist. Es wurde ja, ich glaube von Herrn Professor Dr. Dr. Becker, die Frage aufgeworfen, ob eine übermäßige Beratung durch die Aufsichtsbehörde nicht rechtswidrig sei. Auch Herr Landrat Dr. Galette hat das Problem des richtigen Maßes bei der Beratung angesprochen und vor einer Beeinträchtigung der Eigenverantwortung der Gemeinden gewarnt[9]. Ich bin ihm für diese Ausführungen sehr dankbar, denn sie klingen aus seinem Munde überzeugender als aus dem meinen. Ziel jeder betreuenden Funktion gegenüber den Gemeinden muß Bewahrung vor Schaden und vor Minderung von Rechten, aber vor allem Beeinflussung zur Selbständigkeit sein. Die beratende Einwirkung soll also nur die Initialzündung sein, die die Gemeindeorgane dann zur Eigeninitiative und Eigenverantwortung führen soll. Sie soll auch — und das wurde von Herrn Ministerialrat Berner herausgestellt[10] — erforderlichenfalls eine Stärkung der Einsicht in die Notwendigkeit einer gemeinsamen Linie und die Förderung des Erkennens der persönlichen Verantwortung zum Ziele haben. Die Beratung darf auch

---

[8] S. 87 oben.

[9] S. 40, 41 oben.

[10] S. 135 unten.

dann nicht zum Ersetzen der gemeindlichen Entscheidung durch die der Kommunalaufsichtsbehörde führen, wenn sie aus mangelnder Verantwortungsbereitschaft oder einer gewissen Hilflosigkeit oder gar als taktischer Zug zur Durchsetzung eines Standpunktes bei Schwierigkeiten der Gemeindeorgane untereinander oder innerhalb des Vertretungsorgans erbeten wird. Ich darf diese Ausführungen, die vielleicht keine ungeteilte Zustimmung finden, durch ein Beispiel verdeutlichen: Wir haben in Baden keine Kreisbauämter sondern staatliche Bezirksbaumeister. Es hat nun ein badischer Landrat einen Beschluß durch den Kreistag fassen lassen, daß eine Kreisberatungsstelle für gemeindliche Bauleitpläne eingerichtet wird. Hier werde ich die Befürchtung nicht ganz los, daß sich gegenüber dem Landrat und seinen technischen Sachverständigen der Wille und die Entscheidung der für die örtliche Gemeinschaft Verantwortlichen nicht genügend durchzusetzen vermag und daß die Leitidee für eine Gestaltung, die zunächst allein aus der rein örtlichen Schau entwickelt werden soll, in einem unerträglichen Maß aus einer überörtlichen Betrachtung und Zielsetzung gewonnen wird. Ich gebe andererseits aber auch zu, daß bei Einsatz privater Planungsbüros der Einfluß der für die örtliche Gemeinschaft Verantwortlichen auch sehr gering sein kann und daß geschäftstüchtige Planungsfirmen in der Lage sind, der Gemeinde irgendwelche Pläne aufzuschwätzen.

Nun hat die Beratung durch die Kommunalaufsichtsbehörde dadurch etwas an Bedeutung verloren, daß die kommunalen Spitzenverbände auf diesem Gebiet sehr intensiv tätig sind und über sehr viel Vergleichsmaterial verfügen oder es sich leicht verschaffen können, was in Anbetracht der Tatsache, daß auch in der Gemeindeverwaltung alles laufend komplizierter und komplexer wird, von besonderem Wert ist. Es soll sogar vorkommen, daß es kleinere Gemeinden aus diesem Grund vorziehen, den Rat des versierten und spezialisierten Apparates einer benachbarten Stadt in Anspruch zu nehmen. Man sollte aber trotzdem für die kleinen Gemeinden den Wert der Aufsichtsberatung nicht verkennen, weil sie ortsnahe ist und auf einer genauen Kenntnis der speziellen Situation der zu betreuenden Gemeinden aufbauen kann. Beide Beratungsinstanzen haben nebeneinander ihren guten Sinn; wir sollten eigentlich froh sein, daß den kleinen Gemeinden so vielfältige Hilfe zur Verfügung steht.

Hin und wieder einmal kommt der Kommunalaufsichtsbehörde eine Schiedsrichterrolle beim Ausgleich widerstreitender Interessen verschiedener Kommunen zu. So verlockend diese Aufgabe sein mag, auch weil sie die Bedeutung der Kommunalaufsichtsbehörde so eindrucksvoll erkennbar werden läßt, so sehr ist gerade in dieser Situation das richtige Maß des Einsatzes der staatlichen Autorität von Bedeutung. Viel mehr als durch einen weisen Schiedsspruch wird das Leben der kleinen Selbstverwaltungskörperschaften durch den nachdrücklichen Hinweis darauf gefördert, daß es in erster Linie Sache der Kommunen ist, in nachbarschaftlicher Verbundenheit um den Ausgleich zu ringen, der den berechtigten Interessen der Bürgerschaft aller beteiligten Gemeinwesen entspricht. Natürlich gibt es auch Situationen, in denen es Aufgabe der Aufsichtsbehörde ist, durch schiedsrichterliche Tätigkeit einen Prozeß zu vermeiden, der u. U. zu langer Verfeindung führen kann, nämlich dann, wenn sich die Gemeinden schon so zerstritten haben, daß ein vernünftiges Gespräch nicht mehr denkbar ist.

Und wenn wir bei der Frage des richtigen Maßes der staatlichen Einflußnahme auf die Gemeinden sind, dann darf ich, auch wenn der systematische Zusammenhang nicht ganz unzweifelhaft ist, noch auf das Problem der Beschneidung der Entscheidungsfreiheit und Gestaltungsmöglichkeit durch eine perfektionistische und kasuistische Normensetzung eingehen. Die das Geschehen in den Gemeinden beherrschenden Vorschriften lassen doch zweifelsohne häufig die Auffassung erkennen, daß Gleichartigkeit und gleichförmige Gerechtigkeit für wichtiger gehalten werden, als eine möglichst weitgehende Ermessensfreiheit der Gemeinden, denen man doch sicher in starkem Maße zutrauen darf, daß sie, wenn sie nur durch grundsätzliche Normen gebunden werden, im Einzelfall im Geist des Gesetzes das Notwendige, Zweckmäßige und Richtige aus einer unmittelbaren, genauen Kenntnis der örtlichen Verhältnisse und der individuellen Gegebenheiten treffen werden. Daß unser munter wucherndes Rechtsstaatssystem häufig derart intensive Regelungen erfordert, soll nicht verkannt werden. Aber es darf auch nicht übersehen werden, daß der unvermeidlich gewordenen Spezialisierung bei der Staatsverwaltung die verständliche, aber trotzdem unheilvolle Tendenz zur Perfektion innewohnt, bei der die besondere Situation der umfassend tätigen Gemeindeverwaltung leicht verkannt wird. Hier kommt den Kollegen der oberen und obersten Kommunalaufsichtsbehörde bei ihrer Mitwirkung bei der Vorbereitung von Gesetzen und Reglementierungen aller Art eine wichtige Aufgabe zu; hier kann eine sehr wirksame und nachhaltige Förderung der Selbstverwaltung betrieben werden.

Es soll die Aufsichtstätigkeit aber nicht nur auf das unbedingt notwendige Maß beschränkt, sondern für diese Einwirkung auch die richtige Form gewählt werden. Wir haben uns in der Verwaltung ganz allgemein viel zu spät und viel zu wenig systematisch mit der Frage des psychologisch richtigen Vorgehens befaßt. Auch im Bereich der Kommunalaufsicht wird der erfolgreich sein und manche Schwierigkeiten vermeiden, der mit Einfühlungsvermögen, psychologischem Geschick und einer gewissen Elastizität operiert. Bei der Abwehrbereitschaft und dem gesunden Mißtrauen der Gemeindevertreter ist das sicher nicht immer ganz einfach. Eine der schwierigsten Anforderungen an die Beamten der Kommunalaufsicht ist die Gleichmäßigkeit des Vorgehens, oder ganz präzise ausgedrückt, der Mut, erforderlichenfalls auch die Verwaltungsführung eines politisch sehr einflußreichen Verwaltungsleiters zu rügen. Ich brauche hier wohl keine weiteren Ausführungen zu machen, denn wir haben doch alle schon solche Fälle erlebt und dabei festgestellt, daß die Situation dadurch keineswegs erleichtert wird, daß der Kommunalreferent des Regierungspräsidiums nach der besoldungsmäßigen Einstufung u. U. als kleiner Oberregierungsrat einem mächtigen Kommunalpotentaten gegenübersteht, daß sein Präsident u. U. geneigt ist, politische Rücksichten zu nehmen oder daß ein Landrat oder Oberkreisdirektor Wahlbeamter auf Zeit ist. Gewissermaßen als Erinnerungsposten darf ich noch das Stichwort „Änderung von Aufsichtsverfügungen auf Grund politischer Intervention" einfügen. Und schließlich kommt zu Maß und Form der Aufsicht auch die einheitliche, gleichmäßige Linie. Nichts erschüttert die Glaubwürdigkeit und die Überzeugung von der Ernsthaftigkeit des Bemühens der Aufsichtsbehörde mehr, als wenn sie jahrelang die Mißachtung einer Norm allgemein geduldet hat und dann plötzlich beanstandend eingreift. Diese Anwendungsart des Opportunitätsprinzips scheint mir sehr dubios zu sein; zu leicht entstehen dann Zweifel an der sachlichen Motivierung.

## VI.

Die bisherigen Ausführungen zeigen zweifelsohne eines, daß an die Einsicht und das Können, aber auch an die Standfestigkeit eines Beamten der Kommunalaufsichtsbehörde höchste Anforderungen gestellt werden. Er muß nicht nur spezielle Kenntnisse vom gesamten Kommunalrecht besitzen, er muß fast alle Bereiche der Verwaltung genau übersehen und muß in wirtschaftlichen und insbesondere Finanzierungsfragen sehr versiert sein. Das alles kann er nur meistern, wenn er bei möglichst zahlreichen Behörden seine Erfahrungen gesammelt hat. Er muß aber auch sorgfältig ausgesucht werden unter dem Gesichtspunkt großer Kontaktfähigkeit und phantasievoller Kombinationsfähigkeit. Gerade für die Beratungsfunktion sind diese Eigenschaften besonders wichtig. Es muß der Beamte der Kommunalaufsicht über dem Streit der politischen Meinungen stehen, er muß von ausgeprägter Objektivität sein. Darüber hinaus muß er konsequent sein und darf keine Kopflast haben, d. h. nicht ohne zwingenden Grund seine Meinung ändern. Er muß aber auch — und das ist für die Erfüllung der Schutzfunktion gegenüber den Gemeinden so besonders wichtig — einen klaren Blick für das Geschehen in allen anderen Verwaltungsbereichen haben und muß sich, wenn sich hier unliebsame Einwirkungen auf die Gemeinden abzeichnen, mit Nachdruck für die Gemeinden einsetzen. Ich glaube, daß aus überzeugenden staatspolitischen Gründen die Besten der Innenverwaltung auf diesen Posten eingesetzt werden sollen, denn eines der wichtigsten Anliegen muß es doch sein, das Verhältnis zwischen Staat und Gemeinden richtig und harmonisch zu gestalten.

## VII.

Sie werden mich nun mit Recht fragen, wie dieses Hohelied der Qualifikation des Beamten der Kommunalaufsichtsbehörde mit der Einrichtung des kommunalen Landrats oder des als Beamten auf Zeit gewählten Oberkreisdirektors zum Zusammenklingen gebracht werden kann. Wenn der Behördenleiter der Kommunalaufsichtsbehörde Wahlbeamter ist und im Wahlgremium eine meist beachtliche Zahl von Bürgermeistern sitzt, die zudem häufig zu den aktiven und einflußreichen Mitgliedern des Kreistages zu zählen sind, kann die Aufsichtsführung insoweit einigen Belastungen ausgesetzt sein, denn wer vergrämt schon gerne einen einflußreichen Sprecher seines Wahlgremiums. Allgemein wird hierzu festgestellt, daß bis jetzt nennenswerte Schwierigkeiten nicht zu Tage getreten seien und daß insbesondere keine Veranlassung gegeben sei, daran zu zweifeln, daß auch bei dieser Konstellation eine objektive und gesetzestreue Aufsicht geführt werden kann. Soweit es sich hierbei nicht um Interessentenmeinungen handelt, klingt aber bei dieser Feststellung doch etwas die resignierende Einsicht durch, daß an dieser Situation doch nichts geändert werden kann. Zweifelsohne hat die Aufsichtsführung durch einen kreiskommunalen Beamten auf Zeit seine besondere Problematik, die sich etwa in einer besonderen Zurückhaltung in Zeiten vor der Wiederwahl zeigt oder die sich ergibt aus der gelegentlich festzustellenden Praxis, daß ein kommunaler Landrat sich des Unterschreibens belastender Verfügungen an gewisse Gemeinden enthält und seinen Stellvertreter ins Feuer schickt. Und wenn gar einmal die politischen Auseinandersetzungen auch im kommunalen Raum wieder stürmischer werden, werden bestimmt durch die Verbindung von Staatsaufsicht und kreiskommunaler Position besondere Anforderungen an das Standvermögen des Leiters der Kommunalaufsichtsbehörde gestellt werden. Die Frage der fachlichen Qualifikation dieses Beamten stellt sich solange nicht in voller Schärfe, solange der Staat bei der Bestellung ein ausreichendes Mitwirkungsrecht hat. Fehlt es an diesem oder wird es nicht streng und sachlich ausgeübt, dann kann allerdings zum Schaden der Gemeinden, aber auch des Staates eine schlechte Situation entstehen. Bzgl. der fachlichen Qualifikation werden in den Landkreisordnungen der Bundesländer verschiedene Anforderungen gestellt, die alle in einem gewissen Umfang dahin tendieren, daß juristische Ausbildung und Verwaltungserfahrung durch Lebenserfahrung ersetzt werden kann. Ob Rechtsaufsicht auf der Basis der Lebenserfahrung ausgeübt werden kann, möchte ich persönlich füglich bezweifeln. Auch eine kurze Amtszeit von 6 oder 8 Jahren muß in diesem Zusammenhang erwähnt werden, weil für eine wirksame Aufsichtsführung eine genaue Kenntnis der Gemeinden zwingende Voraussetzung ist.

Wenn wir nun bei der Aufsichtsführung durch einen kreiskommunalen Beamten auf Zeit sind, ergibt sich ein weiteres Problem daraus, daß die Landkreise offenbar, wie aus einer Reihe von Verlautbarungen und Darstellungen der letzten Zeit erkennbar ist, darauf hinstreben, funktionell eine Art Großgemeinde zu werden. Ich darf als Beispiel für diese Tendenz eine Äußerung von Herrn Landrat Seebich auf der Mitgliederversammlung des Landkreistages Baden-Württemberg zitieren, wonach den Landkreisen im Vergleich zu den kreisfreien Städten die Aufgabe zugedacht ist, im Zusammenwirken mit den kreisangehörigen Gemeinden für ihren Bereich den Bürgern jene Verwaltungsleistungen zu erbringen, die die kreisfreie Stadt für ihren Bezirk allein besorgt. Die Ausgleichsfunktion des Landkreises, von der die Gemeinden, insbesondere die kreisangehörigen Städte und die Landkreise gelegentlich eine verschiedene Auffassung haben, verführt eben doch leicht dazu, durch Einsatz kreiskommunaler Mittel im ganzen Kreisgebiet wegen der Schwäche einzelner Gemeinden gleiche Leistungen sicherstellen zu wollen. Diese Tendenz wird dadurch verstärkt, daß aus technischen und wirtschaftlichen Gründen heute Aufgaben in steigendem Maße durch überörtliche Einrichtungen erfüllt werden müssen. Daß dabei, häufig auch auf Betreiben oder mit Zustimmung beteiligter Gemeinden, eine Verlagerung der Aufgabe in die Kreisinstanz angestrebt wird, ist keineswegs überraschend. In dieser Situation aber gerät der Landrat oder Oberkreisdirektor in eine Konfliktstellung. Als Kommunalaufsichtsbehörde soll er aus guten und überzeugenden staatspolitischen Gründen die Initiative und Aktivität der gemeindlichen Selbstverwaltung fördern, in seiner kreiskommunalen Position ist ein dynamischer und aktiver Mann leicht versucht, selbst realisierend tätig zu werden. Hier verlangt m. E. das Gesamtinteresse einen Verzicht auf kreiskommunale Entfaltung, denn eine langsame Aushöhlung der gemeindlichen Selbstverwaltung durch dieses Hinaufzonen von Zuständigkeiten und Aufgaben würde, selbst wenn es auch einmal zu rationelleren Lösungen führen sollte, den Gedanken der Selbstverwaltung, aber auch die gewollte und erwünschte Mannigfaltigkeit entscheidend beeinträchtigen. Ein weit größerer Erfolg für einen tüchtigen Landrat oder Oberkreisdirektor ist es nach meiner Auffassung, wenn er bei einer Rückschau auf einen Abschnitt seiner Tätigkeit sagen kann, daß er das Leben seiner Gemeinden befruchtet hat, als wenn er feststellen kann, daß der Umfang seiner eigenen kreiskommunalen Verwaltung wesentlich ausgeweitet wurde. Ich darf hier an das erinnern, was Herr Landrat Dr. Galette[11] über die Aufgabe der Aufsichtsbehörde ausgeführt hat, im Rahmen ihrer Beratung die Schaffung von gemeindlichen Zweckverbänden nachhaltig zu fördern.

Ich darf nun zum Schluß kommen. Ich habe Ihnen dargetan, daß an die Beamten der Kommunalaufsicht ganz erhebliche Anforderungen gestellt werden, Anforderungen, wie sie in diesem Maße wohl nirgends im Gesamtrevier der Innenverwaltung erforderlich sind. Es müssen daher die besten Kräfte auf diesem Gebiet eingesetzt werden. An diese Erkenntnis möchte ich persönlich den Wunsch knüpfen, daß — soweit das nicht der Fall ist — die Stellen der Beamten der Kommunalaufsicht auch entsprechend der hohen Leistung und der großen Verantwortung richtig bewertet werden. Hier hat der Staat ein wirklich dankbares Feld, den Gemeinden die Stellenbewertung vorzuexerzieren, die er von ihnen verlangt. Mir persönlich ist es lieber, einen Kommunalaufsichtsbeamten zu haben, von dem ich das Gefühl haben kann, daß er für seine schwierige Arbeit auch gebührend honoriert wird.

---

[11] S. 47 oben.

# Bericht über die Diskussionsbeiträge zu Vorträgen über „Aktuelle Probleme der Kommunalaufsicht"

Von Elmar Breuckmann

## I.

Die Aussprache zu dem Referat von Professor Dr. Werner *Weber* (Göttingen) eröffnete Professor Dr. Dr. *Becker* (Speyer). Bei seinen Ausführungen legte er Wert darauf, einige Hauptprobleme herauszustellen, um dadurch die Diskussion anzuregen. Er gab zu bedenken, daß das Thema auf das Korrelat zur Selbstverwaltungsgarantie im Rahmen der Gesetze, auf die Bindung der Selbstverwaltung an Gesetz und Recht, auf die Bedeutung des Gleichheitsgrundsatzes und die Kontrolle seiner Handhabung durch die Aufsichtsbehörde, auf die Beachtung des demokratischen und rechtsstaatlichen Prinzips, auf das Verhältnis des Bundesgesetzgebers zur verfassungsmäßigen Ordnung der Länder und hier insbesondere auf die Relation zwischen Grundgesetz und Länderverfassungen in Selbstverwaltungsangelegenheiten hinweise.

Zu dem ersten Problemkreis führte *Becker* aus, die Kommunalaufsicht erstrecke sich nach den Landesverfassungen auf die Rechtsaufsicht über die Kommunalverwaltung, die nicht nur über die gesetzlich geregelten, sondern auch über die nicht-gesetzesakzessorischen Angelegenheiten der Kommunen geführt werde. Die Rechtskontrolle der Kommunalaufsicht leitete er neben den gesetzlichen Bestimmungen her aus dem Gewohnheitsrecht und aus allgemeinen Rechtsgrundsätzen, beispielsweise aus Treu und Glauben, aus dem Grundgedanken der Rechtssicherheit, dem Willkürverbot, der Wahrung des Gemeinwohls, dem Verbot der Entscheidung in eigener Sache und dem Gebot des geringsten Eingriffs. Die hergebrachte Unterscheidung zwischen Rechts- und Zweckmäßigkeitskontrolle sei einigermaßen illusorisch, wenn die Wirtschaftlichkeit der Kommunalverwaltung gesetzlich vorgeschrieben werde. Deshalb machte er den Vorschlag, den Begriff der Wirtschaftlichkeit zu konkretisieren.

In Bezug auf das Rechtsstaatsprinzip stellte *Becker* die Frage, ob bei der Kommunalaufsicht den Kannvorschriften oder aber den Mußvorschriften nach bayerischem Vorbild der Vorzug zu geben sei, ob also das Opportunitäts- oder das Legalitätsprinzip gelten solle. Diese Frage, so meinte er, könne nur dann zutreffend beantwortet werden, wenn man den Umstand berücksichtige, daß in der Verwaltungspraxis die Förderungs- und Beratungsfunktion der Kommunalaufsichtsbehörden die Eingriffsfunktion an Bedeutung weit übertreffe. Andererseits berge auch die Förderung erhebliche Gefahren in sich. *Becker* machte an Beispielen klar, wie nachteilig sich eine manipulierte Förderung für eine Gemeinde auswirken könne, zumal diese regelmäßig auf die Mittel angewiesen sei.

Eingehend auf die Relation zwischen Grundgesetz und den Länderverfassungen meinte *Becker* in der Einleitung der Diskussion, es sei problematisch, ob alle Selbstverwaltungsgarantien der Länder bereits in Art. 28 GG enthalten seien. Auch die Frage nach der Verfassungsmäßigkeit der Regelung von Kommunalaufsichtsbefugnissen durch Bundesgesetze sei noch nicht endgültig beantwortet.

Ministerialdirigent Dr. *Kölble* (Bonn) behandelte anknüpfend an das von *Becker* zuletzt angeschnittene Problem die Frage, ob der Bundesgesetzgeber an die Respektzone der Gesetzmäßigkeitskontrolle gegenüber den Gemeinden gebunden sei. Er führte aus, wenn *Weber* diese Frage bejaht habe, dann sei dieser offensichtlich davon ausgegangen, daß grundsätzlich für das Kommunalverfassungsrecht der Landesgesetzgeber zuständig sei. *Kölble* gab zu bedenken, daß im Rahmen der Art. 84 Abs. 1 und Art. 85 Abs. 1 GG der Bundesgesetzgeber in einem allerdings sehr beschränkten Umfang kommunalverfassungsrechtliche Entscheidungen treffen könne.

Im Anschluß an diesen Diskussionsbeitrag beschäftigten sich die folgenden Ausführungen vorwiegend mit Problemen des Bundesbaugesetzes und seiner Auswirkung auf Kommunalaufsicht und Genehmigungsvorbehalt.

Stadtdirektor *Beyer* (Bremervörde) stellte die Frage, ob der Bebauungsplan in den Ländern, wo für Satzungen Vorlagepflicht mit Beanstandsrecht besteht, ausdrücklich genehmigt werden müsse.

Senatspräsident *Meyer* (Lüneburg) beschäftigte sich zunächst mit dem Umfang der Kontrolle der Bauleitplanung. Er meinte, daß §§ 6 und 11 des BBauG eine rechtsaufsichtliche Kontrolle eingeführt hätten. Beim Flächennutzungs- und Bebauungsplan handle es sich um Rechtsnormen, die mit den Aufsichtsnormen der landesrechtlichen Gemeindeordnungen in einer engen Beziehung ständen. Da die Planungszuständigkeit der Gemeinden Ausfluß des Selbstverwaltungsrechts sei, sei es schwierig, bei einzelnen, und zwar grundlegenden Fragen der Bauleitplanung eine materielle Substanz für die Rechtsaufsicht zu finden. *Meyer* stellte an den Referenten die Frage, ob nach dessen Auffassung die Ziele der Landesplanung schon hinreichend für eine Rechtsaufsicht faßbar seien, wenn noch kein Landesplanungsgesetz erlassen sei, jedoch durch zwischenstaatliche oder Planungsgremien innerhalb der Länder die Planungsvorstellungen ex cathedra festgelegt worden seien. Der Diskussionsredner trat dafür ein, wichtige durch die Verwaltung geschaffene Fakten, beispielsweise Maßnahmen innerhalb eines Ballungsgebietes, zu den Richtlinien der Landesplanung zu zählen.

Ergänzend fügte Landrat Dr. *Haarmann* (Bad Oldesloe) hinzu, daß die in einigen Bundesländern bestehende Praxis, Einzelheiten der Landesplanung in Form von Rechtsverordnungen zu konkretisieren, zu begrüßen sei. Das Bundesverwaltungsgericht habe, was vom Standpunkt der Praxis zu begrüßen sei, allgemeine Verwaltungsvorstellungen, die in internen Richtlinien niedergelegt und den Gemeinden offiziell mitgeteilt worden seien, als ausreichend angesehen, um eine Rechtsgrundlage für die Ziele der Raumordnung und Landesplanung im Sinne des § 1 Abs. 3 BBauG abzugeben. *Haarmann* glaubte jedoch, auch darauf hinweisen zu müssen, daß es sich bei den Fragen der Genehmigung der Bauleitplanung nicht um Personalaufsicht, sondern um Fachaufsicht handele. Dies werde dadurch verdeutlicht, daß die Genehmigung der Bauleitplanung nicht bei den Kommunalaufsichts-, sondern bei den Fachbehörden liege.

Dieser Auffassung trat Oberbürgermeister Dr. *Klüber* (Ludwigshafen) mit Entschiedenheit entgegen. Zum Wesen der Fachaufsicht, so führte er aus, gehöre es, daß Weisungen für die materielle Bearbeitung erteilt werden könnten. Da die Aufsichtsbehörde keine Weisungen erteilen könne, handele es sich eindeutig um Kommunalaufsicht. Der Diskussionsredner meinte zum Problem der „Ziele der Raumordnung und Landesplanung", daß man zwar aus Landesplanungsgesetzen dort, wo diese erlassen seien, *einzelne* Ziele erkennen, jedoch nicht einen Gesamtüberblick erhalten könne. Deshalb mute § 1 Abs. 3 BBauG den Gemeindevertretungen, die einen Bauleitplan aufzustellen haben, Unmögliches zu. Schon hier, und nicht erst im verwaltungsgerichtlichen Kontrollverfahren lägen erhebliche Probleme.

Ministerialdirigent Dr. *Hofmann* (Mainz) führte aus, daß die Ziele der Raumordnung und der Landesplanung nicht ganz so nebulos seien, wie es nach dem Inhalt einzelner Diskussionsbeiträge erscheine. Zwar sei das Totale der Landesplanung eine sehr schwer faßbare Größe; wichtige Einzelfragen seien jedoch rasch und meist sehr klar zu erkennen. Zu der Frage, wo die Aufsicht nach dem BBauG einzuordnen sei, meinte er, daß er unter keinen Umständen für die Fachaufsicht plädieren wolle, auch der Kommunalaufsicht könne man sie nicht zuordnen. Vielmehr gehöre sie zu einer großen Gruppe, die abgesehen von Nordrhein-Westfalen in den anderen deutschen Ländern im Sprachgebrauch erhalten geblieben sei, nämlich zur Sonderaufsicht. Ähnlich sei es mit der Aufsicht über die Schulbauten nach den Schulgesetzen.

Obermagistratsrat *Barow* (Kiel) wandte sich gegen den vom Referenten entwickelten Begriff der ‚res mixtae' und die aus diesem gezogenen Folgerungen. Seinen Einwand stützte er mit dem nicht unbeachtlichen Argument, daß bei allen Genehmigungsvorbehalten ein staatliches Interesse vorhanden sei. Der Diskussionsredner sah deshalb in den ‚res mixtae' eine Möglichkeit, das Ermessen der Gemeinde durch Entscheidungen staatlicher Stellen zu ersetzen, eine Gefahr, auf die er nachdrücklich hinwies.

In seinem Schlußwort ging *Weber* zunächst auf den Diskussionsbeitrag von *Kölble* ein. Er sagte, er halte es praktisch für ausgeschlossen, daß im Rahmen der Materien, die unter Art. 85 Abs. 1 GG fielen, die kommunale Selbstverwaltung und die korrespondierende Kommunalaufsicht berührt werden könnten. Lediglich im Rahmen des Art. 84 Abs. 1 GG seien Fälle zu finden; hier sei es dem Bund erlaubt, im Falle der landeseigenen Verwaltung durch Gesetz mit Zustimmung des Bundesrates Einrichtungen der Behörden und das Verwaltungsverfahren zu regeln. Insoweit gelte der Grundsatz, Bundesrecht bricht Landesrecht. Hieraus ergäbe sich auch die Antwort auf die Frage von *Beyer*. Der Bund sei in der Lage, vorzuschreiben, daß erforderliche Genehmigungen nach dem Bundesbaugesetz ausdrücklich und nicht stillschweigend erteilt werden müßten. Der Bundesgesetzgeber könne allerdings nicht so weit gehen, den Status der Kommunen zu bestimmen. Der Bund habe nicht nur Art. 28 Abs. 2 GG, sondern auch zu respektieren, wie die Länder den kommunalen Status ausgeformt hätten oder ausformen. Wenn die Länder sich dahin festgelegt hätten, daß in Selbstverwaltungsangelegenheiten Kommunalaufsicht Rechtmäßigkeitskontrolle sei, dann gehöre dies zum Kern der kommunalen Statusbestimmung.

Eingehend auf die in der Diskussion angeschnittenen Probleme des Bundesbaugesetzes, sagte *Weber*, vor allem wegen der teilweise mangelnden rechtlichen Konstruktion des Gesetzes habe er eine lebhafte Diskussion erwartet. Der Bundesgesetzgeber, so führte er aus, habe den Maßstab der Rechtmäßigkeitskontrolle in das Bundesbaugesetz einarbeiten müssen, um den Widerstand des Bundesrates und der kommunalen Spitzenverbände zu überwinden. Die Genehmigungsbehörde könne nur dort ihren Einfluß geltend machen, wo der Flächennutzungs- oder Bebauungsplan einer Gemeinde Rechtswidrigkeiten enthalte. Die Mehrzahl der Diskussionsredner habe andererseits auch richtig erkannt, daß man bei der Anpassung an die übergeordneten Ziele der Raumordnung und der Landesplanung leicht ins Schwimmen gerate. Hier müsse eine staatliche Mitwirkung stattfinden, weil der Staat seine Entscheidung nicht nur unter dem Gesichtspunkt der Rechtmäßigkeitskontrolle, sondern auch der verantwortlichen Mitwirkung an einer gemeinsamen Aufgabe treffe. Deshalb liege in diesen Fällen eine ‚res mixta' vor, und die Aufsichtsbehörde sei verpflichtet, kooperierend tätig zu werden, d. h. sich den Interessen der Gemeinde wohlwollend, verständig, nachgebend zuzuwenden. Um einen wirksamen Ausgleich zwischen den Interessen des Staates und der Gemeinde zu erreichen, sei es erforderlich, die Ziele der Raumordnung und der Landesplanung greifbar zu machen. Hierzu sei der Erlaß von Planungsgesetzen weniger geeignet als die Sichtbarmachung der Fakten, durch die die Entwicklung bestimmt werde. Der Referent erwähnte den Vorschlag, die gesamte Bundesrepublik in Planungsregionen aufzuteilen, innerhalb der Planungsbereiche die großen Linien festzustellen und mit den Nachbarregionen abzustimmen. Solange eine derart umfassende Planung noch nicht durchgeführt worden sei und auch kaum durchgeführt werden könne, sollten zumindest an den neuralgischen Punkten kleinere Landesplanungsgemeinschaften gebildet werden, so daß wenigstens hier Staat und Gemeinden in solidarischer Verantwortung sich abstimmen könnten. Hierdurch sei ein Weg gewiesen, durch den die bisher übliche Abhängigkeit der Gemeinden von den diskretionären Entscheidungen der zuständigen Stellen ersetzt werde.

Auf die Ausführungen von *Hofmann* eingehend, meinte *Weber*, er rechne die Aufsicht über die Bauleitplanung, wie sie das Bundesbaugesetz vorsehe, zur Kommunalaufsicht, gleichgültig, von welcher Behörde sie ausgeübt werde. Dies sei aber nur zum Teil Rechtmäßigkeitskontrolle. Wenn der Bundesgesetzgeber in den §§ 6 und 11 BBauG für den Flächennutzungsplan und den Bebauungsplan eine Genehmigung vorgeschrieben habe, dann habe er damit einmal einen Fall kommunalaufsichtlicher Genehmigung im Sinne der Rechtsaufsicht gemeint. Gleichzeitig habe er damit seine Mitentscheidungsbefugnis, die außerhalb der möglichen Rechtskontrolle liege, erfassen wollen. Den Einwendungen von *Barow* gegen seine Konstruktion der ‚res mixtae‘ hielt *Weber* entgegen, es sei eine wenig realistische Betrachtungsweise, wenn man die Sphären der Gemeinden und Gemeindeverbände einerseits und des Staates andererseits zu stark trenne. Gerade das Planungssystem biete das beste Beispiel dafür, daß hier eine Gemeinschaftsarbeit vorliege, wie überhaupt das ganze Verwaltungsleben vom Verwaltungsverbund mit verteilter Verantwortung an dem gemeinsamen Gegenstand durchsetzt sei. Diesem Faktum müsse man Rechnung tragen, und das sei der eigentliche Grund, warum er mit dem Denkmodell bzw. der Analogie des ‚res mixtae‘ argumentiert habe. Wenn man auf diese Weise die Selbständigkeit der Gemeinden in der Sache einerseits und die Mitverantwortung des Staates andererseits anerkenne, dann überwinde man die in der Praxis unbrauchbare Alternative zwischen Zweckmäßigkeits- und Rechtmäßigkeitsaufsicht.

*Weber* schloß seine Ausführungen mit dem Hinweis, daß man den von ihm aufgezeigten Weg einer wirklichkeitsnahen und juristisch exakten Konstruktion beschreiten und nicht deshalb zurückschrecken solle, weil in einzelnen Grenzfällen Abgrenzungsprobleme vorhanden seien.

## II.

Im Anschluß an das Referat von Landrat Ministerialrat a. D. Dr. *Galette* (Plön) sollte der Landesgeschäftsführer des bayerischen Städteverbandes, Oberstadtdirektor Dr. *Jobst* (München), durch einen einleitenden Diskussionsbeitrag die Aussprache eröffnen. Dienstliche Verpflichtungen machten dies unmöglich, so daß Professor Dr. Dr. *Becker* (Speyer) es übernehmen mußte, unter Mitteilung der von *Jobst* zur Verfügung gestellten Aufzeichnungen einige Probleme aufzuzeigen. *Jobst* wies zunächst daraufhin, daß Art. 108 der bayerischen Gemeindeordnung eine Sollvorschrift für die Aufsichtsbehörden enthalte, die Gemeinden bei der Erfüllung ihrer Aufgaben verständnisvoll zu beraten. Aber auch ohne eine solche Vorschrift, so meinte er, gehöre die Beratung zum Inhalt der Staatsaufsicht. Die Beratung könne sich auf Zweifelsfragen bei der Gesetzesanwendung, die Begutachtung gemeindlicher Projekte sowie auf Hinweise zur Kostendeckung erstrecken. In der bayerischen Regelung komme das Vertrauensverhältnis zwischen Gemeinden und Staat deutlich zum Ausdruck, und es werde erkennbar, daß die Aufsichtsbehörde der Gemeinde ihre Sachkunde und ihren größeren Überblick zur Verfügung stellen müsse. Man solle auch in der Diskussion die Frage erörtern, ob bei der Erteilung eines schuldhaft unrichtigen Rates die Gemeinde einen Schadensersatzanspruch aus § 839 BGB in Verbindung mit Art. 34 GG habe. Bemerkenswert für Bayern sei, daß bisher keinerlei nennenswerte Schwierigkeiten bei der Beratung aufgetreten seien und die maßvolle Handhabung der Staatsaufsicht überall anerkannt werde. Natürlich sei die Beratungstätigkeit um so intensiver, je kleiner die Gemeinde sei. Es sei nicht zu verkennen, daß die sogenannten Zwerggemeinden heute nicht nur von den Landratsämtern beaufsichtigt und damit beraten, sondern weitgehend unmittelbar verwaltet würden. In Bayern hätten die kommunalen Spitzenverbände, die sich um den Status von Körperschaften des öffentlichen Rechts beworben hätten, ebenfalls umfangreiche Beratungen durchzuführen, die jedoch nicht aus der Aufsichtsfunktion abgeleitet werden könnten, sondern sie müßten als eine Art Selbsthilfe der Gemeinden betrachtet werden. Aufsichtsbehörde und kommunale Spitzenverbände würden vielfach gleichzeitig um Rat gefragt, und es habe sich eine gewisse Arbeitsteilung bestens eingeführt. *Becker* führte aus: Wenn die Beratung das geringere in Betracht kommende Mittel der Rechtsaufsicht gegenüber einem Eingriff darstelle, dann werde die Anwendung von außerordentlichen Eingriffsmitteln deswegen überflüssig, weil die Beratung funktioniere. Bei sehr kleinen Gemeinden könne allerdings die Beratung so umfassend werden, daß man kaum noch von Kommunalaufsicht sprechen könne.

Diese einleitenden Ausführungen hatten zur Folge, daß die Diskussion sich in den angeschnittenen Fragen umfassend gestaltete. Zunächst nahm Ministerialrat Dr. *Berner* (München) zu dem Problem Stellung, ob die Beratung noch als legitimer Bestandteil der Aufsicht angesehen werden könne. Historisch sei — und insoweit knüpfte er auch an Bemerkungen in der Diskussion zum ersten Referat an — die Beratung als Teil der Staatskuratel zu verstehen. Er trat dafür ein, die Beratung im Rahmen des Wirkens der Kommunalaufsichtsbehörde nicht als Sonderfall zu behandeln, weil Beratung und im bedauerlichen Endeffekt rechtsaufsichtliche Eingriffe eine lückenlose Wirkungskette seien. Andererseits gäbe es Bereiche, wo sich die Tätigkeit der beratenden Stelle in der Beratung erschöpfe und keine Eingriffsmöglichkeiten zur Verfügung ständen. *Berner* bat den Referenten, das Problem nochmals umfassend zu erörtern. Das von *Becker* angeschnittene Problem, ob auch dann noch beraten werden könne, wenn der Eingriff in einer Mußvorschrift zwingend vorgeschrieben sei, könne in der Praxis in dieser Schärfe nicht erfaßt werden, so führte *Berner* aus. In dem Augenblick, in dem die gesetzliche Eingriffsvoraussetzung gegeben sei, sei grundsätzlich der Raum für die Beratung verschlossen. Allerdings könne auch dann eine Rücksprache noch die Funktion haben, die Gemeinde auf ihren Fehler aufmerksam zu machen, um sie zu veranlassen, nach Möglichkeit die Zwangsmaßnahmen durch die Staatsaufsicht abzuwenden. Teilweise werde in der Praxis ein rechtswidriger Zustand nicht im Wege der Kommunalaufsicht bereinigt, weil zu erwarten sei, daß dieser durch ein nachfolgendes Gesetz legalisiert werde. — *Berner* machte dies an dem Beispiel der Beihilfenregelung der Stadt München in anschaulicher Weise deutlich. Schließlich ging der Diskussionsredner auch auf die Problematik der kleinen Gemeinden ein. Er knüpfte an die Tatsache an, daß der Gesetzgeber den kleinsten kommunalen Körperschaften komplizierte Aufgaben stellt, die von den ehrenamtlichen Bürgermeistern nicht bewältigt werden können. Hier sah er die Gründe dafür, daß die Landratsämter eine Art praktischer Verwaltungshilfe leisten, die über die Beratung hinausgeht. Den schon öfters gemachten Vorschlag, den hauptamtlichen Gemeindebeamten ganz oder teilweise durch den Staat zu besolden, lehnte er ab, weil dies zu einer starken Abhängigkeit und damit zu einer Gefährdung der Selbstverwaltungsgarantie führen könne. Bis man einen besseren Weg gefunden habe, müsse man wohl oder übel an der bisherigen Praxis in Bayern festhalten.

Bürgermeister Dr. *Schmidt* (Eckernförde) vertrat in seinem Diskussionsbeitrag ebenso wie der Referent die Auffassung, daß die Beratung kein Institut der Kommunalaufsicht sei. Im einzelnen führte er aus: Die Stellen, die zur Beratung herangezogen würden, seien meist andere Dienststellen als die kommunalen Aufsichtsbehörden, und das Institut der Beratung liege näher bei der Amtshilfe als bei der Kommunalaufsicht. Auch die Mittel und Wege der Beratung, insbesondere der Verwaltungsstil, seien andere als bei der Kommunalaufsicht. Lediglich dort, wo die Beratung eine Präliminarie der Aufsichtshandlungen sei — als Beispiel nannte *Schmidt* die Vorberatung des der Genehmigung unterliegenden Teiles des Haushaltsplans — könne die Beratung mit der Aufsicht in Verbindung gebracht werden.

Zum Problem des Schadensersatzes wegen einer schuldhaften Erteilung eines unrichtigen Rates meinte *Schmidt*, er habe als Bürgermeister häufig die Möglichkeit wahrgenommen, sich von staatlichen Dienststellen beraten zu lassen. Jedoch sei ihm bisher niemals der Gedanke gekommen, einen Schadensersatzprozeß gegen die beratende Dienststelle anzustrengen.

Professor Dr. *Ule* (Speyer) machte Bedenken gegen die Anwendung des § 839 BGB in Verbindung mit Art. 34 GG geltend, indem er darauf hinwies, daß die Staatshaftung in erster Linie als ein Schutz des Bürgers verstanden werden müsse. Gelte gleiches im Verhältnis der Gemeinde zum Staat, dann müßte man den staatlichen Behörden den Rat geben, in Zukunft von jeder Beratung abzusehen. Das wäre insbesondere für die Gemeinden ein nicht zu übersehender Nachteil.

Auch Obermagistratsrat *Barow* (Kiel) nahm zur Frage des Schadensersatzes Stellung. Er unterschied zwei Fälle. Beim Fall der Ratserteilung zog er eine Parallele zum Zivilrecht und lehnte die Haftung ab. Bei der Beratung als Vorbereitung oder in Zusammenhang mit einer Maßnahme der Kommunalaufsicht hielt er die Anwendung von § 839 BGB in Verbindung mit Art. 34 GG nicht für problematisch, weil die staatliche Behörde schon in diesem Vorstadium Amtspflichten gegenüber der Gemeinde habe.

Seine zusammenfassenden Schlußbemerkungen leitete *Galette* mit dem Hinweis ein, daß es ihm bei seinem Referat darauf angekommen sei, die Fragen nicht nur unter einem verwaltungsrechtlichen Aspekt, sondern auch dem der Verwaltungslehre zu sehen. Eingehend auf die Frage, wo die Beratung einzuordnen sei, hielt er *Berner* entgegen, daß seine historische Beweisführung nicht zwingend sei. Die Beratung sei zu einem großen Teil aus dem patriarchalischen Eudämonismus des aufgeklärten Absolutismus zu verstehen. Deshalb wandte er sich gegen die historische Betrachtungsweise und setzte sich mit dem Problem unter aktuellen Gesichtspunkten auseinander. Hierzu machte *Galette* die folgenden Ausführungen: Wenn die Länderverfassungen die Staatsaufsicht in ihrem materiellen Inhalt eindeutig auf die Sicherung der Gesetzmäßigkeit der kommunalen Selbstverwaltung begrenzt hätten, dann sei eine klare Grenzlinie gegeben. Da diese jedoch fehle, entständen ungeheure Gefahren für den Bestand der kommunalen Selbstverwaltung, wenn der Begriff der Aufsicht verfassungsmäßig über die Rechtmäßigkeitskontrolle ausgedehnt werde. Aufsicht solle man im Sinne der Kontrolle begreifen und diesen Begriff auf die Rechtskontrolle der Gemeinden beschränken. Alle übrigen staatlichen Beziehungsvorgänge, seien es formale Mitwirkungsrechte, seien es Beratungen oder finanzwirtschaftliche Beziehungen, sollten um der Selbständigkeit der Kommunalverwaltung willen aus dem Begriff ausgeklammert werden. Den Ausführungen von *Schmidt*, der auf den unterschiedlichen Verwaltungsstil bei Kommunalaufsicht und Beratung hingewiesen hatte, stimmte *Galette* zu. Er rechnete es nicht der Rechtsaufsicht zu, wenn ein Landrat einer kleineren Gemeinde bei der Auswahl eines hauptamtlichen Gemeindebeamten beratend zur Seite stehe. Zur Frage des Schadensersatzes meinte *Galette*, man müsse eine Parallele zu § 676 BGB ziehen, in dem eindeutig gesagt sei, daß eine Schadensersatzpflicht bei einer beratenden Tätigkeit, die nicht auf Grund eines Vertragsverhältnisses oder einer unerlaubten Handlung geschehe, nicht bestehe. Die Beratung sei rechtssatzfrei und unverbindlich, und die Gemeinden würden sich ja nur an das ihnen Anempfohlene halten, wenn sie von der Richtigkeit überzeugt seien. Zum Problem der kleinen Gemeinden und deren Beratung durch die Landratsämter verwies *Galette* auf die in Nordrhein-Westfalen, im Saarland und im nördlichen Teil von Rheinland-Pfalz bestehenden Amtsverwaltungen. Darin sah er eine Form, mit der auf der einen Seite den kleinen Gemeinden genügend an Verwaltungshilfe gegeben und andererseits ihre Selbstverwaltung nicht über Gebühr beeinträchtigt werde. Der Diskussionsredner stellte fest, daß sich die Gemeinden nicht durch das Amt verwaltet fühlten, sondern die Anregungen und Hilfe gerne annähmen, eine Unterstützung, die ihnen der Landrat wegen der Größe des Bezirks und mangels Kenntnis der Einzelheiten in dem örtlichen Bereich niemals geben könne. Dieses Argument dürfte jedoch nur dann uneingeschränkt gelten, wenn man die großen amtsangehörigen Gemeinden nicht mit einbeziehe. *Galette* beendete seine Ausführungen mit dem Hinweis, daß man in Bayern das Problem der kleinen Gemeinden auf der Grundlage der Ämter überprüfen solle.

## III.

Nachdem Ministerialrat *Berner* (München) als Angehöriger des bayerischen Staatsministeriums des Innern in seinem Referat „Aufsichtsprobleme beim kommunalen Personalwesen" etwas stärker staatliche Aspekte herausgestellt hatte, ging Oberbürgermeister Dr. *Engel* (Darmstadt), der die Diskussion eröffnete, bei seinen Ausführungen mehr vom Standpunkt der Gemeinden aus. Der Diskussionsredner stellte die Entwicklungstendenzen im personellen Bereich der Gemeinden, die der Referent kritisiert hatte, nicht in Abrede, er gab jedoch zu bedenken, die Gemeinden griffen nicht deshalb zu rechtlich bedenklichen Lösungen, weil sie gegen Gesetze verstoßen oder die althergebrachten Grundsätze des deutschen Berufsbeamtentums mißachten wollten, sondern sie müßten aus einer gewissen Notsituation heraus so handeln. So komme es vor, daß eine Gemeinde, die an der Förderung eines hochqualifizierten Beamten ein berechtigtes Interesse habe, ihn aus dem öffentlichen Dienst entlasse und ihn dann als Angestellten in einer höheren Besoldungsgruppe wieder einstelle. Dies sei nicht der ausschlaggebende Grund für die Umwandlung, vielmehr die Erkenntnis, daß dadurch die öffentlichen Wirtschaftsunternehmen weitaus tatkräftiger und wirkungsvoller würden.

*Engel* meldete Bedenken gegen den Plan einer Stellenplanverordnung, der zur Zeit in Rheinland-Pfalz erörtert wird, an, weil zur institutionellen Garantie der Selbstverwaltung die Organisations- und Personalhoheit gehöre, vor allem das Recht, einen Verwaltungsapparat aufzubauen, der der Größe der Gemeinde und dem Umfang ihrer Aufgaben nach Qualität und Quantität entspreche. Er wies auch auf die Gefahren der Fondswirtschaft hin, bei der mit dem Instrument der Interessenquote versucht werde, an Stelle des Ermessens der Gemeinden das als besser angesehene Ermessen staatlicher Dienststellen zu setzen. Hierdurch werde der Gedanke und die Institution der kommunalen Selbstverwaltung — einer der bedeutenden Beiträge Deutschlands zur modernen Staatsgestaltung — stark verwässert.

Professor Dr. *Mayer* (Speyer) nahm zu der grundsätzlichen Frage nach dem Wesen und der Rechtsqualität der Selbstverwaltung und zu aktuellen Problemen des Laufbahnrechts Stellung. Er meinte, wenn in Art. 11 Abs. 2 der bayerischen Verfassung die Formel von der ursprünglichen Gebietskörperschaft der Gemeinde stehe, so werde hierdurch deutlich, daß die bayerische Verfassung vom Schweizer Recht beeinflußt sei. Die Idee der Selbstverwaltung habe jedoch in Deutschland viele Wurzeln und es müsse anerkannt werden, daß Wesen und Rechtsqualität der Selbstverwaltung nur dadurch erfaßt werden könnten, daß man einen Weg gehe, der zwischen dem Extrem mittelbarer Staatsverwaltung und dem Extrem der ursprünglichen Gebietskörperschaft liege. Die Gemeinde, so führte *Mayer* aus, könne in ihrer Selbstverwaltungsfunktion nicht außerhalb der Rechtsordnung des Staates leben, was allerdings noch nicht bedeute, daß die gemeindliche Verwaltung zur mittelbaren

Staatsverwaltung werde. *Mayer* sagte, er habe mit sehr viel Interesse die Feststellung des Referenten aufgenommen, daß beim Landespersonalausschuß 80 v. H. aller Anträge auf Ausnahmebewilligung aus dem kommunalen Bereich stammten. Dies zeige deutlich, daß das Laufbahnrecht, an das die Kommunen gebunden seien, auf die großen Kommunen nicht mehr passe. Es wäre aber verfehlt, so meinte der Diskussionsredner, dementsprechend ein gesondertes Laufbahnrecht für die Gemeinden zu schaffen. Vielmehr müßte in der heutigen Zeit, in der der Stand des Verwaltungsbeamten einer Zerreißprobe ausgesetzt sei, das Laufbahnrecht so umgestaltet werden, daß es sowohl für die kommunale Verwaltung als auch für die staatliche Verwaltung angemessene Verhältnisse schaffe. Auf seinen Ausgangspunkt zurückgehend, erklärte *Mayer*, kommunale wie staatliche Verwaltung seien an der res publica ausgerichtet. Deshalb sollten die Träger dieser Verwaltung nach gleichem Recht leben.

Stadtrat Dr. *Kesseler* (Witten) schloß Bemerkungen über die Stellenbewertung im kommunalen Bereich an, wobei er von den Verhältnissen in Nordrhein-Westfalen ausging. Dort sei im Landeshaushalt der Stellenkegel in den vergangenen Jahren ständig erheblich verbessert worden. Aus der grundsätzlichen Gleichwertigkeit der Verwaltungsfunktion des Bundes, der Länder und der Kommunen leitete er den Grundsatz der Vergleichbarkeit von Staats- und Kommunalbeamten her, der im übrigen für das preußische Rechtsdenken typisch sei. An den Eckposten des Amtmannes und des Oberregierungsrates machte der Diskussionsredner klar, in welchem Umfang sich der Stellenkegel der Landesbeamten außerhalb der Ministerien in den letzten Jahren verbessert habe. Wenn beispielsweise in der Landesverwaltung jeder Beamte des höheren Dienstes mindestens einmal befördert werde, dann müßten auch die Gemeinden nach längerer bewährter Dienstzeit Räte zu Oberräten befördern können, auch wenn diese nicht in einer anderen Gemeinde eine besser besoldete Stelle in Aussicht hätten.

Außerordentlich starken Widerhall fand Regierungsassessor Dr. *Dreyer* (Bonn), der zum Problem der Ämterpatronage sprach. Anknüpfend an die Bemerkung des Referenten, daß eine möglichst sachgerechte Abstimmung sowohl der staatlichen als auch der kommunalen Interessen anzustreben sei, meinte der Diskussionsredner, daß derartigen Bemühungen des öfteren politische Schwierigkeiten entgegengesetzt würden. In der Praxis habe es den Anschein, als sei die Ämterbesetzung zu einem Lebensanliegen der politischen Parteien geworden. Insbesondere im kommunalen Bereich spiele dieses Moment eine ganz erhebliche Rolle, vor allem bei den Beamten auf Zeit. *Dreyer* meinte, es sei ein legitimes Anliegen einer Partei, die die Mehrheit im kommunalen Parlament besitze, bei der Auswahl des leitenden Kommunalbeamten *bei gleichartigen und gleichwertigen Bewerbern* denjenigen auszuwählen, der ihr aus Parteigründen näherstehe. Regelmäßig stellten jedoch die Parteien erheblich weitere Ansprüche und versuchten, Parteigänger — um es kraß zu formulieren — unterzubringen oder aufsteigen zu lassen, wobei in diesem Fall versucht werde, Einfluß auf die Stellenplangestaltung zu nehmen. Hierdurch entständen zwei Konfliktsbereiche, erklärte der Diskussionsredner. Bei der staatlichen Aufsichtsbehörde, die gegenüber den kreisfreien Städten und den Landkreisen zu wirken habe, sei der Kommunaldezernent in einer gewissen Beziehung noch unabhängig. Dies gelte zumindest dann, wenn er Lebenszeitbeamter sei und keine weiteren Ambitionen habe. Hier könne die Entscheidung allenfalls dadurch politisch beeinflußt werden, daß der Regierungspräsident aus politischen Gründen eine Sache an sich ziehe. Schwieriger sei die Situation bei der Kommunalaufsicht in den Landkreisen gegenüber den kreisangehörigen Gemeinden. Beispielsweise könne man von einem Oberkreisdirektor im Jahre seiner Wiederwahl kaum verlangen, bestimmten Stellenwünschen im Bereich des Kreises bzw. der kreisangehörigen Gemeinden entgegenzutreten, wenn diese von den maßgebenden politischen Kräften mit Nachdruck verfolgt würden. *Dreyer* erklärte, er habe keine Patentlösung, um diese Mißstände abzustellen; viel sei jedoch dann schon erreicht, wenn die leitenden Kommunalbeamten versuchten, über dem tatsächlichen Hin und Her der parteipolitischen Sicht zu stehen, und wenn sie sich kraft ihrer Persönlichkeit das nötige Vertrauen zu den einflußreichen Parteien sichern könnten, ohne dabei den Grundsatz der Neutralität zu verletzen. Mit einer gewissen Gradlinigkeit der Kommunalaufsicht könne viel erreicht werden.

Oberbürgermeister Dr. *Hahn* (Frankenthal) glaubte, *Dreyer* in einigen Punkten widersprechen zu müssen. Er sagte, sein Vorredner habe den Eindruck erweckt, daß die Dinge bei den Gemeinden besonders kraß gelagert seien. Auch im Bund und in den Ländern gebe es zahlreiche Beispiele der Ämterpatronage. Er wandte sich mit Entschiedenheit dagegen, daß die hauptamtlichen Kommunalwahlbeamten in eine zu starke Abhängigkeit von den politischen Kräften geraten und trat dafür ein, daß bei der Beamtenernennung bzw. Beförderung, die bis heute in Rheinland-Pfalz noch ausschließlich Sache des Gemeinderates sei, der Verwaltungschef ein Mitwirkungsrecht bzw. eine Einspruchsmöglichkeit erhalte. Im übrigen dürfe man die Ämterpatronage auch nicht dramatisieren, erklärte *Hahn*: Der Wechsel im Kräftespiel der demokratischen Parteien schaffe schließlich den notwendigen Ausgleich.

Seine Schlußausführungen leitete *Berner* mit der Bemerkung ein, daß es ihm bei seinem Referat darauf angekommen sei, die wichtigsten Akzente anklingen zu lassen. Er sei glücklich darüber, daß in der Diskussion die widerstreitenden Interessen stärker zum Ausdruck gekommen seien.

*Engel* entgegnete der Referent, daß die großzügigen Angebote aus der freien Wirtschaft weit weniger im Einzelfall einer Nachprüfung standhielten, als es den Anstellungskörperschaften meist vorgespiegelt werde. Wenn die Gemeinden angeblich aus einer echten Notsituation dazu kämen, einen Beamten in das Angestelltenverhältnis zu übernehmen, weil sie ihn auf andere Weise nicht fördern könnten, dann sei nach seiner Auffassung die Grenze des noch rechtlich Zulässigen und Möglichen überschritten. Es sei eine Grundvoraussetzung des Beamtenrechts, daß der Beamte an seine Laufbahn gebunden sei. Wer dies nicht respektiere, dürfe entweder nicht Beamter werden oder müsse auf dem dafür vorgesehenen politischen Weg versuchen, daß ein Recht, welches möglicherweise ein überholtes Sozialmodell regele, den geeigneten Reformen unterworfen werde. Die Anstellungskörperschaften müßten auch bisweilen Mut aufbringen und auf den Beamten, der allzu umfassende Forderungen stelle, verzichten. Zur Umwandlung kommunaler Eigenbetriebe in Aktiengesellschaften, die der erste Diskussionsredner behandelt hatte, meinte der Referent, daß er nichts dagegen einzuwenden habe, wenn die führenden Beamten zu Vorstandsmitgliedern gemacht würden. Ihm seien aus der Praxis Fälle bekannt, wo die Umwandlung in eine Aktiengesellschaft *lediglich* aus personalpolitischen Erwägungen erfolgt sei. Dem Diskussionsbeitrag von *Kesseler* stimmte der Referent zu. Er zeigte sich aus der Sicht der süddeutschen Verhältnisse überrascht, daß in Nordrhein-Westfalen die Tendenz zu einer besseren Stellendotierung nicht von der kommunalen Seite, sondern vom Land ausgehe.

Zu den Ausführungen von *Mayer*, die der Referent als tiefgründigen Diskussionsbeitrag bezeichnete, meinte er, er habe sich im Rahmen seines Referates selbstverständlich nicht die Aufgabe gestellt, die Prävalenz von Selbstverwaltung und Staatsverwaltung zu entscheiden. Da in der Praxis immer wieder eine erhebliche Potenz an Arbeitskraft, Zeit und Polemik verwendet werde, um im Einzelfall die Behauptung zu stützen, der Staat tangiere das Selbstverwaltungsrecht, bezeichnete er es als eine wichtige Aufgabe, diese Frage ernsthaft von der wissenschaftlichen Seite her zu durchdenken. Der Verwaltungspraxis werde ein ungeheurer Dienst erwiesen, wenn der wirkliche Unantastbarkeitsbereich klarer, als das bisher erfolgt sei, herausgestellt werden könnte. *Dreyer* erklärte der Referent, daß sein Diskussionsbeitrag bei ihm wie bei allen anderen Zuhörern einen nachhaltigen Eindruck hinterlassen habe. Er habe so recht deutlich gemacht, daß es in der Verwaltung noch Bereiche gebe, die frei von Normen und Judikatur den einzelnen vor seine persönlichste Verantwortung stelle. *Berner* glaubte jedoch, auch aus seiner neutralen Stellung heraus sagen zu müssen, die Mitgliedschaft bei einer demokratischen politischen Partei sei nicht negativ zu werten. Während die ältere Generation noch immer um die Frage ringe, ob sie sich zu einer politischen Stellungnahme entschließen solle, und ob sich das mit dem neutralen Standpunkt des Beamten nach der herkömmlichen Tradition vertrage, habe die jüngere Generation der Verwaltungsbeamten diese Entscheidung bereits getroffen. Die Motive seien nicht in jedem Fall ehrenwert, er glaube jedoch feststellen zu müssen, daß ein großer und ehrlicher Prozentsatz die Parteinahme als eine echte Beteiligung an der politischen Willensbildung ansehe. Dies sei eine Entwicklung, die hoffnungsfreudig stimme.

## IV.

In der Diskussion zum Vortrag von Ministerialdirigent Dr. *Hofmann* (Mainz) wurde vor allem die systematische Einordnung des Genehmigungsvorbehalts und deren Folgen erörtert.

Professor Dr. Dr. *Becker* (Speyer) machte geltend, daß der Begriff der *Genehmigung* vieldeutig sei und zuweilen mißbräuchlich verwendet werde. Dies habe Professor Dr. *Salzwedel* (Bonn) in einer kürzlich erschienenen Arbeit* veranlaßt, die Genehmigung als Sanktion von der aufsichtlichen Genehmigung zu unterscheiden. Daneben könnten auch solche Genehmigungen des öffentlichen Rechts erwähnt werden, deren jedermann bedürfe, um bestimmte Rechtsgeschäfte des Privatrechts rechtswirksam werden zu lassen. Beispielsweise sei an die Genehmigung bei Grundstücksverkäufen zu denken. Eine Gegenüberstellung der aufsichtlichen Genehmigung zeige, daß der Begriff der gewerberechtlichen Genehmigung in Wirklichkeit eine Erlaubnis sei. *Becker* meinte, man solle etwas mehr darauf achten, den Begriff der Genehmigung von dem Begriff der Erlaubnis zu unterscheiden. Genehmigungspflichtige Akte der Gemeinden seien grundsätzlich rechtlich zulässige Handlungen, die der Rechtswirksamkeitserklärung durch die Aufsichtsbehörde bedürften. Hierbei könne man mit *Salzwedel* mehrere Kategorien unterscheiden. Der Diskussionsredner stellte fest, daß mit der Aktivierung der Gemeinde in der Vergangenheit und dem Zurückdrängen der Staatskuratel die Anwendungsfälle des Genehmigungsvorbehalts zurückgegangen seien und gab deshalb zu bedenken, ob man den Genehmigungsvorbehalt nicht in der Weise beschränken sollte, wie dies in Baden-Württemberg geschehen sei. Bekanntlich besteht dort z. T. eine Anzeigepflicht mit Beanstandungsrecht. Schließlich kritisierte *Becker* die Tatsache, daß im Regelfall wertausfüllungsbedürftige unbestimmte Gesetzesbegriffe Maßstäbe des

* Jürgen *Salzwedel*, Staatlicher Genehmigungsvorbehalt gegenüber der Selbstverwaltung, Komm.Arch. Jg. 1, 1962, 2. Halbjahresbd., S. 203—220.

Genehmigungsvorbehalts sind. Er setzte sich für eine Einzelaufzählung der Versagungsgründe ein, um eine exakte richterliche Kontrolle zu gewährleisten.

Bundesverfassungsrichter Professor Dr. *Schunck* (Karlsruhe), der sodann das Wort ergriff, wies zunächst darauf hin, daß ihm in seiner langen Praxis nur wenige Fälle bekannt geworden seien, in denen Gebietskörperschaften Verwaltungsgerichte angerufen hätten, weil eine Genehmigung versagt worden sei. Er bezeichnete das als erfreuliche Entwicklung, weil aus ihr ein enger Kontakt und eine gute Zusammenarbeit zwischen Gemeinde und Aufsichtsbehörde hervorgehe. Die Frage, in welchem Umfang Genehmigungsvorbehalte eingeführt werden könnten, beantwortete er aus der Verfassung von Rheinland-Pfalz und dem übereinstimmenden Artikel der hessischen Landesverfassung. Wenn hier gesagt werde, daß die Aufsicht des Staates sich darauf beschränke, daß die Selbstverwaltung in Einklang mit den Gesetzen geführt werde, so gehe hieraus hervor, daß grundsätzlich kein Raum für Mitwirkungsrechte und Zweckmäßigkeitserwägungen vorhanden sei. Der Diskussionsredner verwies auf die zahlreichen generellen Verpflichtungen des Kommunalrechts, z. B. die Verpflichtung zu einer geordneten Finanzwirtschaft, die nach den Maßstäben der unbestimmten Rechtsbegriffe durch Aufsichtsbehörden und Verwaltungsgerichte zu überprüfen seien. *Schunck* erinnerte schließlich daran, daß das Verhältnis zwischen Bund und Ländern nach der Rechtsprechung des Bundesverfassungsgerichts über die Pflicht zum bundesfreundlichen Verhalten, zur Bundestreue bestimmt werde. Er übertrug diesen Gedanken auf das Verhältnis zwischen dem Staat und den im Staat befindlichen Gebietskörperschaften mit der Folge, daß ein Verstoß gegen die sich aus diesem Treueverhältnis ergebenden Rücksichten eine Rechtsverletzung sei, die die Möglichkeit eröffne, eine Genehmigung zu versagen.

Oberregierungsrat Dr. *Kilches* (Aurich) gab zu bedenken, daß für das Verhältnis von Landesverwaltung zur Gemeindeverwaltung der Ausgleich zwischen den örtlichen und überörtlichen Interessen und Gesichtspunkten entscheidend sei. Er trat dafür ein, die Frage, ob und in welchem Umfang Genehmigungsvorbehalte heute notwendig seien, auch unter diesem Gesichtspunkt zu behandeln.

Oberbürgermeister Dr. *Hahn* (Frankenthal) stimmte dem Referenten in seiner systematischen Einteilung, Kommunalaufsicht, Sonderaufsicht und Fachaufsicht zu unterscheiden, zu. Auch die Definition des Genehmigungsvorbehalts, so meinte er, müsse man bejahen. Er schloß sich dem vom Referenten entwickelten Partnerschaftsgedanken an, weil man nicht davon ausgehen könne, daß die Aufsichtsbehörde immer die höhere Weisheit vertrete. Im täglichen Verwaltungsleben sollte man die gegenseitigen Standpunkte darlegen und im Wege der Diskussion ermitteln, wo die richtige Lösung liege. Daß bei der Sonderaufsicht dieser Gesichtspunkt weitgehend unbekannt sei, wies *Hahn* mit den folgenden Ausführungen nach: In seiner Praxis habe er in den letzten Wochen bei einem Schulbau feststellen müssen, daß sich die Schulaufsichtsbehörde rigoros durchsetzen wolle, obwohl er der festen Überzeugung sei, daß sein Baudezernat eine vernünftigere Lösung durchzusetzen versuche. *Hahn* gab zu bedenken, daß bei kommunalaufsichtlichen Maßnahmen auch die Interessen der Gemeinde insoweit berücksichtigt werden müßten, als man auf die Wirkung gegenüber dem Gemeinderat achte. Die ehrenamtlichen Mitglieder dieses Gremiums opferten einen erheblichen Teil ihrer Freizeit für Plenar- und Ausschußsitzungen, um sich dort oft unter Abwägung zahlreicher Gesichtspunkte zu Entscheidungen durchzuringen. Es mache einen schlechten Eindruck, wenn man sich einfach über ihre Auffassung hinwegsetze.

Verwaltungsgerichtsrat Dr. *Stich* (Neustadt/W.) kam in Verbindung mit dem Genehmigungsvorbehalt nochmals auf die von Professor Werner *Weber* (Göttingen) im ersten Referat des Fortbildungskursus vorgetragene Theorie der ‚res mixtae' zu sprechen. Er vertrat die Auffassung, daß dies eine gefährliche Waffe in der Hand der kommunalen Aufsichtsbehörden sei, denn diese könnten nun versuchen, in jeden Genehmigungsvorbehalt die Eigenschaft der ‚res mixtae' einzuführen. *Stich* meinte, wenn man wie *Hofmann* die Genehmigungsvorbehalte auf finanziellem Gebiet zu den ‚res mixtae' rechne, weil finanzielle Belange des Staatsbürgers mit in die Erörterung einbezogen werden müßten, eine repräsentative Demokratie und eine Aufsichtsdemokratie nebeneinander beständen. Zu den Genehmigungsvorbehalten nach dem Bundesbaugesetz führte *Stich* aus, in § 1 BBauG sei nicht nur von den Zielen der Raumordnung und Landesplanung die Rede, sondern in den Absätzen 4 und 5 seien in einem großen Katalog die überörtlichen Belange klargestellt. Deshalb vertrat er die Auffassung, daß man nicht nur theoretisch, sondern auch praktisch abgrenzen könne, wo die Zuständigkeit der Gemeinde im Sinne des Art. 28 Abs. 2 GG beginne und wo sie ende.

In dem letzten Diskussionsbeitrag widersprach Stadtkämmerer *Ziegenbein* (Hannover) dem Vorschlag *Beckers*, den Genehmigungsvorbehalt durch eine Anzeigepflicht zu ersetzen. Hierbei ging er allerdings davon aus, daß eine vorbildliche Kommunalaufsicht im Sinne einer absoluten Zusammenarbeit mit den Kommunen vorhanden sei, und er meinte, daß dann schwierige Probleme vorher abgestimmt werden könnten und es möglich sei, durch den unmittelbaren Kontakt mit der Aufsichtsbehörde innerhalb kürzester Zeit die erforderliche Genehmigung zu erhalten. Bestehe eine Anzeigepflicht, dann müßte ein formalerer Weg eingehalten werden, der länger dauere.

In seiner Schlußbemerkung erinnerte *Hofmann* daran, daß in den Aufsichtsbehörden Menschen sitzen, die auf Grund langjähriger Berufserfahrung oft viel besser mit den Dingen umzugehen verstehen würden, als es die Rechtsproblematik manchmal erscheinen lasse. Diese seien jedoch auch auf klare Rechtsverhältnisse angewiesen, die z. Z. durch die Entscheidungen der obersten Gerichte gegeben seien. Da die Rechtsprechung wandelbar sei, forderte er die Wissenschaft auf, Gesichtspunkte zu finden, die für das Gebiet des Genehmigungsvorbehalts die Maßstäbe des Rechts nach Möglichkeit in Erscheinung bringen könnten. Die Diskussion, so meinte der Referent, habe jedoch bisher keine verwendbaren Vorschläge gebracht, die in die Novelle eines Änderungsgesetzes zum Selbstverwaltungsgesetz übernommen werden könnten. Es sei ihm bei seinen Ausführungen, erklärte *Hofmann*, darauf angekommen, die Gesichtspunkte, die vom Standpunkt der Staatsaufsicht zu beachten seien, möglichst klar herauszustellen, denn gerade bei einer guten Partnerschaft sei es erforderlich, daß beide Teile wüßten, woran sie miteinander seien.

Zu dem Diskussionsbeitrag von *Hahn* meinte er, wenn dieser ebenso wie Oberbürgermeister Dr. *Engel* (Darmstadt) in der Diskussion zum vorhergehenden Referat auf traurige Erlebnisse auf dem Gebiet der Schulaufsicht hingewiesen habe, so gehöre ihm sein Verständnis. Man müsse jedoch die Bestimmung, daß für Schulbauvorhaben die schulaufsichtliche Genehmigung der Bezirksregierung bzw. des Ministeriums für Unterricht und Kultus notwendig sei, im Verhältnis zu den kleineren und mittleren Gemeinden sehen, die möglicherweise erst nach mehreren Generationen in die Lage versetzt würden, eine Schule zu bauen. Deshalb sei es wichtig, ihnen die Erfahrungen zentraler Stellen zugute kommen zu lassen. Zu der von *Stich* vorgebrachten Unterscheidung zwischen repräsentativer Demokratie und Aufsichtsdemokratie meinte *Hofmann*, diese Antithese verkenne, daß die Aufsichtsbehörden die Stellen seien, die den Willen der Demokratie des Landes in die Tat umzusetzen hätten. Seine Schlußbemerkung beendete *Hofmann* mit dem Hinweis, er habe sich darüber gefreut, daß man in der Diskussion nicht nur kommunale Gesichtspunkte, sondern auch die Interessen der Länder berücksichtigt habe.

## V.

Nachdem Ministerialrat *Seiler* (Düsseldorf) über das Thema „Kommunale Finanzen und Kommunalaufsicht" referiert hatte, entzündete sich die Diskussion vor allem an der Frage, ob die klassischen Mittel der Kommunalaufsicht ausreichen, um auf die Wirtschaftspolitik der Gemeinden Einfluß zu nehmen. Außerdem wurden die Möglichkeiten kommunaler Investitionsfonds und das Problem eines interkommunalen Finanzausgleichs erörtert.

Stadtkämmerer *Ziegenbein* (Hannover) glaubte, dem Referenten insoweit widersprechen zu müssen, als dieser die Auffassung vertreten hatte, daß die klassischen Mittel der Kommunalaufsicht auf dem Gebiete des kommunalen Finanzwesens auch dann ausreichten, wenn ernste Krisen zu bestehen seien. Mehrfach, so führte *Ziegenbein* aus, sei in der jüngsten Vergangenheit an die Gemeinden der Aufruf ergangen, sich antizyklisch zu verhalten. In der Praxis sei jedoch der Haushaltsplan wie in jedem Jahr aufgestellt worden. Er stellte fest, die Verwaltung habe zwar versucht, Abstriche zu machen, sie sei jedoch in ihren Bemühungen meist am Widerstand der Ausschußmitglieder gescheitert. *Ziegenbein* wies darauf hin, daß die kommunale Investitionstätigkeit einen nicht unbeachtlichen Einfluß auf die allgemeine Wirtschaftsentwicklung habe; es sei sowohl im Inland als auch bei den Organisationen für internationale wirtschaftliche Zusammenarbeit kein Geheimnis mehr, daß die große finanzielle Selbständigkeit der Länder, vor allem aber der Gemeinden, einer zentralen Einflußnahme auf die Wirtschaft entgegenständen, und daß die Bundesregierung wenig Rüstzeug besitze, um einer möglichen größeren Depression entgegentreten zu können. Nach der Aufgabenverteilung des Grundgesetzes sei es Sache des Bundes, die Leitlinien der Wirtschaftspolitik zu bestimmen. Man müsse sich Gedanken darüber machen, wie dieser über die Länder hinweg bis zu den Gemeinden seine Vorstellungen mit Nachdruck durchsetzen könnte.

Bürgermeister Dr. *Schmidt* (Eckernförde) vertrat ebenso wie sein Vorredner die Auffassung, mit der Kommunalaufsicht könne keine Konjunktur- und Wirtschaftspolitik betrieben werden, durch die die Zyklen ausgeglichen würden. Allenfalls wirke die Kommunalaufsicht heute als ein Instrument zur Drosselung unverantwortlicher Finanzpolitik, die oft durch den Ehrgeiz einzelner Ratsherren zu erklären sei. In derartigen Fällen könne man auch feststellen, daß eine gute Verbindung zwischen dem Beamten der Kommunalaufsicht und dem hauptamtlichen Beamten in den Gemeinden bestehe. Hier bilde das Ethos des Berufsbeamtentums und die gemeinsame Ausbildung eine wichtige Brücke. Es seien die gleichen Beamten, die dann, wenn es darum gehe, Angriffe auf die Selbstverwaltung abzuwehren, mit den ehrenamtlichen Mitgliedern der Gemeinde zusammen derartigen Angriffen begegneten.

*Schmidt* wies auf die Bestimmung des § 9 Abs. 6 BBauG hin, wonach dem Bebauungsplan eine Finanzübersicht beizufügen ist. Dies hielt er für einen wesentlichen Fortschritt, weil die Gemeinde dadurch gezwungen werde, in längeren Fristen zu planen. Er zeigte als Entwicklungstendenz auf, daß ähnlich der Bauleitplanung eine langfristige Finanzplanung eingeführt werde, damit die Möglichkeit bestehe, öffentliche

Aufgaben in einer geordneten Reihenfolge und unter Berücksichtigung konjunktureller Auswirkungen in Angriff zu nehmen. Die Bestrebungen in einzelnen Ländern, kommunale Investitionsfonds einzuführen, hielt *Schmidt* für gefährlich. Mit der Fondswirtschaft habe man bisher schon recht schlechte Erfahrungen gemacht. Man würde die Gemeinden in noch stärkerem Umfang als bisher an die sogenannte goldene Kette legen, und es sei nicht nur Sache des persönlichen Geschicks, sondern auch politischer Einflußnahme, wer die meisten Mittel zugeteilt erhalte.

Der Geschäftsführer des niedersächsischen Landkreistages, Ministerialrat a. D. *Geffers* (Hannover) glaubte, den von dem Referenten gemachten Vorschlag der Investitionsprogramme trotz der Bedenken, die sein Vorredner angemeldet hatte, unterstützen zu müssen. Als Begründung führte er an, die neuere Bundes- und Landesgesetzgebung gehe in immer stärkerem Maße von einer Bedarfsnivellierung aus. In ländlichen Gebieten sei es so, daß die im Bundessozialhilfegesetz vorgesehenen Maßnahmen oder die Einrichtung des neunten Volksschuljahres kleinere Gemeinden vor Aufgaben stellten, die mit den Vorstellungen der traditionellen Finanzverteilung nicht mehr zu bewältigen seien. *Geffers* meinte, eine wohlverstandene kommunale Investitionsplanung sei möglicherweise auch geeignet, die Investitionstätigkeit der Gemeinden im Sinne einer antizyklischen Wirtschaftspolitik stärker in den Griff zu bekommen.

In seinem Schlußwort gab *Seiler* zunächst seiner Verwunderung Ausdruck, daß die beiden ersten Diskussionsredner aus dem kommunalen Bereich seine Auffassung, das Instrumentarium der Kommunalaufsicht entspreche noch den gegenwärtigen Verhältnissen, nicht geteilt hätten. So stehe *er* gewissermaßen als Vertreter der kommunalen Belange mit seiner Ansicht allein. Man dürfe bei der Betrachtung der jetzigen Praxis nicht darüber hinwegsehen, so führte der Referent aus, daß z. Z. noch erhebliche finanzielle Mittel vorhanden seien. Werde die Finanzdecke schwächer, dann könnte man dadurch, daß in weitem Umfang Zweckzuweisungen wegfielen, eine Drosselung vornehmen. Zum Problem des interkommunalen Finanzausgleichs äußerte der Referent sich folgendermaßen: Seine persönliche Auffassung sei auch hier ausgesprochen freiheitlich. Niemals habe er sich für den Gedanken eines interkommunalen Finanzausgleichs, der früher einmal vom Bund propagiert worden sei, eingesetzt, denn er sei kein Freund der Nivellierung; es sei besser, wenn es arme und reiche Städte und nicht nur Einheitsstädte gäbe. Wenn die Kommunen eine Nivellierung anstrebten, dann sollten sie dies von sich aus machen. Der Staat soll sich jedoch nicht einschalten. *Seiler* stellte als Ergebnis der Diskussion fest, daß die zunehmende Tendenz der Zweckzuweisungen kritisiert worden sei. Er erklärte, auch er habe erhebliche Vorbehalte gegenüber den Zweckzuweisungen, weil mit der Einrichtung entsprechender Fonds stets ein bürokratischer Apparat entstehe, der später sehr schwer wieder umgestellt werden könnte. Dennoch habe man in Nordrhein-Westfalen die Erfahrung gemacht, daß Schlüsselzuweisungen an Gemeinden unter 10 000 Einwohnern Splitterbeträge seien, die sinnvoll für Investitionen nicht eingesetzt werden könnten. Deshalb sei man zwangsläufig in diesen Fällen zu Zweckzuweisungen gekommen. Zu *Geffers* gewandt, sagte der Referent, dieser habe das Stichwort „Umdenken" in die Diskussion eingeführt. Dies sei auch seine Vorstellung; man müsse sich ständig den veränderten Umständen anpassen. Man könne nach einem ungeheueren Wirtschaftsaufschwung innerhalb weniger Jahre, der zu erheblichen gesellschaftlichen Wandlungen geführt habe, nicht mehr in den Kategorien der zwanziger Jahre denken. Dennoch sei es gefährlich, in einem Zug mit der Vergangenheit zu brechen, wenn noch eine Möglichkeit bestehe, die geltenden Vorschriften mit neuem Geist zu erfüllen und zu brauchbaren Ergebnissen zu kommen. Dies sei das Ergebnis seines Referates gewesen, erklärte *Seiler*, das auch die Diskussion nicht erschüttert habe.

## VI.

Im Anschluß an das Referat von Oberbürgermeister Dr. *Kunze* (Rastatt) über das Thema „Anforderungen an die Beamten der Kommunalaufsicht" eröffnete Staatssekretär a. D. Dr. *Loschelder* (Düsseldorf) die Aussprache. In seinen Ausführungen, die nach Inhalt und Umfang fast einem Korreferat entsprachen, zeichnete er ein umfassendes Berufsbild des Kommunaldezernenten, nicht ohne darauf einzugehen, inwieweit durch eine angemessene Ausbildung entsprechende Kräfte gewonnen werden können. Im einzelnen führte *Loschelder* aus: Der Staat habe sich zu allen Zeiten stets bemüht, die Posten in den Kommunalabteilungen, aber auch in den Kommunaldezernaten mit den besten Beamten zu besetzen. Solange in Preußen noch die Sonderlaufbahn für den höheren Verwaltungsdienst bestanden habe, sei die Tätigkeit in einem Kommunaldezernat der sicherste Weg gewesen, Landrat zu werden.

Bei den Männern, die am Schalthebel der Harmonisierung zwischen Staat und kommunaler Verwaltung säßen, genüge es nicht allein, qualitativ ausgezeichnete Menschen zu finden, sondern der Staat müsse sich auch bemühen, diesen das Rüstzeug mitzugeben, welches für diese Aufgaben erforderlich sei. Bei der heutigen Einheitsausbildung sei es wegen der großen Zahl der Referendare und des verhältnismäßig kurzen Ausbildungsabschnitts in der Verwaltung ein schwierigeres Problem, eine mit dem Regierungsreferendariat vergleichbare Ausbildung zu erzielen. Jedoch könne einiges getan werden. Wichtig sei es heute vor allem, den Referendaren zu zeigen, was Verwaltung wirklich sei. Hierdurch sei es möglich, fachlich qualifizierte und persönlich geeignete Assessoren für eine Tätigkeit in der Verwaltung zu gewinnen. Nachdem in der Referendarzeit nur noch ein Einblick in die Verwaltung gegeben werden könne, meinte der Diskussionsredner, müßten die in der Verwaltung tätigen Assessoren einzelne Probleme der Kommunalverwaltung während ihrer Probezeit kennenlernen. Bei allen Bemühungen um die Ausbildung bzw. die ebenso wichtige Fortbildung des Kommunaldezernenten sei es erforderlich, zu begreifen, daß dieser eine besondere Stellung innerhalb einer Regierung habe. Diese komme darin zum Ausdruck, daß er nicht mit nachgeordneten staatlichen Dienststellen zu tun habe, sondern die staatlichen Interessen unmittelbar gegenüber den Kommunen vertreten müsse. Das Besondere seiner Aufgabe bestehe darin, daß er es mit Persönlichkeiten in den Gemeinden und Städten zu tun habe, die innerhalb der örtlichen Gemeinschaft eine Spitzenstellung bekleideten und deshalb in gewisser Hinsicht schwierige Verhandlungspartner seien. Schließlich unterscheide sich das Kommunaldezernat nicht unwesentlich von anderen Dezernaten innerhalb der Regierung, weil dort keine fachlich enge Beziehung zum Gegenstand bestehe, sondern ständig neue und verschiedene Fragen zu beantworten seien. Diese Besonderheiten hätten zur notwendigen Folge, daß man dem Kommunaldezernenten eine besondere Stellung einräumen müsse, die auch äußerlich in Erscheinung zu treten habe. Er müsse rang- und besoldungsmäßig hervorgehoben werden; in der Praxis habe es sich als nützlich erwiesen, ihn in größerem Umfang mit Repräsentationsaufgaben zu betrauen.

Aufgaben und Stellung, so führte *Loschelder* weiter aus, erforderten, daß der Kommunaldezernent über ganz bestimmte persönliche Eigenschaften verfügen müsse. Die wichtigste Eigenschaft sei wohl die, daß er einen sehr wachen Blick für die Geschehnisse habe, die das kommunale Wesen berührten oder berühren könnten. Verwaltungsmaßnahmen und Gesetzesentwürfe anderer Ressorts könnten oft von größter Bedeutung für die Gemeinden in der Zukunft sein, ohne daß dies zunächst offensichtlich werde. Schließlich müsse der in der Kommunalaufsicht tätige Beamte in besonderem Maße die Fähigkeiten haben, sich durchzusetzen, um den ständigen Angriffen von außen entgegenzutreten. Diese Eigenschaft dürfe nicht im Extrem vorhanden sein, sondern sie müsse sich vielmehr mit einem echten Verständnis für die Belange der Gemeinden verbinden. Nur so sei es möglich, dem im Verlauf der Arbeitstagung so oft vorgetragenen Gedanken der Partnerschaft Rechnung zu tragen. Hierzu gehöre auch, daß der Kommunaldezernent den persönlichen Kontakt mit den Gemeinden auf jedem nur möglichen Weg aufrechtzuerhalten suche. Eine zweite wichtige persönliche Fähigkeit, die man von dem Kommunaldezernenten verlangen müsse, sei die, eine klare Konzeption von dem zu haben, was zu tun sei. Hierzu gehöre, daß er die Gesichtspunkte des Staates mit dem Gedanken der Partnerschaft in Einklang bringe, daß er sich mit den schwierigen Fragen des Legalitäts- und Opportunitätsprinzips auseinandersetze und daß er sich darüber im klaren sei, daß die Kommunalaufsicht eine Funktion darstelle, die man trotz der Verschiedenheit der Kommunen nach bestimmten gleichmäßigen Grundsätzen zu handhaben habe. Denn die Gefahr, daß sich andere Gemeinden auf eine bestimmte Entscheidung berufen würden, sei deshalb besonders groß, weil zwischen den Gemeinden ein starker Kontakt bestehe. Weiterhin müsse man von einem in der Kommunalaufsicht tätigen höheren Beamten verlangen, daß es sich um einen Mann handele, der sich der Verantwortung seiner Stellung vollauf bewußt sei, der Verantwortung gegenüber dem Staat, dessen Interessen unter allen Umständen gewahrt werden müßten, aber auch der Verantwortung gegenüber den Interessen der Gemeinden.

Am Ende seines ausführlichen Diskussionsbeitrages äußerte sich *Loschelder* folgendermaßen zum Verwaltungsstil bei der Kommunalaufsicht: Während beispielsweise die Polizeiverwaltung sehr stark auf Befehl und Gehorsam beruhe, spiele in der Kommunalaufsicht das Gespräch eine bedeutende Rolle, das Gespräch mit dem Ziel, widerstreitende Gesichtspunkte einander anzunähern, um zu einer Einigung zu kommen. Eine Verfügung sollte man in der Kommunalaufsicht erst dann erlassen, wenn auf dem vorerwähnten Weg nicht mehr weiterzukommen sei. Das Gespräch werde dadurch erleichtert, daß man ständig einen Kontakt zwischen Gemeinde und Kommunalaufsicht herstelle, sich des öfteren vorweg berate und nicht erst dann mit der Diskussion beginne, wenn in den entscheidenden Fragen schon weitgehend vollendete Tatsachen geschaffen seien. Entscheidend für Gemeinden auf der einen und staatliche Kommunalaufsichtsbehörden auf der anderen Seite sei das Bewußtsein, daß alle im gleichen Boot sitzen, daß nicht das Streitverhältnis im Vordergrund stehe, sondern die vernünftige Aussprache, die vernünftige Handhabung und das Anstreben von Zielen, die allen gemeinsam aufgegeben seien.

Der Geschäftsführer des niedersächsischen Landkreistages, Ministerialrat a. D. *Geffers*, wandte sich gegen eine kritische Anmerkung des Referenten über die besondere Problematik der Aufsichtsführung durch einen Kommunalbeamten auf Zeit. Er meinte hierzu, daß der Kommunalbeamte selbst hinreichend Rückgrat habe, entsprechenden Anfeindungen zu widerstehen. Viel wichtiger sei es, darauf hinzuweisen, daß insbesondere in norddeutschen Bundesländern Landkreis- und Gemeindeordnungen Bestimmungen enthielten, die unter gewissen Umständen in der Kommunalaufsicht eine Mitwirkung ehrenamtlicher Bürger bei dem Erlaß von entscheidenden Kommunalaufsichtsakten vorsähen. Schließlich wies *Geffers* auf das wichtige Problem der geschwächten Position des

Regierungspräsidenten in Fragen der Kommunalaufsicht hin. Er konnte auf das Erscheinungsbild in der Praxis verweisen, daß größere kreisfreie Städte auch ohne eine entsprechende Regelung in der Gemeindeordnung sich in wichtigen Fragen der Kommunalaufsicht nicht mehr mit der Bezirksregierung auseinandersetzten, sondern sich unmittelbar an das Ministerium wendeten. Diese Praxis schwäche in erheblichem Umfang nicht nur die Position des Regierungspräsidenten, sondern vor allem die des Kommunaldezernenten, weil auch kleinere Gemeinden leicht geneigt seien, den von den großen Städten vorgezeichneten politischen Weg nachzugehen. Weniger zuversichtlich als *Loschelder* äußerte sich der Diskussionsredner zu den Möglichkeiten einer geordneten Ausbildung unter der heutigen Einheitsausbildung. *Geffers*, ein Anhänger und Verfechter des Regierungsreferendariats, ging sehr weit, wenn er sagte, das Bild, welches *Loschelder* gezeichnet habe, sei ein rückwärtiges Bild. Wenn heute die Verhältnisse noch einigermaßen erträglich seien, so sagte *Geffers*, dann sei dies darauf zurückzuführen, daß noch eine Reihe von höheren Beamten vorhanden sei, die die Sonderausbildung genossen hätten.

Bürgermeister Dr. *Schmidt* (Eckernförde) ergänzte die Ausführungen von *Loschelder* noch in einigen Punkten. Er sagte, die Partnerschaft zwischen Staat und Gemeinden könne dadurch gesichert werden, daß man einen einheitlichen Typus des deutschen Beamten schaffe, der dem von *Loschelder* entwickelten Idealbild nahekomme. Während der Referendarausbildung sei es erforderlich, einen tiefen Einblick in die Praxis der Verwaltung zu geben. *Schmidt* bedauerte, daß es heute die jüngeren Juristen als nicht mehr angemessen betrachteten, in den Kommunaldienst einer Stadt von der Größenordnung bis 10 000 Einwohnern einzutreten. Dieses Feld überlasse man entweder besonders qualifizierten Angehörigen des gehobenen Dienstes oder Parteipolitikern. Wäre die Praxis eine andere, dann könnten auf diese Weise jüngere Beamte des höheren Dienstes die Erfahrungen im kommunalen Bereich sammeln, die sie in die Lage versetzten, später tüchtige Kommunaldezernenten zu werden.

In seiner kurzen Schlußbemerkung dankte *Kunze* zunächst *Loschelder* für seine ausgezeichneten Ausführungen, denen er, wie er sagte, nichts hinzuzufügen habe. Lediglich glaubte er, den Wunsch aussprechen zu müssen, daß die gehobenen Stellen, die in den Ländern für die Kommunalaufsichtsbeamten geschaffen worden seien oder würden, auch den jüngeren Kommunalreferenten zugute kämen und nicht diese Stellen mit älteren Kollegen, die wegen ihrer langen Dienstzeit befördert werden müßten, besetzt würden. *Kunze* antwortete *Geffers*, dieser sehe den Schwund an Substanz der Kommunalaufsicht zu scharf und vielleicht in einer gewissen Einseitigkeit. Allenfalls habe sich eine Umformung vollzogen dergestalt, daß die Eingriffsverwaltung in den Hintergrund getreten sei zugunsten einer weitgehenderen Harmonisierung, auf die sowohl von seiten des Staates als auch der der Gemeinden hingearbeitet werde. Der Referent äußerte sich sodann positiv zu den Ausführungen *Schmidts* hinsichtlich verschiedener Ausbildungsfragen. Er sagte, es sei bedauerlich, wie wenig Interesse bei den Referendaren dafür bestehe, in einer Gemeindeverwaltung ausgebildet zu werden. Der Referent sagte, er würde es begrüßen, wenn jüngere Volljuristen in kleineren Städten Bürgermeister würden oder ein Austausch der Staats- und Kommunalverwaltung erfolge. Dies alles liefe in der Praxis viel reibungsloser, wenn derjenige, der sich zum Austausch melde, dann, wenn er zurückkehre, zumindest in die Stellung hereinkomme, die er erreicht hätte, wenn er ständig bei der Staatsverwaltung geblieben wäre. *Kunze* forderte, man müsse den Willen, sich in ein neues Arbeitsgebiet einzufügen und im Interesse der Verwendung im öffentlichen Dienst seinen Gesichtskreis erheblich zu erweitern, durch bessere Beförderung und durch eine allgemeine Großzügigkeit honorieren.

Professor Dr. Dr. *Becker* (Speyer), unter dessen wissenschaftlicher Leitung der 31. Staatswissenschaftliche Fortbildungskursus der Hochschule für Verwaltungswissenschaften Speyer stand, dankte am Ende der Tagung den Referenten und Diskussionsrednern für ihre Beteiligung und allen 350 Teilnehmern für ihr Erscheinen. Sodann fand er Gelegenheit, das Ergebnis der Tagung in einigen Punkten zusammenzufassen. Er führte aus:

Eine kommunale Selbstverwaltung ohne Kommunalaufsicht könne es nicht geben. Maßstab und Mittel der Kommunalaufsicht müßten mit Rücksicht auf das Selbstverwaltungsrecht gesetzlich bestimmt sein. Staat und Gemeinden seien Gemeinwesen, die einander zugeordnet seien, beide verwirklichten das öffentliche Wohl nach Maßgabe des Rechts. Die Kommunalaufsicht sei sowohl auf Abwehr von Unrechtshandlungen und auf die Erfüllung gesetzlich obliegender Pflichten der Gemeinden ausgerichtet wie auf Beratung, Förderung und Schutz der Gemeinden. Man könne sogar sagen, daß die Kommunalaufsichtsbehörden in immer stärkerem Maße zum Freund und Helfer der Gemeinden geworden seien. Andererseits bedürfe die Förderungsfunktion in einigen Punkten ebenso der rechtsstaatlichen Ausgestaltung wie die Eingriffsfunktion. Dies sei jedoch nicht einfach, denn ein Vertrauensverhältnis zwischen den Beamten der Aufsichtsbehörden und denen der Gemeindeverwaltung würde als Grundlage einer freiheitlich demokratischen Ordnung im Staate angesehen; je besser dieses Vertrauensverhältnis sei, desto weniger präventive und repressive Mittel der Kommunalaufsicht brauche man anzuwenden. Komme es jedoch zu Verstößen gegen das öffentliche Wohl oder die Rechtsordnung, dann sei *Aufsicht* und nicht *Nachsicht* geboten. Um ihrer Aufsichtsfunktion gerecht zu werden, müßten die Beamten der Kommunalaufsicht über umfassende Fachkenntnisse, reiche Verwaltungserfahrung und hervorragende menschliche Qualitäten verfügen, um fachliche und insbesondere finanzielle Unzulänglichkeiten auszugleichen, den Mißbrauch des Rechts jedoch ausschalten zu können. Die Bemühungen der Gemeindeverwaltung sollten ebenso anerkannt werden wie die Bestrebungen der Aufsichtsbehörden gegenüber anderen staatlichen Dienststellen, denn sie wüßten am besten um die Nöte und Sonderprobleme ihrer Gemeinden Bescheid. Die Zahl der Gemeinden ohne Beschwernisse sei klein, die Zahl der Gemeinden mit erheblichen Sorgen jedoch sehr groß, stellte *Becker* fest. Es müsse auch daran festgehalten werden, daß es sich bei der Rechtsaufsicht nicht nur um die Verwirklichung des Rechts im engeren Sinne des Wortes handele, sondern daß die Gemeinden auch einsehen müßten, daß die Verwirklichung des Wohls der Gemeinde dem Wohl der Allgemeinheit nicht widersprechen dürfe. Das *Gemeindewohl* könne nicht im Widerspruch zum *Gemeinwohl* realisiert werden. Insbesondere hier zeige sich das Einordnungsverhältnis der Gemeinde in das große Ganze staatlicher Gestaltung, sagte *Becker* am Ende seiner zusammenfassenden Schlußbetrachtung.

FSC
www.fsc.org
MIX
Papier | Fördert gute Waldnutzung
FSC® C083411

Kolibri 360 GmbH
Ferdinand-Jühlke-Straße 7
99095 Erfurt, Deutschland
produktsicherheit@kolibri360.de

Druck:
CPI Druckdienstleistungen GmbH
im Auftrag der
Kolibri 360 GmbH
Ferdinand-Jühlke-Str. 7
99095 Erfurt